高职高专财政金融类专业系列教材
江苏省高等职业教育高水平骨干专业建设项目成果教材

金融营销

主　编　张晓华

副主编　孙晓芳

参　编　张淑华　邓　婕　项仁剑　顾华玉

机 械 工 业 出 版 社

本书是编者在总结多年探索高素质技术技能人才培养成功经验和教学成果基础上编写而成的。目前，银行、保险公司、证券公司、基金公司、信托公司乃至金融租赁公司、典当行、财务公司等金融机构对一线营销人员的需求较大，该岗位上升空间也大，因此金融营销是金融类专业高职高专学生的必修课。学好这门课，对整个职业生涯规划非常重要。本书根据金融企业营销服务岗位职责设定了 10 个教学项目 20 个学习任务，包括感悟金融营销、金融市场调研与营销环境分析、金融营销 STP 战略与营销战略、个人与机构金融行为、金融客户关系管理与维护、银行营销策划与技巧、证券营销策划与技巧、保险营销策划与技巧、基金信托营销策划与技巧、互联网金融营销。

为了便于教学，体现教学方法的改革，创造条件引导学生积极思考、主动参与，实现教学做的一体化，本书采用“项目导向、任务驱动”的编写模式，提供大量案例及延伸阅读材料，配有练习及实训，强化学生对知识的理解和把握，增强学生的实际业务能力，培养营销岗位的必备素质。

本书可作为高职高专金融管理、保险、投资理财等专业的教材，也可作为金融企业人员的培训用书；本书注重实用性，语言通俗易懂，也适用于个人和家庭对金融知识的了解。

图书在版编目（CIP）数据

金融营销/张晓华主编. —北京：机械工业出版社，2018.9（2021.8 重印）
高职高专财政金融类专业系列教材
ISBN 978-7-111-60019-0

Ⅰ. ①金… Ⅱ. ①张… Ⅲ. ①金融市场—市场营销学—高等职业教育—教材
Ⅳ. ①F830.9

中国版本图书馆 CIP 数据核字（2018）第 109281 号

机械工业出版社（北京市百万庄大街 22 号 邮政编码 100037）
策划编辑：孔文梅　　责任编辑：孔文梅　张潇杰
责任校对：王　欣　张　薇　　封面设计：鞠　杨
责任印制：郜　敏
北京富资园科技发展有限公司印刷

2021 年 8 月第 1 版第 2 次印刷
184mm×260mm · 15.25 印张 · 353 千字
3 001—4 000 册
标准书号：ISBN 978-7-111-60019-0
定价：45.00 元

电话服务　　网络服务
客服电话：010-88361066　　机 工 官 网：www.cmpbook.com
010-88379833　　机 工 官 博：weibo.com/cmp1952
010-68326294　　金 书 网：www.golden-book.com
封底无防伪标均为盗版　　机工教育服务网：www.cmpedu.com

前　言

经济全球化借助信息技术正以前所未有的速度改变着世界经济版图和企业经营模式，所有行业都经历着从传统到变革的挑战，金融行业更不例外。在市场的日趋开放与行业内激烈的竞争环境中，金融营销发挥了巨大的作用，它有助于提升金融机构的管理水平、开展集约化经营、应对复杂多变的市场环境。可以说，金融营销是现代金融企业赖以生存和发展的主要模式。营销人员是整个金融产业的终端，金融服务能否转化为产品的关键点就是看营销人员能否成功地找到客户，能否使金融行业的产业链实现价值，所以营销人员的整体素质以及专业能力应该是金融行业的重中之重。金融类专业高职学生毕业后首先走上的是营销岗位，市场上金融营销人才需求也日益增加，为推动高职教育对金融行业高素质技术技能人才的培养，我们组织教学经验丰富的教师并联合企业专家完成了本书的编写。

本书的主要特点有：

第一，内容新颖。选用最新资料与内容，全面反映当前金融政策、金融形势与金融发展，特别引进互联网金融营销内容，力求符合高职教育培养高素质技术技能型专门人才的要求，符合未来社会发展的需要；内容安排循序渐进，表达本课程应包含的知识和能力要素，有机反映其相互联系及发展规律，符合认知规律，富有启发性，有利于激发学生学习兴趣、引导学生自主学习，有利于提高实践操作能力和创新能力；有助于学生认识并解决学习和工作中的实际问题，提高职业素养。

第二，实践性强。本书按照“项目教学，任务驱动”模式设计，符合高职教育强调实践的教学特色。在编写过程中以履行岗位职责所需要的专业能力、知识能力为基本原则，强调学生在学习过程中的主导地位，核心目标是使学生具备从事保险服务所必需的职业能力与素养。

第三，形式活跃。方便开展“工学结合，理实一体”教学，本书采用案例导入法，并以案例作为学习资料启发学生思考。正文中插入知识链接、典型案例，增强本书的知识性、趣味性，课后附有同步练习和实训项目，便于学生深刻理解和灵活掌握，增强学生学习的自主性和积极性。

本书由江苏财经职业技术学院张晓华教授主编，辽宁省交通高等专科学校孙晓芳任副主编。陕西财经职业技术学院邓婕、辽宁省交通高等专科学校张淑华、江苏财经职业技术学院项仁剑、顾华玉参与了本书的编写。编写分工如下：张晓华编写项目四、项目八，孙晓芳编写项目五、项目九、项目十，邓婕编写项目六、项目七，张淑华编写项目二、项目三，项仁剑、顾华玉编写项目一。

在编写的过程中我们借鉴了国内外有关的文献资料、论著和教材，引用了相关研究成果，并得到太平洋保险股份有限公司淮安中心支公司李小平及公司多位高管的具体指点和帮助，为我们提供了宝贵的资料并提出了合理的写作建议，在此，我们表示最诚挚的感谢。同时也感谢机械工业出版社对我们的大力支持和帮助！由于时间及资料所限，加之编者水平有限和工作中可能存在的疏漏，本书难免存在不足和不当之处，恳请专家、读者批评指正。

为方便教学，本书配备了电子课件等教学资源。凡选用本书作为教材的教师均可登录机械工业出版社教育服务网 www.cmpedu.com 免费下载。如有问题请致电 010-88379375，QQ：945379158。

编　者

目　　录

项目一　感悟金融营销

学习目标

知识目标

- 了解金融产品的含义
- 掌握金融产品的分类
- 理解金融营销及其特征

能力目标

- 能够区分并向客户推介不同的金融产品
- 能够解读金融营销的特征

素质目标

- 建立正确的金融营销理念
- 初步形成金融营销能力

项目引例

中国建设银行个人金融产品简介

1. 个人存款产品

（1）本外币活期储蓄一本通是指不规定存期，客户随时可以存取款，存取金额不限的一种储蓄业务。

（2）个人通知存款是指最低起存金额为人民币五万元（含），外币等值五千美元（含），客户在存入款项时不约定存期，支取时事先通知银行，约定支取存款日期和金额的一种个人存款方式。

（3）定活两便储蓄存款是一种以人民币存取，不约定存期，银行根据客户存款的实际存期按规定计息，可随时支取的储蓄形式。

（4）本外币定期一本通是指约定存期、整笔存入、到期一次支取本息的一种储蓄业务。

（5）零存整取定期储蓄存款是为适应客户将零星小额节余款积零成整的需要而设置的存款。

（6）存本取息储蓄存款是指客户约定存期，整笔存入，按固定期限分次取息，到期还本的一种储蓄。

（7）整存零取储蓄存款是一种约定存期，一次存入本金，分期支取本金，到期一次性支取利息的定期储蓄存款

2. 银行卡产品

1）龙卡借记卡；2）龙卡准贷记卡；3）建行金融 IC 卡。

3. 个人投资理财产品

1）乾元；2）利得盈；3）汇得盈。

4. 电子银行产品

1）自助银行；2）网上银行；3）手机银行。

引例分析：如果走进一个银行的网点，在展架旁，你会看到很多制作精美的产品宣传单，这么多的产品，该如何选择呢？帮助客户选择合适的金融产品，是金融营销人员的基本职责，接下来我们就从认识金融产品开始，开启金融营销之旅。

任务一　认识金融产品

金融产品是随着金融业、金融市场的发展而产生和发展的，它属于商品的一种，但又不是一般意义上的商品或服务，它具有独特的含义和特征。

一、金融产品及其特点

金融产品是指由银行或非银行金融机构向客户提供的金融工具以及与之相关的服务，即能满足人们的某种需要，并且以货币作为载体的一切服务。形式上既表现为有形产品，如各种通货、黄金等，又有无形产品，如金融服务等。同时，它又是一个组合概念，极少有金融机构提供单一产品，绝大多数的情况是金融机构将各种产品或多或少地组合成一种产品组合。金融产品是一个不断发展的概念，在不同时期具有不同内容，与特定的经济环境和社会环境相关。新的产品或者创新产品与原有产品相比，总是在服务、技术或管理上有所改进，关键目标是为了获取更多的利润。每次创新都意味着成本的降低或服务的升级，客户也可以从中得到方便或利益。无论金融产品的变化幅度如何，以何种形式出现，其实质仍是一套服务。

（一）金融产品的三个层次

金融产品不同于一般工商企业的产品。金融产品由核心产品、形式产品与扩展产品（附加产品）三个基本层次组成。

1. 核心产品

核心产品也称利益产品，是指客户购买到的基本服务或利益。核心产品是指金融产品具有满足客户需求的属性，如存款能满足储户增值的需求，贷款能满足客户经营过程中资金短缺的需求。因此，核心产品在金融产品的三个层次中处于中心地位。如果核心产品不能符合客户口味，那么形式产品和扩展产品再丰富也不会吸引客户。

金融产品的核心利益是多样的，包括利息、股息、分红、透支、保险、价值、地位、自尊和各种预期心理等。不同的金融产品有不同的核心利益，金融企业应该注重开发具有多种核心利益、满足多种需要的金融产品。例如，银行信用卡应注重开发转账结算、存取现金、透支便利三种功能。

2．形式产品

形式产品也称特征产品，是金融产品的具体形式，用以展现产品的外部特征。金融产品的无形性，使其形式产品无法通过外形、颜色、式样、品牌、商标来展示，而主要通过质量和方式来表现。如存款分定期、活期等品种；季节性特征的产品有贺岁类存单、助学贷款等。随着人们消费水平、生产方式和生活需求的不断提高，人们对金融产品外在形式的要求也越来越高，因此银行在营销时必须注意设计出不同表现形式的产品，提高对人们的吸引力。例如，广东发展银行为吸引女性客户专门设计并推出了紫色透明的“女人卡”和可以做项链的“迷你卡”。

3．扩展产品

扩展产品也称附加产品，是指在满足客户的基本需求之外，金融产品还可以为客户提供额外的服务，使其得到更多的利益。如储蓄存折的代缴费服务，优质客户的接送单服务，以及与投资、贷款等业务相配套的服务等。金融产品具有较大的相似性，不同金融机构为客户提供的多种服务本质上是相同的，为了区别同类产品，吸引更多的客户，金融机构必须充分认识扩展产品在金融产品中的重要性。

（二）金融产品的特征

1．无形性

客户在购买金融产品时无法看到，也无法感觉，只能通过文字、数据等方式进行交流。金融产品在自然形态上经常是无形的，不具备某些鲜明的物理特性，这使得金融产品在扩展方面有比较广泛的想象空间。所以如何通过某些有形的形式与特点设计，让金融产品具有吸引客户的强大魅力，是金融产品开发的关键性因素。

2．不可分割性

金融产品的提供与服务的分配具有同时性，两者不能分开。例如，将金融产品的销售过程与服务过程等联系起来，从而使得金融产品具有不可分割性，在整个营销过程中要注意各个环节的相互关联。

3．累加性

一般产品仅具有某种特殊的使用价值，如粮食可以充饥、衣服可以御寒，它们的使用价值往往比较单一。而获得金融产品的客户可以享受多种多样的金融服务。比如某企业申请获得贷款后，银行可以为其提供汇划转账、提取现金、账户管理、不同币种兑换、期货交易、期权交易以及投资咨询等各种服务项目。

4．差异性

不同的金融企业甚至同一企业的不同分支机构所提供的金融产品或服务亦不尽相同。

例如，中国工商银行信用卡取现无手续费、提额快、消费短信提醒免费、免息期最长 56 天、非全额还款时已经还上的部分不收利息、支持支付宝还款；招商银行信用卡申办门槛低、积分永久有效、网银功能强、操作方便、经常有超值的团购商品、所有卡合一个账单还款方便、卡片种类多、图案设计美观。

5．易模仿性

金融产品容易模仿，且模仿速度快。由于金融产品大多数为无形服务，它们不同于工业企业所提供的一般产品，可以申请专利，使本企业的产品权益受到法律的保护，因而金融产品没有专利可言。

6．季节性

金融产品的需求因时间而异，具有较强的季节性特征。例如，投入农业生产的季节性贷款、工商企业的生产贷款以及耐用消费品和旅游贷款等都表现出显著的季节性特征。

7．增值性

一般产品在使用过程中会逐渐消耗直至完全报废，而金融产品却能为客户带来比购买产品本身更大的价值，客户购买一般产品是为了获得产品的使用功能，购买金融产品，如存款、贷款、基金、保险，最主要的目的是为了获得产品的增值。在购买和使用金融产品的过程中，其价值和使用价值不仅不会消耗，相反还能带来直接或间接的盈利以及其他难以度量的便利。例如，储蓄存款给客户带来利息的直接盈利，使存入银行的资金增值；住房贷款、汽车贷款则是使客户在获得资金后，提前享受某种便利与幸福。

二、金融产品的种类

金融产品可以从不同的角度加以分类。根据产品形态的不同可以分为有形产品和无形产品。按发行者的性质可以分为直接金融产品和间接金融产品。以信用关系存续的时间长短分为短期金融产品和长期金融产品。

（一）银行产品

目前在市场交易的银行金融产品已超过 250 种。

1．储蓄存款产品

吸收存款是银行最重要的资金来源，也是银行发挥信用中介职能、支付中介职能、信用创造职能与金融服务职能的基础，存款按不同的期限分为：

（1）活期存款。活期存款是指不约定期限，存款人可以利用各种方式（如汇票、支票、活期存单、自动柜员机等）随时提取的存款。活期存款十分方便，具有支付与流通的职能。

（2）定期存款。这种存款是客户与银行事先约定存款的期限，到期支取的存款。（定期存款满足条件则可以提前支取，但利率按活期存款计算。）定期存款对银行来说稳定性较强，便于银行对资金进行合理配置，其营运成本低于活期存款。

（3）定活两便存款。这是一种介于活期存款与定期存款之间的存款，期限不确定，利息随着期限的长短而变化。

（4）通知存款。这是存款人提前一定时间通知银行即可的存款。

2. 贷款业务产品

贷款是银行主要的资金运用业务，贷款利息是银行收入的主要来源之一。按贷款期限可以分为短期贷款产品和中长期贷款产品；按贷款的保障程度可以分为信用贷款产品、保证贷款产品、抵押贷款产品和质押贷款产品；按贷款的风险等级分为正常贷款产品、关注贷款产品、次级贷款产品、可疑贷款产品和损失贷款产品；按贷款的偿还方式可以分为一次性偿还贷款产品、分期偿还贷款产品。

3. 中间业务产品

银行的中间业务产品有结算产品、信用卡产品、银行信托产品、银行租赁产品、咨询服务产品及代收代付业务产品等。

案例

重庆三峡银行创新“连续贷”产品

重庆三峡银行为丰富小微业务金融产品，降低小微客户融资成本，提高服务效率，根据银监会《关于完善和创新小微企业贷款服务提高小微企业金融服务水平的通知》的文件要求，早在2015年4月份就开发并上线了小微企业“连续贷”产品，累计向100多个周转资金临时困难的小微客户，发放4亿余元贷款，该产品采取**“借新还旧、无须续贷过桥资金、无转贷资金成本”**方式，与企业共渡难关，得到了客户的好评，践行了本土银行的社会责任。

以与重庆三峡银行合作的重庆直道机械有限公司为例，该企业主要经营农用收割机、旋耕机的组装销售，由于秋耕农忙时节到来，企业流动资金大部分用于囤货以备销售，加之企业与下游结算有2～3个月的账期，应收账款收回较为缓慢，资金周转较为困难，无法按时备足还款资金。三峡银行根据该企业的经营情况、合作期间内还本付息情况，为该企业提供了“连续贷”产品，即向客户发放不超过原贷款本金的新贷款用于偿还原贷款的信贷业务。三峡银行在企业资料齐全的情况下，一个工作日内完成了审批并且成功放款，避免企业在征信上出现逾期，同时有效降低了企业融资成本，提高了三峡银行金融服务的效率。“三峡银行推出的‘连续贷’产品，非常有效地解决了企业的冲贷问题，没有一分钱的冲贷成本，关键时刻帮助企业渡过了难关，是一家真正为企业着想的市民银行”，这家企业的负责人感动地说。

（二）保险产品

保险是一种分散风险的手段，保险公司的产品以保单的形式表现出来。保险产品是一种承诺，是无形的保障服务。保险产品按照保险实施的方式分为自愿保险和强制保险；按照保险的标的分为财产损失保险、人身保险、责任保险、信用保险、农业保险；按照承保形式分为原保险、再保险、重复保险和共同保险。

案例

年金保险

年金保险（分红型）是一款终身年金产品，具有即付即领、超快返还和终身领取等特点，保障被保险人投保后的生活后顾无忧。

如果家长在孩子刚出生的时候就购买了该产品，年缴保费 10 万元，共缴费 3 年，孩子长大到 20 周岁如果首次领取，可以获得约 23 万元的累积生存保险金和累积中档红利，孩子可以继续领取年金；如果 60 周岁时才首次领取的话则可领取高达约 144 万元的累积生存保险金和累积中档红利，孩子仍然可以继续领取年金。

孩子年满 60 周岁后，更可每年持续领取三倍保额约 15 000 元的年金，并享受分红收益，对将来的养老是一笔极大的经济保障和支持。同时，该产品提供保单贷款功能，提升客户的资金流动性，贷款期间仍可享受分红利益及保障利益。

（三）证券产品

证券产品主要包括股票产品、债券产品、基金产品和金融衍生产品。

1. 股票

股票是股份有限公司发给投资者用以证明股东权利的所有权凭证，它确定了股东与股份有限公司之间风险共担、收益共享的关系，股东凭股票可以定期从股份有限公司取得股利收入。

按股东享有的权利不同，股票可分为普通股票和优先股票。按股东是否记名，可分为记名股票和不记名股票。按股票有无面额，分为有面额股票和无面额股票。按股票是否上市，分为上市交易股票和非上市交易股票。按股票是否流通，分为流通股票与非流通股票。在我国，目前还按照交易币种的不同划分为 A 股和 B 股；按发行地不同，分为 N 股（纽约）、S 股（新加坡）和 H 股（中国香港）。

2. 债券

债券是发行人依照法定程序发行，并约定在一定期限内还本付息的有价证券。

按照发行主体不同，分为政府债券、金融债券与企业债券。按照计息方式不同，分为附息债券、到期一次还本付息债券、贴现债券和零息债券。按债券形态可分为实物债券、记账式债券和凭证式债券。按发行地不同，分为国内债券和国际债券。按债券是否可转换，分为不可转换债券和可转换公司债券。

3. 基金产品

从广义上说，基金是指为了某种目的而设立的具有一定数量的资金。例如，信托投资基金、单位信托基金、公积金、保险基金、退休基金、各种基金会的基金。现有的证券市场上的基金，包括封闭式基金和开放式基金，具有收益性功能和增值潜能的特点。

根据基金单位是否可增加或赎回，可分为开放式基金和封闭式基金。根据组织形态的不同，可分为公司型基金和契约型基金。根据投资风险与收益的不同，可分为成长型、收入型和平衡型基金。根据投资对象的不同，可分为股票基金、债券基金、货币市场基金、期货基金等。

4. 金融衍生品

金融衍生品又称金融衍生工具，是指建立在基础金融工具或基础金融变量之上，其价格取决于后者价格或数值变动的派生金融产品。

金融远期是指交易双方达成的、在将来某一特定日期按照事先商定的价格（如汇率、利率、股票价格等），以预先确定的方式买卖约定数量的某种标的的合同。在合同中规定在将来买入标的的一方称为多方，而在未来卖出标的的一方称为空方。

金融期货是指交易双方在有组织的市场中以公开竞价的方式达成的、在将来某一特定日期以预先约定的价格交割标准数量特定标的的标准化协议。

金融期权又称选择权合同，是合同双方按约定价格在约定日期内，就是否买卖某种金融资产所达成的协议。

金融互换是指两个或两个以上的当事人按照商定的条件，在金融市场上进行不同金融工具的交换，从而在一定时期交换一系列现金流的协议。金融互换主要包括利率互换和货币互换等。

案例

华金证券物业费 ABS 产品挂牌

2016 年 1 月 19 日，“华金证券—— 华发物业资产支持专项计划”（简称“华发物业专项计划”）在深圳证券交易所挂牌。该计划由珠海华发集团、珠海金控集团、华金证券联手打造，以华发物业公司旗下管理的物业合同债权为基础资产，由华金证券对该证券产品进行推广和管理，珠海金控集团担任财务顾问，珠海华发集团为计划提供保证担保。

华发物业专项计划募集规模 11.2 亿元，存续期 7 年；优先级资产支持证券共分 7 个品种，中诚信评级为 AAA。优先级资产支持证券如下：证券简称“华发 01”，证券代码为“116052”，到期日为 2016 年 12 月 4 日，还本付息方式为定期付息、到期一次还本；证券简称“华发 02”，证券代码为“116053”，到期日为 2017 年 12 月 4 日，还本付息方式为定期付息、到期一次还本；证券简称“华发 03”，证券代码为“116054”，到期日为 2018 年 12 月 4 日，还本付息方式为定期付息、到期一次还本；证券简称“华发 04”，证券代码为“116055”，到期日为 2019 年 12 月 4 日，还本付息方式为定期付息、到期一次还本；证券简称“华发 05”，证券代码为“116056”，到期日为 2020 年 12 月 4 日，还本付息方式为定期付息、到期一次还本；证券简称“华发 06”，证券代码为“116057”，到期日为 2021 年 12 月 4 日，还本付息方式为定期付息、到期一次还本；证券简称“华发 07”，证券代码为“116058”，到期日为 2022 年 12 月 4 日，还本付息方式为定期付息、到期一次还本。

物业费资产证券化作为房地产企业融资的新渠道，一经亮相，就引起了市场的广泛关注。与中小房企大规模发行信托产品不同，物业费资产证券化更多的是规模房企和品牌房企在资本市场的新动作，通过稳定、充沛的现金流撬动社会资本，不仅显著降低了融资成本，同时盘活了物业管理的存量资产，提高了房地产企业的资产流动性与变现能力，同时也为广大投资者提供了多样化资产配置的创新金融产品。

延伸阅读

衍生品市场为金融创新保驾护航

当前，中国正在加紧推进金融创新，这一过程将给金融衍生品市场的发展带来深刻的影响。但金融衍生品在管理风险的同时，也会因使用不当而触发风险，“双刃剑”的效应正日益凸显。

2015年年底，诺贝尔经济学奖获得者罗伯特·莫顿（Robert Merton）在接受《第一财经日报》的采访时强调：“衍生品是风险转移的工具，但使用不当的确会引发市场风险；在防范风险的过程中不能停止市场的运行，而是需要让监管者和投资者对市场有更深刻的了解，让市场自行淘汰不规范、不合理的交易模式。”

多年来，莫顿被称为“期权之父”，他提出的著名“莫顿模型”被广泛应用于各种风险资产及金融衍生产品的定价工作中，为当今蓬勃发展的金融工程学奠定了基础。其在资产组合领域的研究成果，也为现代金融理论做出了巨大贡献，指明了金融学术界的研究方向。

利用衍生品市场转移风险

“风险无法消除，但可以转移”，莫顿向中国的投资者这样说道。

在他看来，现实世界存在诸多不确定性与风险，而复杂的市场和完善的金融体系就是为了更好地处理这些风险而存在，金融从业者的职责则在于合理地预判风险并将其转移。

经过多年的观察与总结后，莫顿认为目前管理风险主要有三种方式。

第一种是保证投资的多样化、分散化，在各个领域都进行投资。“不夸张地说，21世纪最好的投资的方式之一就是在每一个领域都进行投资，这样才能有效地分散风险。”莫顿认为，相较于欧美等发达经济体，目前中国投资者的投资范围较小，大量的资金充斥在有限的市场内，因此极易造成短期内剧烈的波动。

第二种管理风险的方式是进行对冲或套保。一般情况下，通过期货进行对冲，可以避免标的暴露在风险中，对于那些没有办法承担的风险，也可以被对冲掉。

第三种方式是保险，保险也是管理风险的重要手段。在进行了前两种控制风险的手段后，如果依然有风险上限，那么这时候就需要为损失进行投保。

“在衍生品市场，我们有这样一种保险方式，就是期权。根据价值来保险，这样就能保证所投资的资产风险在可控范围内。”莫顿认为，这正是衍生品市场如此重要的原因，它能把风险转移到真正能承担风险的良好的个体上。

创新中风险无处不在

“任何形式的创新都是有风险的，我们最需要做的是配合创新、让其发挥最大的效用。”

莫顿还比喻称，如果轨道没有升级，高铁是没有办法在普通火车的轨道上快速前进的；更严重的问题是，如果因为轨道没升级而放弃享受高铁的便捷。这正如市场基础工具没有及时更新，将会影响市场发展和金融创新的效率。

“金融创新过程中需要控制好风险，做好风险和发展的合理匹配，但同时不能停止市场的正常运转，可以更好地教育投资者，但这同时要求监管层更深刻地理解这个市场，以此来保障整个市场的良性运转。”莫顿向《第一财经日报》记者表示。

纵观历史，每一个国家在发展过程中总会经历金融创新与变革，风险也随之而来。

莫顿提到，20世纪70年代的美国金融界面临多方面的冲击，从二战后布雷顿森林体系的瓦解，到第一次石油危机的出现，19世纪以来的通胀以及失业率居高不下等从未有过的挑战。当面对这样的冲击时，金融市场的创新肩负起了规避风险的责任。在面临各种各样挑战的70年代，也成为美国金融市场快速发展的时期，70年代美国出现了期权，开始了期货交易，出现了指数基金，利率掉期，还形成了提供理论支持的金融学。

"美国70年代金融市场的一系列创新都伴随着风险，而压力危机之下出现的这些金融衍生品在过去的40年中明显提升了金融市场的质量。"莫顿认为，金融市场的改革创新流程一直都在进行，目前的关键在于建立起新的金融衍生品市场。

对于眼下中国金融市场面临的发展机遇与挑战，莫顿认为应该积极把握金融创新的契机，在衍生品市场的建设中，既要由法律法规来提供支持，又要包容一定的风险，让金融创新发挥最大的益处。

"建设衍生品市场和金融创新是管理风险的关键，尽管过程中可能遇到许多挑战，但挑战的同时也带来机会。收益和风险总是并存的，但只要金融体系本身能保持稳定，价格波动也属正常。"

尽管随着中国经济增速的下降，外部市场对于中国的经济前景观点不一，但莫顿强调，中国有能力"成为全球的领导者"。但他也指出，"成为全球的领导者"意味着做出的决定、判断不仅会影响本国，也会影响世界其他国家，这就要求中国具备良好的金融体系。

"我所看到的是，中国一直走在正确的路上，那就是努力建成一个世界性的金融体系。路上永远都会遇到挑战，也很正常。真正需要的，就是我们一定要坚持正确的方向。"

任务二　体验金融营销

一、金融营销的含义、特征

（一）金融营销的含义

金融营销出现在工商企业市场营销之后，是市场营销在金融领域的发展和开拓。依据营销大师菲利普·科特勒对市场营销的阐述，金融营销应是指金融机构以市场需求为核心，各金融机构采取整体营销的行为，通过交换、创造和销售满足人们需求的金融产品和服务价值，建立、维护和发展与各方面的关系，以实现各方利益的一种经营管理活动。金融机构的营销目的是借助精心设计的金融工具以及相关金融服务以促销某种金融运作理念并获取一定收益。

（二）金融营销的特征

1. 注重企业形象

金融产品的特殊性，不是实体，是无形的，客户的购买行为建立在对金融企业的信任基础上。客户对金融产品及其知名度的认识首先是对其提供者——金融企业的认识开始的，客户如何在众多的具有同性质的金融产品中做出选择，在绝大程度上取决于他对金融机构的信任程度与好感程度，因而，在金融产品营销中，商业银行、保险公司等金融机构都非常注重自身形象。

2. 注重人性化、注重情感

金融营销要求所有营销人员在面对不同的客户时，能迅速判断并识别出客户的个性化需求。有选择地将本企业的金融产品推荐给客户，并将产品的相关特性与客户的需求匹配起来传递给客户，最大限度地满足客户的需求，为客户提供更人性化的服务。金融机构在进行金融营销时，必须注重加强人性方面的情感价值，通过附加某种特定的文化，使之与目标客户群体的价值观、信仰等产生共鸣。

3. 注重品牌营销

由于金融产品的同质性，不同的金融机构提供的同一类型的金融产品在功能上差别不大，客户在选择金融产品或服务的时候往往首先不是被金融产品功能带来的服务赢利或便利所吸引，而是首先被其所熟知的满意的品牌所吸引。

4. 注重全员的营销

金融营销纵向上涉及总行、分行、支行和网点，横向上涉及信用卡、会计、办公室等众多部门，需要全员的共同协作，进行整体营销。

（三）金融营销的阶段

1. 价值选择阶段

通过市场营销调研分析和了解消费者需求，细分市场，选择对自己最有利可图的目标市场，进行产品定位和研究开发。

2. 价值提供阶段

金融企业在选择好目标市场后，即准备提供满足价值工作。

3. 价值传播阶段

金融企业组织销售力量，通过分销、促销、广告和其他推广工作，使设计出的金融产品为目标市场所知。

二、金融营销的发展

曾经很长一段时间，金融机构的经营重点是产品开发及其风险管理，对市场营销的认识及实施比工商企业晚。这与银行等金融企业长期处于“优越”的市场地位有关。美国营销学家、银行营销专家菲利普·科特勒教授曾经这样描述当时的情形：主管贷款的银行高级职员，面无笑容地把借款人安排在大写字台前比自己低得多的凳子上，居高临下，颐指气使，阳光透过窗子照在孤立无援的客户身上，该人正努力诉说着他借款的理由，而冰冷的银行大楼则宛如希腊神殿。但是，情况有了越来越大的变化。西方发达国家的变化较早，我国在近十年变化较大，尽管与发达国家相比差距仍然较大，但我国一直在进步。

（一）发达国家金融营销的发展

美国银行业最早的营销概念可追溯到1958年。到20世纪60年代，美国的个人银行业务的营销飞速发展。而欧洲的应用相对较晚，直到70年代银行营销才逐渐成为英国银行界讨论的焦点。进入90年代，银行对营销的兴趣直线上升，银行的业务也因此而蓬勃发展。其发展进程大致经历了五个阶段：

1．营销观念萌芽阶段（1958年以前）

之前普遍认为市场营销与银行无关。在人们的印象中，银行与客户之间向来不用进行营销活动，因为客户在需要银行服务的时候不得不走进银行的大门。直到1958年，美国银行业协会才在其年会上第一次提到市场营销在银行业的运用。美国有些银行开始借鉴工商企业的做法，在个别竞争较激烈的业务上采用广告和促销手段。随后许多竞争对手争相效仿，银行营销观念由此推广。

2．“友好服务”阶段（20世纪60年代）

银行发现自己靠广告、促销带来的优势很快为竞争者的效仿抵消，它们感到吸引客户并不难，难的是使他们成为忠诚的客户。因此银行开始注重服务，但当时还仅仅把服务片面理解为员工的微笑和友好的气氛。许多银行开始对员工进行培训，推行“微笑”服务，拆除营业柜台窗前的栏杆，营造温馨、友好的环境。率先实施上述措施的银行在吸引客户方面卓有成效，但很快被竞争者察觉并效仿，于是全行业又兴起了友好服务培训和装饰改进的热潮，结果家家银行都变得亲切近人，客户很难依据服务态度来选择银行。不过银行整体服务水平由此提高了一个层次。

3．金融创新以及产品深度与宽度扩展阶段（20世纪70年代）

20世纪70年代中期以后，金融业经历了大变革，推动了金融市场营销的迅速发展。许多银行开始意识到其所经营的业务本质是满足客户不断发展的金融需求。客观上金融管制放松，使银行开发新产品和服务成为可能。为了获得差别优势，规避风险，寻求利润，银行开始在金融工具、金融市场以及金融服务项目等方面创新，如提供信用卡服务、上门贷款、共同基金、国际保险等。

4．重视服务定位阶段（20世纪80年代）

由于金融产品有很强的同质性，每当银行领先进行注重广告、微笑服务和产品创新等工作，结果都逃不出逐渐沦为同一层次水平竞争者的命运。于是，银行被迫去探索如何发展自己的特殊优势。它们发现没有一家银行能成为所有客户心目中的最佳银行并向客户提供所需要的全部银行服务。因此，银行意识到应该有所选择，在本行业中寻找到适合自己的特定位置，与其他银行区别开来。这个时候，许多银行纷纷确定自己的形象和服务重点。如有的强调自己精通各种金融技术，为大公司客户提供服务；有的专门服务于中小企业；有的注重规模形象，擅长国际金融服务；有的专注于对其产品的精心设计、定价和广告宣传，集中吸引高收入人群；有的把目标锁定在25～45岁年龄段的客户；而有些银行则把兴趣放在老年客户身上，等等。不同的市场定位体现了银行之间的差异，也使客户能挑选对他们最适宜和能最大限度满足他们要求的银行。

5. 现代银行营销阶段（20 世纪 90 年代以来）

银行为了保持自己的市场优势，获得持久的好业绩，开始重视营销环境的调研分析，自觉借助营销的理论与方法，制订战略目标和经营策略，通过营销分析、计划、实施和控制，建立和保持与目标客户之间互利的交换，最终实现自身目标。

（二）金融营销在我国的发展

我国工商界重视市场营销是 1980 年以后的事。在理论界，前十年是探讨、研究、萌芽阶段。进入 20 世纪 90 年代以后，全国除了财经类院校及综合大学外，各类院校普遍开设了市场营销学课程，现在已成为最热门的专业之一。

现在工商企业越来越自觉地运用市场营销的原理与方法来指导经营活动。但金融机构营销起步很晚，目前虽有相当程度的发展，但与发达国家的金融营销比较，仍然存在较大差距。回顾我国金融机构营销发展，宜以银行为主要线索。保险和证券机构是改革开放的产物，出生于市场竞争环境，其营销意识和手段相比银行起点比较高。以银行为代表的我国金融营销发展大致可以划分为三个阶段：

1. 排斥阶段（20 世纪 50 年代至 80 年代）

在改革开放之前的计划经济时代，银行是政府的出纳部门，与市场无缘。

2. 萌芽阶段（20 世纪 80 年代中期至 90 年代）

1984 年中国人民银行单独行使中央银行职能。1985 年信贷资金管理体制改革，银行经营主动性有所增强。1987 年交通银行成立，揭开了银行业竞争的序幕，银行开始寻求业务拓展的渠道，向客户推销银行产品。但营销主要体现在存款推销上。

3. 初步发展阶段（20 世纪 90 年代中期至今）

1994 年从专业银行中剥离政策性业务，归属政策性银行，专业银行向商业银行转轨，经营目标中的营利性目标为银行营销机制的建立提供了内在动力，市场竞争的激烈化以及加入 WTO 给银行营销发展带来了外部压力，而金融市场日益完善为银行开展营销活动开拓了广阔的空间。近年来，银行营销活动成效显著，主要表现在以下几个方面：

（1）银行服务理念的树立。各大银行纷纷推广文明用语，改善银行职员的服务态度，推出微笑服务、限时服务、一米线服务、电话预约等形式多样的服务。

（2）金融产品不断开发推广。在传统业务的基础上，存贷款品种不断翻新，如信用卡存款及服务业务、个人汽车贷款、个人住房贷款等；推出许多中间业务，如代售基金业务、保管箱业务、理财咨询业务、租赁业务等。

（3）分销渠道拓宽。直接分销拓展主要是增设分支机构，形成规模庞大的营销网络，为客户提供便利的柜台服务。间接分销拓展是 ATM、POS、电话银行等远程服务网点铺设，自 1994 年以来得到迅猛发展。

（4）利用多种有效的促销手段。通过电视、电台、路牌等媒介宣传自己的产品，激发客户需求，鼓励购买本行产品。1998 年以来各银行相继推出客户经理制，开发和培育长期客户。

银行营销的发展过程表明：①银行营销是银行为适应日益加剧的竞争状况的产物，并已成为银行开发市场、提高经营业绩的重要手段；②银行营销已经不限于促销范畴，几乎涉及所有的经营活动，如市场研究、市场预测和售后服务、信息反馈等，成为银行经营管理的基础工作，如产品的研制、开发、定价、促销等；③银行营销的出发点是客户的需要和客户的满意度，银行意识到最有价值的“资产”不是存款，而是客户，因此，银行已经抛弃妄自尊大的意识，追求全方位的客户满意度。

三、我国金融营销中存在的问题

1. 从宏观角度进行分析

（1）金融市场体系还不完善。现阶段国家对金融业业务活动的行政性管制比较严格，限制了金融业开展业务的活动空间；金融行业业务竞争规则和秩序还未真正建立；整个金融市场体系也不完善。因此，金融业的市场机制尚未真正形成。市场环境的不完善严重制约着金融业的市场营销活动。我国资本市场、货币市场、外汇市场等金融市场的建设有了很大的进展，但金融产品的价格形成机制和交易机制还不成熟。以利率为例，虽经多次调整，且不同利率的确定已经考虑了资金供求关系、物价因素、公众储蓄意愿和通货膨胀等因素，但与宏观调控和市场经济发展要求相适应的利率并没有形成，金融产品的价格非市场化，利率的杠杆作用被削弱，在很大程度上影响着金融业营销策略的制订和价格组合的正确选择。

（2）相关法律还不完善。近年来我国法制建设得到了飞速发展，许多重要的经济金融法律纷纷出台，这既规范了金融业的内外部环境，确保了金融业发展的安全性和有效性，同时又能制约金融业运作中的违规经营和无序竞争，使其向规范化和合理化方向发展。但是在我国，金融业开放程度不高。金融体制改革后虽有一定松动，但比起其他行业来监管仍然很严格。随着《中华人民共和国中国人民银行法》《中华人民共和国商业银行法》《中华人民共和国证券法》《中华人民共和国保险法》等一系列金融法规的出台，中央银行进一步强化和扩大了对金融业的监管，使得金融业金融创新的空间非常小，再加上营销管理水平不高，使得在狭小的市场空间中，营销提升幅度极为有限。

（3）各地发展不平衡。金融发展总态势、各地区的自然条件、经济发展状况、当地居民的收入水平和消费偏好、社会风俗、宗教信仰等，构成了一个整体的市场运行环境，直接影响营销的创新和效果。目前我国金融网点多集中在沿海及经济发展较快的地区，如上海、北京、广州、深圳等，这些城市金融网点过于集中，竞争激烈，收益相对较低。

2. 从微观角度进行分析

以金融业的核心银行为例，分述如下：

（1）观念狭隘。有些银行职员认为银行营销就是做广告，推销产品；有的银行仍拘泥于“为客户提供什么”，而没有转到“客户需要什么”。

（2）产品单一。银行资金来源主要是存款，资金运用主要是贷款，靠利差生存的状况还没有根本改变，真正有创新的产品很少。

（3）内部组织不健全。营销部门地位不明确，部门间不协调，营销管理不规范。

（4）营销手段简单。产品开发缺乏深入的市场调研，品种还不能完全满足客户需要，促销和宣传不系统，甚至流于形式。

（5）营销活动的地区差别较大。主要是受东南沿海与中西部经济发展程度不同的影响而产生的差别。

四、我国金融营销的发展对策

随着全球经济一体化、通信技术现代化的发展，一方面人们的金融消费需求变得多样化、复杂化，另一方面金融业竞争日益激烈，这些因素促使金融机构将现代市场营销理念引入提供金融商品和金融服务的经营活动中，以更好地满足客户需求。进入21世纪，国内金融市场中的很大一部分演变为买方市场，这就要求金融机构引入营销观念，以使自身在竞争中处于有利位置。下面从金融机构的目标对象分析、目标市场定位、分销渠道策略、营销创新策略等几个方面提出相应的策略。

1．强化营销观念，增强服务意识

在现代金融业竞争中，一切单纯追求营销技巧的行为都是舍本逐末。要树立正确的金融服务营销理念，以市场和竞争者为导向。重视市场导向实质上是以消费者需求为出发点，营销管理的过程说到底就是一个需求管理的过程，重视金融调研，把握需求动态，不仅是开展营销活动的前提，也是企业经营的基础。金融机构应通过市场调研活动，在把握金融需求趋势的基础上，认清企业的经营环境和营销重点，适时适地确立企业经营发展的目标，针对不同的消费需求，提供不同的服务，采取不同的营销策略。如针对居民个人的收支结构，判定储户的存款心理，分析客户的贷款需要，为储户提供方便快捷的“一卡通”服务；针对中产阶层收入特点为其设计个性化理财服务，开发投资连结型保险，银保、银证联合等产品和服务。以不同的金融产品满足不同层次的消费需求，强调特色、发挥优势、扬长避短是开展金融营销的内在要求。具体而言，就是要突出自己的特色，选准目标市场，在服务内容、服务渠道和服务形象等方面有针对性地、创造性地开发服务项目，并采取优于他人的传递手段，迅速快捷地把其传递到消费者手中，以满足目标客户的需要。

2．借助整合营销，宣传品牌形象，引导客户消费

在当今激烈竞争的金融环境下，普通消费者每天都可能接触大量的金融产品，而对来自不同金融机构通过不同销售渠道提供的各种品牌的产品和服务，消费者在选择时需要一种强烈的引导。这种情况下，金融机构的品牌成为其最为重要的资产。品牌形象实质上是客户赋予某组织的信任度，它可能增加或减少一种产品或服务在客户心目中的价值。运用整合营销观念，有利于金融机构品牌形象的树立。整合营销强调企业应当以一致的传播资料面对消费者，综合运用和协调使用各式各样的沟通手段，通过各种媒介使营销沟通发挥最佳的效果。因此，对于金融机构而言，要树立一个良好的品牌形象，应该注意各方媒介，从多方面着手，给普通消费者以强烈的引导。目前世界上许多著名的金融机构，如美国花旗银行等，都已成功运用整合营销观念，树立了自己的品牌形象。

3．重视技术革新，发展电子金融

在科技飞速发展的今天，借助于计算机和电信科技来提升业务能力，已成为金融机构提高销售和市场拓展能力不可忽视的一面。在今天高工资、高房租的时代，传统的扩

大销售队伍、开设分支机构等销售方法必将侵蚀利润，而随着电子技术的突飞猛进，计算机和相关设备的价格及网络收费却在下降，这样，金融业将可以大量使用自动柜员机、提款机、计算机网络等高新技术来更新办公设备，降低成本，提高效率，同时向客户提供更便捷、更优质的服务。因此，我国金融业只有选择能够支持长期发展的总体战略规划，加大既能满足客户需要，又能增加企业利润的科技投入，才能在激烈的竞争中立于不败之地。

4．强化内部营销，努力建设企业文化

内部营销的主要目的是激励企业员工士气，寻求一个和谐奋进的内部环境，塑造企业的良好形象。为此，金融机构必须做到以下几点：①每一个组织都有员工自己的文化，任何一个组织文化在很多方面就是其自我形象的体现。因此，金融机构必须努力建设企业文化，对内使员工价值观趋于共识，增强凝聚力，以调动全部员工的积极性，对外树立团结奋进的良好企业形象。②现代市场竞争的实质就是人才的竞争，必须创造一个良好的人事环境，才有利于企业的发展。因此金融机构不但应当在原则上坚持对全体员工给予充分的信任和尊重，而且要运用各种形式给员工的成长与发展提供充分的机会。只有这样，才能使员工产生强大的工作动力，使企业成为一个有战斗力的团队。

5．个人理财服务新观念

将个人理财业务作为银行零售业务发展的战略重点，符合现代商业银行的发展趋势和银行同业竞争的要求。随着市场竞争者的不断加入，竞争手段的迅速更新，金融产品的差异性日趋缩小。在此前提下，只有将时间和资源花在考虑如何为客户提供更有价值服务上的银行，才有可能成为市场中的领先者。而个人理财服务正是以新型的服务方式选择了适当的时机向客户提供最适合的产品，有效培育和发展了银行的目标客户，以其与世界经济新潮流、新趋势相吻合的特性，成为发展零售业务的战略重点。

从发展趋势看，金融机构的竞争结果将有赖于它们的服务质量，而服务质量也只有在成功的营销活动中才能真正得到提高。中国金融市场多年来形成的是被动式的金融服务，根源在于制度条件和经济发展状况的限制。金融系统应进行有关金融服务和金融服务营销知识的培训，并根据实际情况制订自己的营销战略，这样才能在不断提高竞争力。

延伸阅读

金融科技优秀案例奖——银行智慧营销

“索信达·银行大数据智慧营销解决方案”旨在帮助银行通过大数据分析、机器学习和AI等新兴技术，在财务上实现成本收益的合理化管控，在营销流程上实现多渠道、多批次营销的协同联动统一管理，在客户互动上实现内容统一接触、专属银行的优质体验，最终打造以客户体验营销为核心的实时互动智能营销平台体系。

解决问题

（1）对银行中后台的系统进行升级改造或搭建全新、稳定的大数据智能管理平台，打通银行的数据及营销渠道，做到银行的数据及营销渠道的协同。为银行建立和使用大数据的能力扫清障碍。

（2）帮助银行搭建营销集市和个性化推荐引擎系统，建立和完善用户画像及标签。包括金融属性标签、行为标签、浏览数据标签等，同时，积极开创和探索一些交互式的大数据标签，如客户的地理位置，为银行深刻洞察客户需求提供全面、科学的大数据依据。

（3）帮助银行建立以营销自动化、事件营销和营销优化等三大关键模块为主的智慧营销平台。轻松实现营销活动的设计、自动化执行和排期，让银行的业务和运营人员拥有更多的时间去做客户名单的筛选和客户需求的挖掘。同时，实时建立多维度商业智能BI报表，提供科学的营销样本数据以进行效果对比及营销优化策略，帮助银行建立一套营销决策科学化、营销管理流程化、营销业务精准化和资源投入最佳化的智能营销闭环体系。

（4）探索实时的数据营销。机器学习自主挖掘建立营销模型，帮助银行实时获取客户的交易数据和行为数据，实时地把商机推送到银行的各个触点，让银行的业务人员能够第一时间进行营销，帮助银行从传统的数据库营销向实时事件营销转变升级。

应用场景

应用 1：客户价值识别（用户特征）定位最有价值用户群及潜在用户群，提高忠诚度；挖掘潜在用户，通过全面客户画像，多角度了解客户。明确客户当前所处的生命周期阶段，完成对客户群体的分类，确定营销目标，实施差异化的营销手段，在客户生命周期的各个阶段与客户进行互动，提升客户价值。

应用 2：通过对用户购买了什么产品、浏览了什么产品、如何浏览网站等行为进行个性化关联分析，并收集数据；通过分析客户群需求相似度、产品相似度，通过个性化推荐引擎推荐用户感兴趣的产品或服务。精准探索客户金融需求，为客户提供妥帖的财富管理、消费融资和支付结算等服务，更能发掘客户潜在的非金融生活需求。

应用 3：客户体验一体化短信、邮件、客户经理、远程银行、手机银行等全渠道待命，多渠道、多批次，更能协同联动管理和统一接触。

项目小结

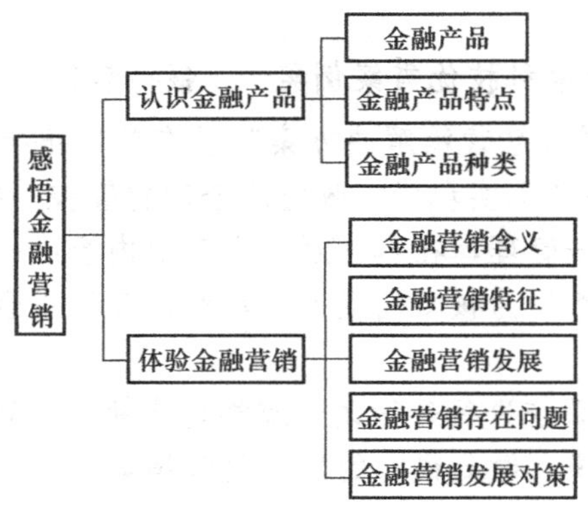

同步练习

一、单项选择题

1. 金融产品居于中心地位的是（　　）。
   A. 扩展产品　　B. 重点产品
   C. 核心产品　　D. 形式产品
2. 银行产品不包括（　　）。
   A. 储蓄存款产品　　B. 贷款业务产品
   C. 银行保险产品　　D. 中间业务产品
3. 金融营销管理的实质是（　　）。
   A. 需求管理　　B. 生产管理
   C. 刺激管理　　D. 销售管理
4. 由于金融产品同质性高，所以金融营销应该注重（　　）。
   A. 企业形象　　B. 人性化
   C. 品牌营销　　D. 全员营销

二、多项选择题

1. 金融产品的特征有（　　）。
   A. 有形性　　B. 不可分割性
   C. 增值性　　D. 差异性
2. 下列各项中，属于银行产品中间产品的是（　　）。
   A. 结算产品　　B. 代收代付业务产品
   C. 银行租赁产品　　D. 分期偿还贷款产品
3. 下列各项中，属于证券产品的有（　　）。
   A. 股票　　B. 债券　　C. 基金　　D. 期货
4. 金融营销的主要特征有（　　）。
   A. 注重企业形象　　B. 注重人性化
   C. 注重品牌营销　　D. 注重全员营销

三、简答题

1. 什么是金融营销？
2. 我国在金融营销过程中存在着哪些不足？
3. 什么是内部营销？
4. 发展我国金融营销的对策有哪些？

实训项目

【实训目的】

熟悉金融产品的种类，增强学生对金融产品的感性认识，了解金融产品的广告宣传及营销方法。

【实训内容】

通过实地考察或网络调查，认识金融产品的名称并能够进行分类，并且能够进行同类产品的优势劣势比较。

【实训方式】

1. 按 8～10 人分小组，每小组推选一名同学为组长。
2. 每个小组选择一个金融企业进行调查。
3. 认真做好记录，注意访问技巧的运用。

【实训报告】

撰写实训报告，要求介绍金融企业背景、所调查金融企业现有产品数量及种类、举例说明其中某一产品的营销状况。

项目二　金融市场调研与营销环境分析

学习目标

知识目标

- 掌握金融营销调研的程序与方法
- 理解金融营销环境的特点
- 了解金融营销调研的功能

能力目标

- 能够针对某一金融产品进行简单的市场调研
- 能够正确分析特定金融产品营销的宏观环境和微观环境

素质目标

- 加强对当前金融产品营销的大背景的了解
- 初步形成对金融产品的市场调研能力

项目引例

2017 年中国电子银行调查报告

1．移动趋势持续深化，手机银行用户比例首度与网上银行持平

微信银行用户比例较 2016 年同期持平。电话银行的使用比例较 2016 年下降超过一半，是唯一一个用户比例下降的电子银行渠道。手机银行在经历了三次年均用户比例增量超过一成的跳跃式发展后，用户比例首度与网上银行持平。

个人网银用户在全国各类城市中均呈现快速增长趋势，而个人手机银行用户在一线和三线城市的增长较为明显。进一步对用户行为偏好展开调研发现，“方便快捷”反超“安全可靠”，成为用户选择使用网上银行的最主要原因，而客户选择使用手机银行的原因中，登录简单和转账手续费有优惠占据优先度前两位。除了网上银行和手机银行能够同步满足用户对于使用方便快捷的需求外，在使用场景上，网上银行和手机银行的互补特征也得到了进一步显现，主要体现为：小额交易用手机银行、大额交易用网上银行；有计算机时首选网上银行、外出时用手机银行。

企业电子银行渠道调研结果显示，企业手机银行、企业微信金融服务用户比例均较 2016 年增长一倍左右。企业网上银行用户比例较 2016 年增加 4 个百分点，企业电话银行用户比例与2016年同期持平。其中转账业务与代发工资报销、代扣和账户信息查询与对账是企业网上银行的常用业务。企业用户使用手机银行主要办理的业务为转账业务和账户信息查询与对账。

2．第三方支付攻占个人业务，银行可将理财服务转化为核心竞争力

在大金融领域中，银行业在部分个人业务中的优势已不再明显。65%的被调查用户在办理转账汇款时的常用渠道为支付宝，而常选择网上银行和手机银行的用户比例为51%和44%；在首次使用用户“升格”为常用用户的转化率上，支付宝、网上银行和手机银行之间的转化率差距较小。而在办理缴费业务时，八成用户已经习惯使用支付宝，网上银行和手机银行的用户黏性略低于支付宝渠道。

在需要进行线上支付时，选择支付宝或微信支付的用户分别为84%和65%，选择网上银行或手机银行的用户分别为33%和23%。但在理财产品购买中，网上银行仍然是最常被使用的渠道，64%的用户选择使用网上银行完成理财产品的购买和交易，这其中有55%的用户被转化为经常使用网上银行购买理财产品的忠实用户。因此报告建议银行在电子银行渠道设置“特有”的、更具有吸引力的理财产品，以提升电子渠道客户的满意度和忠诚度。

任务一　金融市场调研

一、金融营销调研的功能

金融营销调研是指对金融产品或服务从金融企业到达客户过程中所发生的全部经营活动资料进行系统、客观的搜集、整理、分析与评估，以了解金融产品或服务的现实市场和潜在市场，为金融企业决策提供客观依据的一种活动。金融企业进行市场调研是为了了解经营环境的变化，寻找新的市场机会，扩大营业量；另一方面也是为了提高自身的经营效益，改善经营管理水平。金融市场调研的内容涉及一切与金融企业营销活动有关的经济、社会、政治和日常活动范围内的行为、需求、动机等方面的情况、问题及其变动，具体主要有客户调研，金融产品和服务调研，市场需求调研，广告调研，金融产品的定价、分销渠道及促销等营销组合策略调研等。

（一）发现市场机会

金融市场营销环境瞬息万变，难以预测；金融产品创新层出不穷，客户心理及消费需求变化万千；原有的一些金融产品和服务可能已到达其生命周期的尽头，而一些新产品和服务则不断进入市场；激烈的竞争既使金融市场难以进入，同时又创造出新的机遇让金融企业去选择和捕捉。因此，在决定把新的金融产品或服务投入市场之前，必须通过营销调研，帮助金融企业发现市场机会和问题，探寻问题发生的原因和根源，以便金融企业制订合适的市场营销策略。

（二）监测和评价营销活动

在竞争激烈的市场环境中，金融企业考虑更多的应是如何使自己的营销活动适应市场变化的需要，不断创造出新的金融产品和服务，以引导市场需求变化。因此，金融企业的决策者必须了解客户，掌握自己所占市场份额的大小，摸清竞争者的行动，考察自己的市场营销活动是否在按计划进行。只有认真仔细地研究当前的市场信息，金融企业决策者才能了解营销战略的实施状况，并依据市场调研所得的资料，分析、研究自己在市场上的优势与劣势，对自己的营销活动进行必要的调整、评估和修改，以保证营销战略的成功实施。

（三）预测金融市场发展趋势

营销调研，不仅可以使金融企业认知营销环境的基本状况，及时检验决策效果，还可以对未来的营销市场发展趋势进行分析、研究与判断，进而做出科学的预测。任何变化发生之前总会有预兆出现，市场调研可以寻找这些预兆和非正常现象，并以此来预测未来市场可能发生的变化及其趋势。尽管预测金融市场的变化比较困难，但是金融企业市场调研所提供的信息能使企业决策者对金融市场的变化趋势做出较为准确的估计，从而制订出比较合理的营销策略，战胜竞争对手。

（四）为广告宣传打下基础

金融企业广告宣传的作用在于引起广大居民对本企业产品和服务的了解和注意，诱发他们的购买欲望，提高他们的购买信心，促成他们的购买行动。要达到上述目的，关键在于了解和掌握客户的需要、态度、意见、动机和心理。市场调研可以了解和掌握上述情况，分析和预测其变动趋势，有针对性地开展宣传活动，达到促进销售的目的。故此，市场调研是广告得以有效发挥作用的基础。

（五）评估营销方案效果

金融企业可以根据市场调研所收集的数据资料及售后反馈的信息，分析客户要求得到满足的程度、客户需求、偏好变动的趋向，以及企业经营中的优势和薄弱环节，对现行的营销方案成果进行衡量评价，并据此认定现行的市场营销方案是否可以继续实施或需在某种程度上加以修改或调整，对市场可能出现的问题提出解决方案及建议。

二、金融营销调研的程序

为了使市场调研活动顺利完成并取得预期的结果，调查组织者在着手进行调研时，必须先制订周密的市场调研计划，并按其步骤一步步地认真组织实施。金融服务营销调研的组织者必须采取正确的态度、科学的手段和严密的组织程序，同时还要遵循市场调研工作本身的特性及规律，使调研活动按一定的步骤和程序进行，以确保市场调研工作的效率和质量。市场调研一般都按以下几个程序进行，即提出问题，确定目标；情况分析，调研设计，搜集资料；分析资料；提出结论；追踪调研。

（一）确定问题和调研目标

金融营销调研的起因就是金融企业在市场营销过程中需要解决的问题，这些问题是什么，它是怎么产生的，应该如何解决，即营销调研的第一个步骤，确定营销问题和调研目标。金融企业在市场营销过程中一般都会存在好的或不好的、明显的或隐匿的问题。准确、及时地发现问题，并找出其发生的真正原因，是很困难的。确定问题往往需要对企业、产品、市场、环境和竞争情况等影响因素进行深入了解，在充分分析的基础上，判断营销要解决的问题，并把这些问题作为营销调研的目标。

要使营销调研目标具有明确性、准确性、可操作性和战略性，营销调研目标一般可分为描述性目标、探索性目标和因果分析目标三种。描述性目标是指通过营销调研如实描述客观实际情况的调研目标，描述性调研要回答“何时”或“如何”的问题。探索性目标是指企业需要调研的问题是什么；或者知道问题，但不知道是如何发生的；问题的症结是什么，等等。如企业产品的市场销售量下降，但不知道是什么原因造成的，或者知道可能的一组原因，但到底是哪种原因无法确定，或问题产生的主要原因是什么。探索性调研要回答“是什么”的问题。因果分析目标是指测试假设因果关系的准确性的营销目标。如增加10%的广告成本，能否使销售量增加10%，因果调研要回答“为什么”的问题。

（二）制订调研计划

制订调研计划是在进行正式调研之前，根据初步确定的调研目标主题制订出一系列的调研方案，形成具体的调研进程表，使调研的目的和任务具体化。它主要包括下述几方面的内容：确定资料来源、选择调研方法、准备调研工具、确定抽样方案、确定调研时间和调研费用等。

1．确定资料来源

市场资料分原始资料和二手资料两大类。原始资料是市场调研人员直接到现场进行调研所获得的资料。由于第一手资料是市场调研人员现场调研的结果，往往比较真实，针对性强，而且通过现场调研可能获得意想不到的资料，所以在原始资料获得的过程中，可以使企业从更多方面了解本身经营状况或企业形象，帮助问题的解决。但是，原始资料的收集往往需要大量的经费和训练有素的调查员的支持与配合，因此在资金、物力、人力有限的情况下，对已有的二手资料进行收集、整理和分析是一种有效的方法。二手资料是指经过他人收集、记录和整理积累起来的各种数据和文字资料，其基本来源有两种：①企业内部资料，如财物报表、业务资料、统计资料、各种记录等；②企业外部资料，如政府部门发布的各种统计资料、商业性的调研资料、学术研究机构提出的调研资料和企业名录等，其中不可忽视的一面是国际性金融消息。利用二手资料的好处在于所花的成本少、时间快，对了解问题的背景有很大作用，可以获得任何一个组织无法靠自己调研得到的资料，如人口普查资料等。当然，利用二手资料也有一定的缺陷，如资料可能太旧、可能与手头研究的问题无关、资料的精确性需要重新评估等。因此，在此基础上，还需借助更多的资料，如原始资料等，以进一步找出问题产生的原因，回答二手资料研究没能回答的问题。

2. 选择调研方法

常用的原始资料的收集方法有访问法、观察法和实验法。访问法是研究人员通过询问受访者特定的问题，从受访者的回答中获取信息的一类常用方法。根据访问方式的不同又分为人员访问、电话访问、邮寄访问和网上访问等。观察法是一种非介入的调研方法，研究人员作为一个局外人，通过观察特定活动的运行过程来收集信息。实验法是观察一种变量对另一种变量产生影响的方法，其目的是为了找出各个相互独立的变量之间的因果关系，在实施这一方法时，一般要保持其他变量的稳定性。

3. 准备调研工具

随着科学技术的发展，在市场调研中用到的收集资料的工具种类不断增加。除了传统的调查表外，越来越多的仪器设备被用于营销调研中。比如，可以通过交通流量计数器来确定每天经过某一特定区域的人数，以确定在那里设计网点是否合理；广告设计者可以运用脑电图来确定电视观众对特定时点广告的注意力。调研人员应当根据自身的实际需要来选择调研工具，特别是在设计调研问卷时，需要掌握一定的技巧。

4. 确定抽样方案

大多数市场营销调研都要进行抽样调研，即从调研对象总体中抽取具有代表性的样本来进行调研，并根据样本的特征去推断出总体的特征。样本的性质、大小及抽样方法的选择是抽样方案中的重要内容，这些内容受到研究经费、所允许的误差及所愿意承担的风险等因素的影响，一个合适的抽样方案是调研结果质量的重要保证。

5. 确定调研时间和调研费用

同所有其他计划一样，调研计划也必须包含调研的具体时间表和调研费用的预算。时间表帮助调研人员明确在什么时候干什么，调研费用预算可以帮助调研活动的委托者对调研成本有一个了解，以便做出是否执行调研计划的决定。

（三）收集信息

营销调研计划的执行过程即是调研信息的收集过程，企业往往聘请外部专门调研机构的人员来参与现场信息的收集。为了保证信息的质量，执行现场调研的人员除了一般的访问员以外，还会包括一些督导员。它们会根据计划对受访者按一定比例进行回访，以确定访问员是否真正进行了调研以及调研是否按照规定的程序进行。

（四）信息整理与分析

在营销调研的实施阶段完成后，要对此取得的资料进行“去粗取精、去伪存真、由此及彼、由表及里”的分析、整理、归纳、分类、集中。资料分析工作包括资料筛选、资料整理和资料统计与计算等。在实际的营销调研活动中，往往出现因具体操作不当，造成某些信息资料、统计数据出现不同程度的偏差，如样本选取不当、问卷表格中项目设计不当、询问标书不当、统计计算错误、记录不全等原因造成的失误，从而影响上述信息资料的真实程度的，均应被视为错误资料。在进行资料汇总、分析的时候，应首先将这些错误资料进行彻底的清理，并同时相应地补充或追加一部分有关的正确资料，以进行弥补或替代。资料的整理过程包括编辑、编号和分类、表格化。编辑是检查所收集资料的正确性、完整性与一致性，做资料的增减工作，对资料进行有用的分类等。编号是将个别的答案编号编进其他记录系统。表格化是把有联系的资料有规律地排列在一起，可以由人工或机器完成。资料一旦经过处理，统计与计算阶段就可以开始，内容包括根据不同类型的资料的要求，系统地制订各种规范化的统一表格、统计图表等，并计算基础的统计数据，如平均值、百分比等。在此基础上，对已分类的各种信息资料进行对比性的分析，并对一些重要的事实、数据、图表等进行简要的文字介绍或说明，为下一步的深入研究工作打下良好的基础。

（五）撰写调研报告

营销调研报告是整个调研基本情况的陈述与调研的综合。内容一般要求包括调研目的、调研方法、调研资料分析、调研结论及建议、有关附录五个主要部分。报告应力求重点突出、简明扼要，在文字措辞上不宜过多使用难懂的技术用语和抽象词语，应力求内容完整；行文规范、通达；条理清晰；所述内容、实施力求客观、公正，避免主观上的随意性。一般来说，调研报告有两种形式：一是专题报告，二是一般性报告。专题报告又称技术性报告，撰写内容应尽可能详细，原始资料中的所有事实都应列入，并要以客观的立场来反映，即使其结论对本企业不利也应如此。专题报告的内容包括：①封面，写明调研题目、承办部门、人员；②序言，说明调研背景；③摘要，简要说明调研结论和建议事项；④正文，包括调研目的、方法、步骤、样本分布情况、调查表内容、统计方法及数据、误差估计、技术上无法克服的问题、调研结果、结论和建议；⑤附录，含附属图表、公式、附属资料及致谢等尽可能多地列入有关资料，以供对照参考。根据需要，调研报告也可附加可供管理部门参考的决策、建议。一般性报告又称通俗性报告，供不同部门不同文化业务水平的人阅读。文字要通俗易懂，有吸引力，也可适当强调对本企业有利的事实，以起到宣传鼓舞作用。

（六）评估调研成果

由于调研报告的撰写者和使用者往往是不同的主体，二者之间甚至可能有一定的冲突，所以调研者应当关注他们所提供的报告是如何被调研的委托者使用的，并在报告的使用过程中提供进一步的解释和建议。这一工作一方面可以提高调研成果的使用率，另一方面也可为今后的调研活动积累经验。

三、金融营销调研的方法

市场营销调研方法是调研人员在实际营销调研过程中为获取第一手信息资料所采用的

最基本的技术手段和具体方法。在调研方案的实施中，选用的调研方法是否适当，对调研结果有直接的影响。另外，在调研过程中，还需要根据具体情况，由市场调研人员选用不同的市场调研工具，以保证市场调研结果能够符合调研目的。

（一）访谈法

访谈法是市场调研中最常用的、最基本的方法。常用于了解人们的知识水平、信仰、偏好、满足程度及行为等方面情况的调查。访谈法分为直接询问法和间接询问法两种。

直接询问法是调查人员直接面对面地与调查对象进行交谈，了解情况，获得信息资料。依据所采用的方式不同，直接询问法有两种基本的形式：①自由交谈方式。这种交谈方式气氛活跃，调查人员易于把握谈话的机会和询问技巧，有利于双方尽快地沟通思想，能获得较多可靠性高的资料，减少不完善的答案，调查者还可以层层深入地向调查对象提出问题，获得较详尽的资料，有时甚至还可以适当地利用时机向调查对象宣传本企业的金融产品和服务。②调查表提问式。调查人员按自己预先拟定的调查表条目或提纲，逐一向调查对象提出问题，并请其逐一、如实地回答。这种调查方式内容明确，调查人员容易控制调查进程，调查表回收率高，结果易于综合统计。

直接询问法的主要不足是调查成本较高，受调查人员和调查对象的主观因素影响较大，对调查人员的素质、谈话技巧等要求较高。另外，直接询问法也可以视调查对象的具体情况，或采取个别调查方式，或采取集体座谈的方式。

间接询问法主要是指调查人员用事先准备好的调查表来进行调查。主要形式有：①电话询问法。电话询问法是指调查人员预先拟定好问题，然后以电话方式向被调查者询问以获得资料的一种方法。该方法的优点是费用低、所花时间少、资料统一性程度高等。缺点是不能深入提出问题，由于电话交谈时间相对较短，调查者有时不能详细说明提问意图，被调查者对某个问题发表意见时，也能做简短说明；现代的现场调查往往要求调查员对所调查的问题进行解释或出示图片，等等，而这是电话调查无法做到的。②邮寄询问法。邮寄询问法是指调查者将设计好的问卷寄给调查者，一般附有回邮的信封和邮票，要求被调查者答复之后寄回。邮寄询问法的优点是费用较直接询问调查法低；调查范围广；使被调查者有充分的时间思考回答问卷；减少调查员的偏见。不足之处是问卷回收率低；被询问者的答案较肤浅；邮件问卷经常不是由被调查者本人回答，而是其他人代笔；花费时间长。邮寄询问法是西方金融企业进行调查广泛采取的一种方法，如美国花旗银行在日本市场，将花旗银行的实际客户和潜在客户的姓名、住址及其他资料分类储存在一个所谓“花旗库”的数据库软件中，然后向不同类型的客户邮寄去不同题目，要求客户回答。从而了解客户的需求及变化，以及其他银行想了解的问题。③留置问卷法。留置问卷法是指调查者将调查表当面交给调查对象，说明调查意图和要求，由调查对象自行填写回答，再由调查者按约定的日期收回的一种调查方法。这种方法可弥补当面提问的时间仓促、被调查者考虑问题不成熟等缺点，又可克服邮寄问卷回收率低的不足。缺点是调查的地域、范围受一定的限制，调查费用相对较高。

（二）观察法

观察法是指调查者不直接向被调查者提出问题，而代以观察事件所发生的过程，以判定客户在某种情况下的行为、反应和感受。根据观察者是否置身于观察活动，可将观察法分为两种：参与观察法和非参与观察法。参与观察法是指观察者参与现场活动，通过与被观察者一起共同活动，身临其境，体验被观察者的感情，倾听他们的交谈，观察他们的举止行为，从中了解产生问题的原因，取得深入的调查资料。如关于“由于银行服务质量低造成存款额下降”这一问题，银行可派出观察者以柜台服务人员的身份进行观察，一方面可以了解每一位柜台人员接待一位银行客户需要的时间以及他们的服务态度，例如，柜台人员对客户的提问是否不予理睬等；另一方面，观察者也可以倾听客户的反映和抱怨，如营业厅柜台空间太小，夏天没有空调闷热难耐，计算机执行系统经常出故障等。进行参与观察时，关键是选择观察员，观察员应有责任感，公正合理，能够消除被观察对象的戒备心理。非参与观察法是指观察者不直接参与现场活动，而是以局外人的身份客观地观察现场活动的情况。该观察法不带主观性；对所观察事项的全过程有一个较清楚、较系统的认识。但由于观察者独立于现场活动之外，因此不能做深入细致的调查，无法了解产生这些现象的内在原因，所以这种方法一般只适于探索性调查及一般的了解和认识。

（三）实验法

实验法是从自然科学的实验室试验法中借鉴而来的，在市场调研中，主要用于市场销售实验。此方法是先进行一项产品推销的小规模试验，然后再分析该产品促销是否值得大范围推广。实验法包括实验前后对比实验、实验单位与非实验单位对比实验、实验单位与非实验单位前后对比实验三种。实验前后对比实验是指通过对实验单位在实验前和实验后所要观察的现象的变化，对比分析所观察的现象变化的原因，了解实验变量的效果。实验单位与非实验单位对比实验是指在同一时间内将非实验单位与实验单位进行对比，以测定实验结果的方法。这种方法都是事后测量其实验结果。如用 X 代表实验单位事后测量值，用 Y 代表非实验单位事后测量值，则实验结果 $E=X-Y$。实验单位与非实验单位前后对比实验是对上述两种实验方法的结合，即对实验组和非实验组在实验前与实验后的变化情况进行测定分析。设实验单位在实验前、后的测量值分别为 X_1 与 X_2，非实验单位实验前、后的测量值分别为 Y_1 与 Y_2，则实验效果为 $E=(X_2-X_1)-(Y_2-Y_1)$。

（四）抽样调查法

所谓抽样调查即从母群体中抽出一部分有代表性的样本加以调查，并以此推断总体的特征。这种方法可以在较短的时间内，用较少的费用和人力，获得比较准确的调查资料，而且因样品而产生的误差可以用统计方法控制，因而它是市场调研中应用最广泛的方法之一。

1．抽样调查的适用范围

与全面普查相比，抽样调查具有经济、及时、准确和高效等显著特点。这些特点决定了抽样调查的适用范围是：①对一些不可能或不必要进行全面调查的项目，最宜用抽样调查方式解决。②在经费、人力、物力和时间有限的情况下，采用抽样调查方式，可节省开支，争取时间，用比较少的人力、物力和时间，取得令人满意的调查效果。③运用抽样调查对全面普查进行验证。全面普查涉及面广、工作量大，花费的时间和经费多，组织起来比较困难，但调查质量如何，需要检查验证。这时，显然不能重新用全面普查方式来检验，为了节省时间和经费，常用抽样调查进行检查和修正。④对某种总体的假设进行检验，判断这种假设的真伪，以决定行为的取舍时，也经常采用抽样调查来测定。

2．抽样误差

在市场调研中，无论是全面普查，还是抽样调查，都有可能产生误差。一般有两类误差存在：一类是抽样误差，即样本对总体代表性引起的误差。这是所有的调查所共有的，如调查中有关项目的定义不清楚、调查单位有遗漏或重复、不准确的计算方法、问卷设计不合理、被调查人有意错报、调查人员粗心大意等。在抽样调查中，由于总体的真值是不知道的，因此每一次抽样的结果，其确切的抽样误差也无法知道。但是，我们可以根据数理统计理论求出所有样本的平均抽样误差，据此，可以确定抽样设计的精确程度，并可对总体的真值做区间估计。抽样误差的大小，主要受以下三个因素的影响：被研究总体各单位标志值的差异程度；抽取的调查单位数目；抽样调查的方法。

（五）定性调研中的常用方法

1．焦点小组访谈法

它一般由8～12人组成，在一名主持人的引导下对某一主体或观念进行深入讨论，通过观察参与者对主题的充分和详尽的讨论，调研人员可以了解他们内心的想法及产生这种想法的原因。焦点小组访谈与一问一答式的面谈的关键区别是能够通过小组中成员的相互作用产生“群体动力”，是指小组中某个成员的反应会成为对其他人的刺激，这种相互刺激能够引起受访者更大的兴趣。在焦点小组访谈中的提问方式也是间接的，而不是直截了当地提出问题要求回答。

2．深度访谈法

它是一对一问答式的访谈，但与普通的问卷调查有一定的区别。后者只是要求受访者回答一些事先设计好的问题，而深度访谈中的问题并不一定是事先设计好的，它们可能会随着访谈的深入而逐步展开，由受访者的回答引出很多新的问题。深度访谈的调研成本较高，对调研者素质的要求也很高。相对于焦点小组访谈法而言，深度访谈法也有它的一些优点。如一对一的交流可能使受访者觉得自己更受重视，从而更愿意表达自己的真实想法；一对一的近距离接触使调查人员对非语言的反馈也可能更加敏感。

3．投射法

在一些情况下，受访者可能受心理防御机制的影响，并不能够用语言表达内心的真实情感和态度，这时就可以采用来自临床心理学的一种方法——投射法。这种方法通过观察受访者对一些刺激的表面反应，来探究隐藏在表面反应下的真实想法，以获得真实的情感、意图和动机。市场营销调研中常用的投射测试有词语联想法、句子和故事完形法和漫画测试法等。

案例

国内银行市场活动体验调研

近年来，伴随着我国银行卡业务的迅猛发展，银行卡消费金额占社会消费品零售总额比重接近 50%，各大银行推出的银行卡消费等方面的市场活动大大增强了市场活力、提高了市场效率，使得广大商户和消费者在用卡成本降低的同时，能够享受到更多可供选择的差异化服务。

为深入挖掘各大银行开展的市场营销活动及推广模式，我部通过招募 20 名体验者，以第三方角度对 10 家银行的借记卡及信用卡开展的银行卡消费类市场活动进行 400 次体验，分别从“活动内容、活动宣传、人工服务感知及活动反馈”四个方面进行体验比较。

一、体验对象

本次体验的 10 家银行为：8 家商业银行（交通银行、中国民生银行、光大银行、上海浦东发展银行、中信银行、招商银行、兴业银行、广发银行）及 2 家国有银行（中国银行和中国工商银行）。

二、体验分析

体验发现，信用卡市场活动力度普遍较借记卡活动力度大，商业银行客服人员专业素养较国有银行水准高。具体体验结果分析如下：

（一）活动内容

银行间的竞争日趋激烈，体验中发现聚焦客户关注的吃、穿、住、用、行等方面，各大银行几乎均有涉及，以下根据各行目前在市场活动上开展的特色优惠项目、受客户欢迎程度、活动设计新颖度三个方面进行体验。

1．特色优惠项目

不同的银行为了吸引更多的消费者，在各个方面采取优惠的项目也有所差异，以下从转账费用、境外消费、汽车加油等方面比较各行的特色优惠项目。

转账费用方面活动特色较为明显的为招商银行、中信银行、光大银行、中国民生银行等。自 2015 年 9 月 21 日起，招商银行正式实行“网上、手机银行转账汇款全免费”，成为国内首家转账优惠力度最大银行。其次为中信银行、光大银行、中国民生银行，截至 2015 年年底，手机银行转账全免费。而中国工商银行手机银行转账需收取柜面 2 折的手续费；交通银行也仅针对 5 万元以下的跨行转账手续费免费。

境外消费方面具有竞争力的依次为交通银行、中信银行。交通银行，境外消费任意金额满 5 笔可享 10 倍积分，最高可获 50 万积分，兑换 2.78 万航空里程或 1 250 元刷卡金。中信银行境外消费刷中信 62 银联卡单月每满 10 000 元返 500 元人民币，返现金额可直接抵扣未出账单还款。另外，还有招商银行，全币种卡境外消费单笔满 600 元，每刷 5 笔，抽 1 笔返现 5%，虽返现比率较高，但需有每刷 5 笔的限制条件。还有浦发银行，针对 VISA 信用卡境外刷卡满 5 000 元，可获赠 20 美元刷卡金。

汽车加油方面活动最具特色的为中国民生银行车车信用卡、交通银行。民生银行车车信用卡返还比例根据消费金额不同，有 5%、8%、15%、100%四个等级。交通银行的最红星期五返刷卡金活动，有 5%、10%两个等级，面向所有交通银行持卡人。

2. 受客户欢迎程度

体验发现，在市场上已形成良好口碑、满意度最高的特惠活动有交通银行最红星期五、中信银行精彩 365 活动。

中信银行精彩 365 活动，逢周三、周六，持中信银行信用卡在全国指定商户门店刷卡消费指定金额/产品，即可享 5 折、买一赠一等优惠。

3. 活动设计新颖度

对于优惠促销等方面，各家银行活动设计推陈出新，最让体验者印象深刻的是光大银行着力打造的“光大购精彩”这个市场品牌，其中“光大购精彩之最美时节”活动形式新颖，贴合中国传统国情，显得格外亲民。

综上，只有特色优惠项目具有竞争力、活动设计新颖才能吸引客户眼球，提高银行的市场活动竞争力。

（二）市场活动宣传

除了各家银行推出市场活动品种不同外，银行官网中信息查找便捷性、微信银行人性化设计等，都存在一定的差异。

1. 网银渠道拓展，提供极致体验

体验中发现，几乎所有银行官网上均专门设置了特惠信息栏，但在客户查找的直观感知度上却不尽相同。能将网站界面分布合理并能使客户快速查找到的银行有中国民生银行信用卡官网。该网站在首层菜单下设置了优惠活动的图片滚动栏，能使客户一目了然地查找到自己的所需信息。

2. 移动指尖拓新，带来便捷体验

随着互联网金融的火热，微信银行开始受到各家银行的青睐。下面将从微信上通过菜单查找的便捷性及操作界面人性化设计两个方面来体验。

在本次微信平台的体验中，10 家银行均开通了微信银行。广发银行、招商银行、中信银行的信用卡微信银行表现出色，位居微信银行便捷性的第一梯队。而有 35.71%的体验者在体验中认为中国工商银行的市场活动栏目隐藏较深，较难查找。

在微信的优惠活动界面里，人性化设计突出的是中国银行。添加“中国银行微银行”公众号后的弹屏，直接将该行开展的市场活动进行推送，活动内容详尽饱满，底层三个菜单也使用了当下主流的“微金融”“微服务”“微生活”三个分区。

相信在银行竞争愈演愈烈的今天，微信银行将成为各银行必争之地，人性化的操作界面以及随处可触的细节其实也能给客户带来不一样的服务感受。

3. 免费银行 WIFI，专享特惠体验

本次体验还发现部分银行联合手机运营商在银行的特惠合作餐饮商户推出了免费 WIFI 服务，无论是否持有该银行信用卡，均可免费享受顺畅的上网体验。

像交通银行信用卡的免费 WIFI，不仅能免费上网刷微博微信，还可直接进入办卡页面网络申请信用卡。无论核卡结果如何，都可以较低价格购买该商家的优惠券，成功核卡客户还可立即获得刷卡金返还。持卡客户所享受的优惠更多，若就餐的餐厅恰好是交通银行信用卡“餐饮超红季”活动的指定餐厅，还有最高返 100%刷卡金的特惠。

（三）人工服务感知

拨打客服热线主动咨询市场活动也成为此次体验的一个重要环节，综合客服人员的服务主动性、服务耐心度、沟通表达能力、业务掌握熟练度、总体感受五个方面做出的总体评价得分：

90 分以上的四家银行有上海浦东发展银行、招商银行、中国民生银行以及交通银行。

体验中普遍发现，客服人员在回答市场活动问题时，存在对自家行主推特惠业务甚至电话自助语音台播报的业务都不知晓的情况。

调研中有 92.5%的体验者在对各行客服人员的整体感受中评价上海浦东发展银行为“非常满意”。让调研者印象最深的是上海浦东发展银行借记卡客服，对本行特惠活动掌握娴熟，推荐意愿强，在调研者咨询的近 10 个特惠活动中，该行座席均能信手拈来地一一表述，对于参与方式、风险点也均能主动提示到位，给人专业耐心之感，最后还能主动向调研者推荐信用卡的相关活动，并适时建议其可登录网站、微信关注查询，贴心周到的服务值得为其点赞。

其次是招商银行的微笑服务、中国民生银行主动服务及交通银行负责耐心的指导也让调研者感受良好。

（四）市场活动反馈

根据体验情况，笔者收集了前期参与市场活动的一些反馈意见：

（1）交通银行信用卡超级最红星期五的活动规则一直在变化，却未第一时间通知客户；参与规则中需有积分的消费取决于商户性质，客户在刷卡时并不知晓是否计入积分。

（2）招商银行信用卡积分兑换星巴克咖啡活动：在 2012 年只需 600 分即可兑换 1 杯星巴克咖啡，而现在却需要 799 分。按招商银行每消费 20 元积 1 分计算，兑换这杯咖啡的消费成本就增加了近 4 000 元。

（3）兴业银行的国航、东航里程兑换比例，从 2013 年的 20 积分兑换 1 公里，调整成了 25 积分兑换 1 公里。

（4）广发银行 2013 年的 500 积分能抵 1 元，现调整成了 600 积分才能抵 1 元。

上述案例反馈出一些问题：对于银行推出的不同时期的活动，若内容相同，参与规则或积分兑换比例有变，银行方能否第一时间以短信或微信方式通知消费者知晓？消费是否计入积分不应由消费者买单。

综上，各大银行若能将活动细则予以明确、取消活动规则条条框框的设定、尽量将活动简化、规则若变更提前通知消费者等，才能在与消费者享受到优惠带来乐趣的同时达到双赢。

任务二 金融营销环境分析

一、金融营销环境特点

金融机构应重视对金融市场营销环境的研究和分析，对自己所处的环境状况做出科学合理的评价，这是其适时、适度地调整营销策略，改善环境，促进可持续发展的前提条件。

金融市场营销环境具有以下特点。

1. 相关性

金融营销环境不由单一环境因素决定，而是在诸多环境因素共同作用下决定的。如金融产品的价格不仅受客户需求和金融机构供给的影响，而且还受到经济发展与国家货币和财政政策的制约。所以，各因素相互影响的方式和作用程度都将增加企业识别环境因素对其营销活动影响程度的难度和复杂性。金融机构应尽量对影响营销环境的各因素进行全面的分析与预测，以便尽可能地把握环境因素之间的相互作用。

2. 差异性

金融机构既受宏观环境影响，也受微观环境影响。但是无论是宏观环境还是微观环境，对不同的金融企业将发生不同的影响。当然，同一金融企业在不同时期也会面临不同的营销环境。因此，金融机构应从自身的特点出发，依据市场营销环境的变化，制订适合企业发展的营销策略。

3. 动态性

金融机构的营销环境处于变化中，这主要是由于影响营销环境的因素是多方面的，而每个因素会随着时间的更替和经济的发展而不断变化，这就决定了企业对营销环境的适应过程也是一个动态的过程。环境因素对金融机构的影响有大有小、有深有浅，有些可以预料，而大多数变化则难以预料。例如，通过对环境变化程度的分析，金融机构可以获悉的是一个相对稳定还是动荡的环境；通过对环境复杂程度的分析，则可以了解构成环境因素的数量和广度。因此，金融营销的成败，取决于金融企业对环境变化的认识和适应程度。

4. 不可控制性

金融营销环境的动态性决定了其不可控制的特点。比如，国家颁布的法律、法规和政策；人们的意识形态、价值观和社会行为准则、社会风俗习惯；竞争者的营销战略等因素都将对企业营销活动产生不可估量的影响，但企业对这些因素却不具有控制力。因此，金融机构对不可控的环境因素，不仅要主动地去适应，更应采取积极措施，不断创造与开发对自己有利的环境，以便更好地生存和发展。

二、金融营销宏观环境分析

宏观环境分析就是对金融机构所面临的总体市场营销环境进行分析。

金融机构宏观环境由几个因素组成：政治与法律环境、经济环境、科学技术环境、社会文化环境、人口环境和自然环境等，而影响最大的是政治与法律、经济、科学技术和社会环境。

（一）政治法律环境

政治、法律环境的稳定与否是金融机构经营的基础性条件。政治环境是金融机构市场营销的外部政治形势和状况，它分为国内政治环境和国际政治环境。法律环境是指国家或地方政府所颁布的各项法规、法令和条例等，它是金融机构开展营销活动的准则。金融企业只有依法进行各种营销活动，才能受到国家法律的有效保护。

1. 政治局势

政治局势是金融机构营销所在国的政治稳定状况。金融行业的特殊性质，决定了它受国家政治环境影响的程度相当大。一国的政局稳定，国泰民安，金融市场就会稳定，金融企业也就有一个良好的营销环境。反之，一国政局动荡，战争、罢工不断，则会影响经济发展和人民收入增长，影响人们的投融资活动，给金融市场营销带来极大的障碍和风险。

2. 国际关系

国际关系是指国家之间的政治、经济、文化和军事等关系，包括世界和平所处的具体状态、本国与其他国家政治经济和商贸往来的密切程度等。金融营销离不开国际环境，随着金融国际化、全球化趋势的形成和深化，金融营销的开展也必然注重国家与国家的战略。中国金融市场已逐渐向外资机构开放，大量的外资机构纷纷在我国境内设立分支机构和代表处，经营各类金融业务。与此同时，我国的金融机构也积极拓展海外市场，在许多国家建立自己的营业网点。所以说，如果没有良好的国际环境，国家之间不能保持良好的双边或多边关系，要实现国际金融营销是不现实的。至少在歧视政策和不平等条件的制约下，将会极大地阻碍市场营销活动的开展。

3. 金融政策

金融政策是国家的宏观金融政策和地方政府的金融政策，包括国家通过中央银行制定的政策，或是通过各金融监管机构颁布的各种政策条例等。在不同阶段，国家根据不同需要颁布相关的经济、金融政策，不仅会影响本国金融企业的营销活动，还会影响外国金融企业在本国市场的营销活动。如中央银行实行宽松信贷政策，则会扩大货币发行量，促使商业银行扩大资产负债业务，使市场对资金需求量增加；反之，中央银行实施紧缩的货币信贷政策，货币供应量减少，银行的业务量就会随之减少，使市场对资金的需求量减少。由此可见，金融机构对中央银行金融政策的反应必然影响市场的需求，改变资金的供给，这对市场营销也必然带来直接或间接的影响。

4. 法律环境

各国都通过颁布法令来规范和制约金融企业的活动。对金融营销法律环境分析的目的在于：一方面，凭借国家制定的各项法律、法规来维护金融企业的正当权益；另一方面，法律是金融企业市场营销活动的基本准则。金融企业在开展市场营销活动的过程中，应自觉接受管理层的监管、依法依规运作、公平竞争、保护客户利益、防范和化解金融风险，从而形成规范有序的金融市场。

（二）经济环境

金融行业是社会经济中的重要环节，它必然会受到经济环境的影响。经济环境指金融营销活动所面对的外部社会经济条件，其运行状况和发展趋势会直接或间接地对金融营销活动产生影响。经济环境包括经济发展水平、消费者收入水平、宏观经济走势、再就业状况、国民生产总值变化趋势和通货膨胀率等。

1. 经济发展水平

经济发展水平决定了社会资金的总供给和总需求水平，直接影响金融机构的资金实力、业务种类、经营范围和手段。在经济发展水平的不同阶段，人们的收入不同，对未来的预期存有较大差异，将会对金融机构营销活动产生制约作用，通过金融机构进行的融投资活动的频度和规模也就不同。

2. 经济与金融发展速度

经济的发展速度直接影响金融市场的发展速度，反之，金融市场的发展速度也促进经济的发展速度。近些年，我国金融业保持快速增长，同时我国的货币市场和资本市场也得到了快速发展。

3. 消费者收入水平的变化

消费者收入是指消费者个人从各种来源中所得的全部收入，包括工资、奖金、红利、租金和赠予等。我国是一个人口大国，金融机构的个人业务占据相当大的比重，而个人金融业务来自消费者的个人收入，但他们并非把全部收入都用来购买金融产品和服务。因此，以下因素会影响消费者购买金融产品：

（1）国民收入。国民收入是指一个国家物质生产部门的劳动者在一定时期内新创造的价值的总和。

（2）人均国民收入。人均国民收入是国民收入总量与总人口的比值。这个指标大体上反映了一个国家人民生活水平的高低，也在一定程度上决定了商品需求的构成，一般来说，人均收入增长，对金融产品的需求和购买力就大，反之就小。

（3）个人可支配收入。个人可支配收入是个人收入中扣除税款和非税性负担后所得余额。它是个人收入中可以用于消费、储蓄、投资和购买保险等金融产品和服务的部分。

（4）个人可任意支配收入。个人可任意支配收入是在个人可支配收入中减去用于维持个人与家庭生存不可缺少的费用（如房租、水电、食物、燃料和日用生活品等项开支）后剩余的部分。这部分收入是消费需求变化中最活跃和最具潜力的因素，是金融机构开展营销活动时所需考虑的对象。

4. 消费结构和消费者金融支出模式

（1）消费结构。消费结构是指在消费过程中，人们所消耗的各种消费资料（包括劳务）的构成，即各种消费支出占总支出的比例关系。消费结构的变化将直接或间接影响产业结构和产品结构的变化。如我国正处于经济转型期，人们的消费结构发生了变化，对娱乐、文化教育和旅游等相关的商品和服务的需求在不断上升，正在形成巨大的潜在市场。因此，金融机构应以此为基础开展营销活动。

（2）消费者金融支出模式。消费者金融支出模式是指消费者用于各种金融消费支出的比例，它对金融市场营销有着关键的作用。通常用“恩格尔系数”来反映这种变化。“恩格尔系数”是指当家庭个人收入增加时，收入中用于食物开支部分的增长速度要小于用于教育、医疗、享受以及金融产品等方面的开支增长速度。因此，食物花费占总花费的比例越大，恩格尔系数越大，生活水平越低；反之，恩格尔系数越小，生活水平越高。

5．消费者储蓄变化

消费者一般有两大类储蓄形式：一是银行存款；二是购买有价证券。从我国居民来看，储蓄通常是首选的金融产品；从金融机构的角度来看，储蓄资金是银行资金的重要来源之一。尽管我国的金融业开始意识到中间业务的重要性，但是占世界人口 1/4 的中国，存款业务仍然是银行目前赖以生存的重要资金来源。然而，消费者储蓄也受个人收入、通货膨胀、市场商品的供给以及消费者消费偏好等因素的影响。因此，金融营销人员应当全面了解消费者的储蓄情况以及各种影响因素，尤其是了解消费者储蓄目的的差异。储蓄目的的不同，往往影响潜在需求量、消费模式和消费内容。例如，当前越来越多的年轻人开始喜欢“超前消费”，这种需求带动了消费信贷等金融业务的发展，因此银行等金融企业的营销人员应该注意这种储蓄向信贷转变的情况。

（三）科学技术环境

科学技术环境是技术变革、发展和应用的状况，是技术知识财富和社会进步相结合的产物。技术的变革不仅直接影响金融机构的经营，而且和其他环境因素相互依赖，共同影响金融机构的营销活动。

1．产品策略

由于科学技术的迅猛发展，银行、保险和证券公司等金融机构开发产品的周期大大缩短，产品更新迭代加快。由于金融产品易于模仿的特点，这要求金融企业不断寻找新市场，时刻注意新技术在产品开发中的应用，从而开发出能给消费者带来更多便利的新产品。

2．分销策略

科学技术在金融领域的运用，使人们的工作及生活方式发生了重大变化，为金融企业创造更多渠道提供了条件。例如，以前银行都过分强调增加营业网点的营销策略，但随着 ATM 终端、POS 终端和网络银行的出现，客户在家中就可以完成许多复杂的银行业务；买卖股票也可以足不出户，通过网络实现银证转账交易，营业网点的作用被弱化。

3．价格策略

科学技术提高了生产效率和交换效率，给金融市场营销工作带来了突破性机会。网络技术等科学技术的发展及应用，一方面使得金融机构可以准确、快捷、高质量、多渠道地向客户提供服务，同时还降低了营运成本；另一方面使企业能够通过信息技术，加强信息反馈，正确应用价值规律、供求规律和竞争规律来制订和修改价格策略。

4. 促销策略

科学技术改变了人们的生活观念和生活方式，也给金融企业的促销策略带来新的要求。金融企业可以通过无线电广播、电视、手机、网络进行宣传，提高了金融企业的营销力度，降低营销成本的同时，还提高了广告的效率。

5. 金融企业经营管理

技术革命是管理革命的原动力，一方面，它向管理提出了更高的要求；另一方面它又为金融机构改善经营管理、提高管理效率提供了物质基础。在知识经济时代，金融企业运用现代化科技的能力已经成为其衡量竞争能力的标志，地域优势、资产规模都不再是评价金融机构唯一的标准。

延伸阅读

让科技与金融深度融合

经济转型需要科技与金融的深度融合，科技金融不是简单的“科技+金融”，而是通过一系列金融制度的创新安排，推进科技创新与金融创新的深度融合。科技和金融互为需求，积极引导金融资源向科技领域配置，促进科技和金融结合，是加快科技成果转化、培育战略性新兴产业的重要举措。同时，科技与金融的深度融合也有利于我国金融产业的健康发展。

实施创新驱动的国家战略要推进技术创新与金融创新“双轮驱动”，构建支持实体经济和创新经济的金融体系。国家竞争所推动的经济发展分为要素驱动、投资驱动、创新驱动和财富驱动四个阶段，我国在经历了生产要素驱动、投资驱动发展阶段后，创新驱动经济发展时代已经来临。实施创新驱动战略，要技术创新和金融创新“双轮驱动”。科学技术是第一生产力，金融是现代经济的血液，如经济发展要靠技术创新和金融创新共同驱动。当前我国科技金融发展中还存在一些问题，科技型企业面临严重的融资难和融资贵等问题，需要通过技术创新与金融创新，构建与实体经济的融资需求相匹配的金融体系，实现科技与金融的无缝对接。

构建支持实体经济和技术创新的金融体系，一要加大产学研合作，充分调动科技人员的积极性，提高科技成果产业化率和加大金融对创新型经济的支持；二要显著扩大直接融资比重，构建多层次资本市场体系，大力发展支持创业创新的场外交易；三要在高新区发展由民间资本发起的城市社区中小银行，让民间资本支持民营中小企业；四要大力发展支持创业创新的科技成果孵化和天使投资，支持初创企业，鼓励更多的人通过创业实现创新。

（四）社会文化环境

社会文化环境是指一定社会形态下的社会成员共有的基本信仰、价值观念和生活准则，并以此为基础，形成风俗习惯、消费模式与习惯等社会核心文化、社会亚文化和从属文化。社会核心文化有较强的持续性；社会亚文化比较容易发生变化；从属文化价值观念常能提供良好的市场机会。

社会文化环境包含价值观念、风俗习惯、宗教信仰、审美观念等生活方式和社会价值因素。因此，金融机构应重视对社会文化环境的调查研究，制订适宜的营销手段。

1. 价值观念

价值观念是人们对社会生活中各种事物的态度、评价和看法，它包括财富观念、时间观念和对待生活的态度等。同样的事物或问题，在不同的社会或不同的人群中会有不同的评价标准，从而对人们的消费行为、消费方式等产生重大影响。例如，西方发达国家与我国在消费观念上有显著的差别：前者崇尚生活上的舒适和享受，追求超前消费；后者则遵循“量入为出”“勤俭节约”的生活准则。因此，不同国家的社会文化，不同价值观念的人群对金融产品和服务的要求是完全不同的，这就需要金融市场营销人员针对不同的客户采取差异化的营销策略，提高营销效率。

2. 风俗习惯

风俗习惯是人们在长期的生活中自发形成的行为模式，是人们根据自己的生活内容、生活方式和自然环境，世代相袭固化而成的一定社会中大多数人共同遵守的行为规范。风俗习惯包括饮食、服饰、居住、婚丧、信仰和人际关系等方面的心理特征、行为方式和生活习惯。不同的国家、民族有着不同的风俗习惯，甚至在同一国家不同地区的群体，都有自己特有的风俗习惯。由于风俗习惯对人们的投资和消费行为都会产生影响，所以金融机构在开展市场营销活动时，应研究客户所属群体及地区的风俗习惯，做到“入乡随俗”。

3. 宗教信仰

宗教信仰是一种较为特殊的文化因素，佛教、道教、基督教、伊斯兰教、天主教、犹太教等宗教内容和形式的多样性，决定了宗教对人们消费行为的影响也是多层次、多角度的。宗教信仰对很多国家和地区的国际市场营销活动影响很大。金融企业要在其营销活动中充分认识到宗教信仰对客户的影响，尊重目标市场各方的宗教信仰和观念，充分利用营销契机、巧妙规避风险。

4. 审美观念

美是人类的一种高层次的心理需求，是文化的重要组成部分。不同的国家、民族和地区，由于长期的生活习惯和传统文化的不同，形成了自身独有的审美观念以及对美的不同评价标准。不同地区的人群对于数字、色彩、图案、形体、运动、音乐旋律与节奏以及建筑式样等艺术表现形式的喜好和忌讳，在很大程度上影响金融产品的设计和营销。

5. 社会亚文化

亚文化又称集体文化或副文化，是与主文化相对应的那些非主流的、局部的文化现象。它是以主文化或综合文化为背景，属于某一区域或某个集体所特有的观念和生活方式。亚文化不仅包含着与主文化相通的价值与观念，也有属于自己的独特的价值与观念，并构成亚文化。从一定程度上来说，亚文化对客户消费心理与行为的影响比社会核心文化更为重要。

（五）人口环境

人口是构成市场的首要因素，也是营销人员关注的环境因素，因为市场是由人组成的。

人口规模决定了金融机构的市场规模，人口的结构变化也决定着金融机构的结构变化，因此，人口状况将直接影响金融机构的营销战略和营销管理。金融机构在进行营销规划、开展销售活动时，需要充分、细致地分析一国或地区的人口状况，包括人口数量、人口分布、年龄结构、婚姻状况、家庭结构和受教育水平等因素。

1．人口数量分析

人口数量是指总的人口数量，是决定市场规模的一个基本要素。人口绝对量的增减（即人口规模的大小）虽说只是从数量上影响金融机构的业务量，但由于人口的数量增减会导致社会消费的总体增减，进而促进或者阻碍消费品生产企业的业务发展，因此最终还是体现在这些企业的金融业务量的增减上。金融营销首先要关注所在国家或地区的人口数量及其变化，通过人口出生率、人口死亡率等指标，确定现在市场规模和预测未来市场规模。我国作为世界人口大国，金融市场蕴藏着巨大的潜力，目前许多跨国金融企业开始关注这一情况，纷纷将自己的业务拓展到中国。

2．人口结构分析

（1）年龄结构。金融机构通过了解不同年龄结构所具有的需求特点，可以决定金融产品的投向，寻找目标市场。目前，我国正呈现“人口老龄化”的趋势，金融企业在进行市场人口环境因素分析时，必须对这一新的趋势加以足够的重视。一般来说，老年人口作为一个特殊群体，对高风险金融产品相对趋于回避，而对储蓄、养老保险和医疗保险等金融产品投入较多。因此，金融企业对老年人的营销活动，最好能体现方便、简捷和稳定的特点。

（2）教育与职业结构。人口的教育程度与职业不同，对金融产品需求表现出不同的倾向。随着高等教育规模的扩大，人口的受教育程度普遍提高，收入水平也逐步增加。教育水平的高低影响着金融营销策略的选取，所以，金融企业的营销活动必须从各地受教育水平的实际出发。处于不同教育水平的国家或地区的居民，对金融商品的需求也会存在较大差别，采取的营销方式和手段也不相同。

（3）家庭结构。家庭是商品购买和消费的基本单位。一个国家或地区的家庭单位的多少以及家庭平均人员的多少，可以直接影响某些产品的需求数量。同时，不同类型的家庭往往有不同的消费需求。

（4）社会结构。我国绝大部分人口为农业人口，农业人口占总人口的80%左右。这样的社会结构要求金融企业在进行营销工作时应充分考虑农村这个大市场。

3．人口分布分析

人口分布是指人口在地理分布上的区别，不同地区人口的密集程度有差异。各地人口的密度不同，则市场大小、消费需求特性等都会不同。我国人口地理分布是城市人口比较集中、大中城市人口数量较多，中部和南部广大地区人口相对稠密。金融企业可以根据不同地区的人口分布特点，决定向某些地区提供金融产品的数量与结构、采取何种分销策略，以及分支机构、营业网点的总体分布和设置。当前，我国有一个突出的现象就是农村人口向城市流动，内地人口向沿海经济开放地区流动。金融企业应关注这些地区消费需求在量上的增加，以及在消费结构上发生的变化，提供更多能满足这些流动人口需求的金融产品，从而顺应人口分布特征及流动趋势。

（六）自然环境

自然环境是指自然界提供给人类各种形式的物质资料，如阳光、空气、水、森林和土地等。随着人类社会进步和科学技术发展，世界各国都加速了工业化进程，创造了丰富的物质财富，满足了人们日益增长的需求。但是从20世纪60年代起，世界各国由于面临资源短缺、环境污染等问题，开始关注经济发展对自然环境的影响，成立了许多环境保护组织，促使各国政府加强环境保护。

三、金融营销微观环境分析

金融市场营销微观环境是营销过程中所面临的个体环境，它对金融机构的营销活动产生直接影响，并决定金融机构的生存和发展。因此，金融机构在开展营销活动时必须重点关注，主要包括供应商、中间商、客户、竞争对手、社会公众以及金融机构内部参与营销决策的各部门。

（一）生产商和供应商

供应商是向企业及其竞争对手供应其为生产特定的产品和劳务所需的各种资源的工商企业和个人。尽管金融机构属于服务业，但也有赖于供应商去实现自身目标。

能使金融机构更好地为客户提供服务的企业就是金融机构的供应商，如印制企业为金融机构提供的各类印刷品；设备制造商为金融机构提供各类专业设备，包括ATM、计算机、点钞机和复印机等；还有其他诸如文具供应商、公用事业供应商和房地产供应商等，金融机构依靠这些企业以合理的成本快速准确地满足客户的需求。因此，供应商情况的变化会对金融机构的营销活动产生巨大的影响。对于金融企业来说，应尽量避免对某一家供应商的过分依赖，以免受到供应商任意提价或限制供应的影响，或者供应商的不可控制事件也可能会严重地影响企业的营销管理。同时，采购代理人应设法与一些主要的供应商建立起长期的供销关系，以便在特别需求和价格等方面给予从优考虑。

（二）客户

俗话说："谁赢得了客户，谁就赢得了市场。"客户是金融机构营销活动服务的对象，是企业一切活动的出发点和归宿，也是金融机构的目标市场。因此，客户是企业营销活动中最重要的微观环境力量。金融机构的客户包括集体性客户（企事业单位、组织和社会团体）和个体性客户（城乡居民）两类。其中，集体性客户可根据行业、规模、所有制性质和经营状况的不同进行细分；个体性客户也可依据收入水平、职业、年龄、受教育程度和社会阶层等不同划分为不同的层次。

（三）中间商

营销中介机构是帮助企业向消费者促销、销售和分销产品的企业。金融机构属于服务行业——其产品是无形的。因此，金融机构营销者并不与传统类型的中介机构打交道。在金融业里，营销中介机构主要包括信用卡公司、各类商店超市以及娱乐餐饮店、房地产中介商、汽车 4S 店和财务公司等。这些中介机构在金融机构与客户之间起桥梁作用，将专业性的金融产品，利用中介优势地位为客户提供方便获取产品的渠道。

近年来，一些金融机构为了削减成本和提高效率，开始将一部分后台工作分离出去。接收这些业务的企业变得对金融机构极其重要，因为金融机构的客户工作大部分都要依赖这些服务。

（四）公众

公众是指对一个组织完成其目标的能力有着实际或潜在兴趣或影响的群体。这个群体具有某种共同点，其共同之处会影响企业实现目标的能力。

一个企业在追求自身营销目标的同时，必须对周遭各种各样的公众有着充分的认识并做出反应，并对公众如何看待企业予以回应。

金融机构对其外部公众和内部公众两者均要予以考虑。

1. 金融机构的外部公众

（1）金融机构的股东和投资群体。这部分公众将对金融机构的存在和未来发展有着至关重要的作用，因为他们是企业的真正所有者。

（2）媒体——服务于所在市场的报纸、杂志、网络、电视台和广播电台。这些媒体对金融机构的报道会影响一般公众对金融机构的看法。

（3）金融机构所服务地区的一般公众。他们对金融机构的认识和印象直接影响金融机构吸引新客户与维持旧客户的能力。

（4）政府机构。这部分是掌握国家政策和法规的公众，因此，金融机构管理当局在制订营销计划时，必须认真研究这部分公众的发展变化。

（5）公民行动团体。一个金融机构在进行营销活动时，可能会遇到消费者保护组织、环境保护组织等的质询。一方面，这部分组织会监督金融机构的营销活动；另一方面，它们也促进了金融机构的发展。

2. 金融机构的内部公众

（1）董事。董事是金融企业的高级管理层，他们掌控着企业现在和未来的命运。因此，他们对企业的看法和态度，将决定企业的生死存亡。

（2）雇员。雇员对金融机构的看法和态度都会影响其与客户及内部关系的处理方式。金融机构对与各类公众的沟通和关系的有效管理，是其树立良好的企业形象以及提高商誉的重要方法。

（五）金融机构内部环境

1. 金融机构的宗旨和任务

金融机构的宗旨包括客户、产品与服务、市场、技术、生存、增长与赢利、哲学、自我意识、对公共事业的关注相对企业内部员工的重视等。任务是指金融机构在行业细分中从事什么样的业务。

2．金融机构的战略目标

金融机构对所处市场的宏观与微观环境进行分析后，依据企业的宗旨和任务，确定适应企业自身发展的战略目标。

（1）赢利能力：用利润、投资收益率、每股平均收益和销售利润等来表示。

（2）市场：用市场占有率、销售额或销售量来表示。

（3）效率：用投入产出率或单位产品成本来表示。

（4）产品：用产品线或产品的销售额和赢利能力，开发新产品的完成期来表示。

（5）服务：用客户满意程度、客户满意率、老客户维持率和新客户增长率等表示。

（6）资金：用资本构成、新增普通股、现金流量、流动资本和回收期来表示。

（7）基础设施：用工作面积、固定费用或生产量来表示。

（8）组织：用将实行变革或将承担的项目来表示。

（9）人力资源：用缺勤率、迟到率、人员流动率、培训人数或将实施的培训计划数来表示。

（10）社会责任：用活动的类型、服务天数或财政资助来表示。

3．其他内部环境分析

金融机构要集中其营运领域、经营目标与自身财务资源，以免成本耗费过大、得不偿失，这方面的分析可以从以下角度选择：

（1）价值链分析。根据价值链分析的原理，分析金融机构的评价主体活动和支持活动，重点关注各价值活动之间的联系与整合，以及资源在各个价值活动环节的利用、配置、控制，以保持其在行业中的竞争优势。

（2）核心竞争力分析。金融企业能够比其他金融机构做得更好，并且有着重要竞争意义的内部活动被称为核心竞争力。核心竞争力对公司的竞争能力和赢利能力起着至关重要的作用。

企业核心竞争力是建立在金融企业核心资源基础上的企业技术、产品、管理和文化等的综合优势在市场上的反映，也是其在经营过程中形成的不易被竞争对手效仿并能带来超额利润的独特能力。在激烈的竞争中，金融企业只有拥有核心竞争力，才能获得持久的竞争优势，保持长盛不衰。一般来说，核心竞争力存在于企业的职员身上，而不在于公司资产本身。

延伸阅读

商业银行竞争中的几个热点问题

知识经济时代已经到来，处在这样一个激烈变革的时代，国有商业银行间的竞争会更加激烈、复杂。尤其是还将面临外资银行进入市场后带来的更加严峻的挑战。商业银行只有重视知识管理，集中技术、资金和人才，选取合适的市场定位和竞争策略，采取灵活科学的管理方法，不断研究解决竞争中出现的新问题，才能在市场竞争中立于不败之地，并且在竞争中求得蓬勃发展。毋庸置疑，下一世纪金融业之间的竞争将不仅仅是存款业务的竞争，而是围绕上述问题展开的包括金融创新和驾驭市场能力的多层次、全方位竞争，并且在竞争中将出现下述热点问题。

一、金融企业形象的竞争

当世界经济日益从狭小的地方经济发展成为全球性的大经济时，企业间的竞争也从局部的产品竞争、价格竞争、资金竞争、信息竞争等发展到企业的整体性竞争，即企业形象竞争。也正是随着市场经济的日趋成熟，社会与公众的金融意识也开始不断增长，企业对银行的要求越来越高，资金已不再是企业选择银行的唯一标准。提供多功能、高质量、全方位的金融产品与服务已成为企业选择银行的主要依据。商业银行在这样的市场中占有的份额将与其在社会上的形象及在公众心目中的地位密不可分。

二、金融产品创新的竞争

当前各商业银行在服务方面的竞争集中体现在承诺服务、计时服务、关照服务等方面，究其实质都还只是肤浅的表面工作。现代市场经济的飞速发展迫切需要金融工具的不断创新，金融技术的不断现代化，那种仅有微笑和耐心的服务是远远不够的。商业银行积极适应市场需求，大力创新金融工具，革新金融技术，以此稳定老客户，发展新客户将成为抢占市场制高点的有力武器。

在金融创新中所形成的有别于传统的资产负债比例管理模式的新业务，即中间业务将成为竞争焦点。近年来，西方发达国家商业银行的中间业务有了飞速发展，新业务的拓展，新技术的应用层出不穷。比如，应用电子化技术发展了信用卡业务、电子转账业务等；适应世界贸易和资本借贷的发展需求又开拓了担保承诺、代理融通、债务互换、信息咨询等业务。为在激烈的竞争中求得生存，商业银行的业务种类和服务领域不断增多拓宽，西方商业银行已成为名副其实的“金融百货公司”，银行中间业务的收入大都占到总收入的30%，高者甚至达到了70%，中间业务已成为其主要收入来源。

在金融创新中与业务创新并重的是金融技术创新。只有充分利用现代化技术与设施，大力推广金融技术科技化才能推动金融服务业的革命，也才能提高金融服务效益。

三、管理方法和能力的竞争

商业银行要真正实现集约化经营，要解决的主要问题有两个：①网点机构设置要趋于合理，整体素质要逐步提高；②内部管理中要引进管理会计，积极推行责任会计制，真正做到决策科学化、管理现代化。

随着金融业之间竞争逐步向深层发展，降低经营成本、求得效益最大化已成为竞争者们的共识。盲目的机构网点大战已逐步降温，各家银行都在考虑并已着手撤并那些设置不合理、效益不理想的网点机构，以降低成本、提高效益。在这种形势下，如何按照商业银行的经营原则，合理配置资金，提高单位资金使用效益；如何按照规模经济和效益原则，合理调整网点布局，简化内部机构，提高全员劳动生产率及人均创利水平；如何采用先进的管理技术和电子化手段对经营活动的全过程实行科学化、规范化管理以提高工作质量，减少工作失误等，便成了商业银行每一级管理者需要面对的课题。可以肯定，这些课题解决的结果如何将直接影响商业银行的竞争力。而真正对商业银行集约化经营具有深远影响的课题则是如何在内部管理中尽快引进管理会计的问题。

四、人才资源的竞争

商业银行间的竞争，归根到底还是人才资源的挑战和人才的竞争。这种竞争包括两个方面：①员工整体素质是否能满足商业银行发展需要；②各级管理者尤其是基层管理者的素质如何，能否担当起竞争重任。由于基层银行经营好坏的关键在于其管理者，所以基层银行行长的素质尤为重要。

在商业银行所面临的严峻挑战和激烈竞争中，基层银行处于竞争最前沿，且所面临的竞争最为激烈。只有拥有高素质的金融人才，才能保证基层银行在竞争中立于不败之地，而恰恰是在这一环节上，出现了最为严重的高素质人才资源的匮乏。

商业银行发展的新趋势，对银行从业人员的素质提出了更高要求。为适应发展需求，我们不仅要通过学历教育、技能教育相结合的方式尽快培养造就一支既精通金融业务，又熟练掌握计算机和外语的复合型人才队伍，而且要通过多种渠道选拔一大批能清醒地认识到所面临的严峻形势，思维敏锐，知识全新，具有较高的政治素质和开拓进取精神的青年干部去基层银行担当重任，去迎接挑战，使基层银行在市场竞争中立于不败之地。

（3）资源分析。金融企业资源分析是从全局来把握资源结构、分配和组合方面的情况。它不仅形成金融企业的经营结构，也是构成企业实力的物质基础。企业资源的现状和变化趋势是制订总体战略和进行经营领域选择最根本的制约条件。

（4）活力分析。金融企业活力是指其作为有机体通过自身素质和能力在与外界环境交互作用的良性循环中，所呈现出来的自我发展的、旺盛生命力的状态。

金融企业的活力可以用四个指标来表示：获得能力、生长能力、适应能力和凝聚能力。以上指标是影响企业活力的主要因素，通过这些因素可以对企业活力的状况进行分析和诊断，并找出薄弱环节，然后对症下药，提高企业活力，有效地发挥企业的整体能力。

（5）利益相关者分析。组织外部的利益相关者包括金融机构、客户供应商、股东或者工会。由于利益相关团体所代表的利益不同，它们的期望必然有所不同。这就需要战略制订者了解和分析不同利益相关团体的期望，并根据它们的权力给各自分配权重。

项目小结

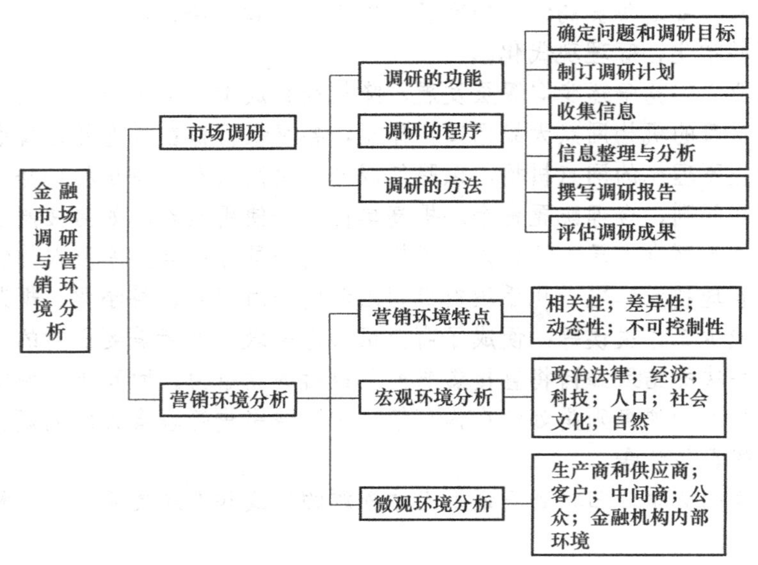

同步练习

一、单项选择题

1. (　　)是市场调研中最常用的、最基本的方法。常用于了解人们的知识水平、信仰、偏好、满足程度及行为等方面情况的调查。

A. 抽样调查法　B. 访谈法　C. 实验法　D. 头脑风暴法

2. 金融机构的营销环境处于变化中，这主要是由于影响营销环境的因素是多方面的，而每个因素会随着时间的更替和经济的发展而不断变化，这说明了金融营销环境的(　　)。

A. 相关性　B. 动态性　C. 差异性　D. 不可控制性

3. (　　)是技术变革、发展和应用的状况，是技术知识财富和社会进步相结合的产物。

A. 社会文化环境　B. 科学技术环境

C. 人口环境　D. 法律环境

4. (　　)是金融机构营销活动服务的对象，是企业一切活动的出发点和归宿。

A. 公众　B. 供应商　C. 客户　D. 中间商

5. 一般来说，核心竞争能力存在于企业的(　　)。

A. 股东身上　B. 职员身上　C. 固定资产　D. 流动资产

6. (　　)是指调查员不直接向被调查者提出问题，而代以观察事件所发生的过程，以判定客户在某种情况下的行为、反应和感受。

A. 观察法　B. 访谈法　C. 实验法　D. 抽样调查法

7. 在实验法中，实验单位在实验前、后的测量值分别为 X_1 与 X_2，非实验单位实验前、后的测量值分别为 Y_1 与 Y_2，则实验效果为(　　)。

A. $E=(Y_2-Y_1)$　B. $E=(X_2-X_1)$

C. $E=(X_2-X_1)-(Y_2-Y_1)$　D. $E=(X_2-Y_1)$

二、多项选择题

1. 下列(　　)属于定性的金融市场调研方法。

A. 焦点小组访谈法　B. 深度访谈法

C. 实验法　D. 抽样调查法

2. 下列(　　)属于社会文化环境因素。

A. 价值观念　B. 风俗习惯

C. 宗教信仰　D. 审美观念

3. 金融市场营销调研的功能是(　　)。

A. 发现市场机会　B. 监测和评价营销活动

C. 预测金融市场发展趋势　D. 为广告宣传打下基础

4. 下列(　　)属于金融机构所处的微观环境。

A. 生产商　B. 供应商　C. 中间商　D. 客户

5. 下列(　　)属于金融机构所处的宏观环境。

A. 社会环境　B. 技术环境　C. 供应商　D. 人口环境

三、简答题

1. 金融营销调研的具体程序是什么？
2. 金融市场调研中的抽样调查法的具体程序是什么？
3. 金融营销环境的特点有哪些？
4. 分析在金融市场上，客户购买金融产品的各个阶段是什么？
5. 金融机构内部环境分析的内容是什么？
6. 金融市场调研报告的内容是什么？

实训项目

【实训目的】

掌握金融市场调研的常用的方法——抽样调查法，理解并掌握从市场调研方案的制订到方案的实施，资料的整理、分析与预测，调查报告的撰写等整个调研流程。

【实训内容】

采用抽样调查法调查某金融产品在各金融机构的销售情况，并对其下阶段的市场销售情况做出预测。

【实训方式】

1. 按 8～10 人分小组，每小组推选一名同学为组长。
2. 每个小组选择一个金融产品进行调查，调查的样本量不低于 50 个。
3. 认真做好记录，注意访问技巧的运用。

【实训报告】

撰写实训报告，要求介绍市场背景资料、调研数据、数据分析结果。

项目三　金融营销 STP 战略与营销战略

学习目标

知识目标

- ☑ 了解金融营销 STP 战略的内涵
- ☑ 掌握金融营销价格策略与渠道策略
- ☑ 理解金融营销的产品开发策略
- ☑ 了解金融营销的促销策略

能力目标

- ☑ 能够针对某一金融产品设计简单的营销推广方案
- ☑ 能够正确分析某一金融产品的营销策略

素质目标

- ☑ 培养金融产品销售的战略思维
- ☑ 初步形成金融产品的营销推广能力

项目引例

北京银行全力打造首都金融名片

联想、新东方、用友等企业在发展之初，都是北京银行的重要客户，即使现在这些企业都已经成长为行业领军企业，仍然与北京银行保持着良好的合作关系。服务中小企业、服务百姓生活、服务地方经济，一直是北京银行的服务宗旨。服务是金融之本，北京银行始终立足于“服务首都经济、服务中小企业、服务市民百姓”的发展定位，坚持把差异化服务、特色化品牌作为发展的主线，打造了科技金融、文化金融、绿色金融、惠民金融等一系列服务品牌，锻造出颇具特色的首都金融名片。

科技金融方面，北京银行持续引领科技金融创新潮流，国内首家设立中关村分行，业内首家成立“创客中心”，首批获得“投贷联动”业务试点资格，支持了联想、汉王科技等一大批知名科技企业；文化金融方面，积极对接北京“一核一城三带两区”的全国文化中心建设规划，创新设立文化金融事业总部，发布业内首个“IP”全产业链文化金融服务方案，创新推出“版权质押第一单”。绿色金融方面，成为全国首家与 IFC 共同推出节能减排融资项目贷款的中小银行、全球首家在节水领域与 IFC 合作的银行，支持了天壕节能、际高建业等一批节能服务企业的发展壮大；惠民金融方面，首家成立郊区管理部，发起设立首都第一家村镇银行——北京延庆村镇银行，创新推出“富民直通车”郊区特色金融服务体系等。

任务一　金融营销目标市场选择

金融企业市场营销的成功，在很大程度上取决于能否辨识和分析不同消费者的不同需求和欲望，然后设计一套营销组合来满足这些需求。因而，金融服务成功的关键是确定正确的市场细分，针对不同于市场的特殊但又相对同质的需求和偏好，有针对性地采取一定的营销组合策略和营销工具，以满足不同客户群的需要。

一、市场细分（Segmentation）

市场细分是最基本的营销战略。尽管所有的营销商都要进行某种程度的市场细分（即使它们没有意识到自己正在这样做），但是很多金融公司，特别是面向机构客户的公司，并没有充分利用细分战略去改善它们的营销效果。绝大多数机构的销售主管通过个人的行业联络关系和行业聚会开展工作，因此市场细分是建立在行业实际状况的基础之上的。

（一）市场细分的含义与意义

1．市场细分的含义

市场细分（Market Segmentation）是把一个复杂的市场细分为一些更小的、更加均匀的市场集合，即细分市场。

有效的细分市场必须具备四个条件：

（1）每一个细分市场的特性必须是可确定的和可度量的。

（2）每个子市场都应当可以通过适当的营销策略有效获得。

（3）每个子市场都必须具有产生利润的潜力。

（4）不同的子市场单独对应不同的营销活动。细分市场的最终形式是每一个消费者都被看作一个潜在的单一的市场而被唯一地服务。

2．市场细分的意义

（1）市场细分更加精密地将企业资源与市场要求匹配，进而减少了开支。

（2）更加精确地满足消费者需求，增加消费者满意度。

（3）能够选择某一些消费群体，使得企业能够把精力集中在范围更小的目标上，因而能够深刻了解该消费群体的需求。

（4）可以通过把已知的消费群体的特征应用到潜在的消费者身上，来预测新的消费者的需求。

（5）可以通过提高消费者的满意程度来保留消费者，通过消费者群体的变化来预测消费者的需求。

（二）市场细分的类别

1. 地理及人口统计细分

地理是最早用于细分市场的变量，金融企业可以根据国家、地区、城市规模、市场密度、地形地貌、交通运输及通信条件等方面的差异将整体市场分为不同的小市场，因为处在不同地理环境下的消费者对于同一类产品往往有不同的需求与偏好，他们对金融企业采取的营销策略与措施会有不同的反应。人口统计变量则包括年龄、性别、家庭规模、家庭生命周期等细分基础。由于地理及人口统计细分变量有明确的尺度可以衡量，因而这类细分变量在金融企业市场营销中应用得最为普遍。

例如，家庭周期细分，处于不同家庭生命周期的个人客户对银行产品和服务的要求不同。由于处于不同家庭生命周期的客户群体所承担的社会义务、家庭负担等具有较大的差别，其消费来源、消费目标以及储蓄的方式和目的也各不相同，金融企业为他们提供产品和服务的侧重点也应有所不同。

2. 社会细分

社会阶层是对人们的教育背景、职业和收入的衡量。研究显示，在储蓄和投资方面，较低社会阶层一般趋向于选择一个他们觉得更加有形的业务，如一个带有存折的储蓄账户，他们在财务处理中选择较小的风险，并且偏向于使用那些能够迅速转化为现金的手段。相反，较高社会阶层则倾向于承担更多风险，从有形性较小的储蓄中寻找更高的回报。社会阶层细分由于在理论基础和衡量方法方面存在很多问题，因此并不被认为是最佳的细分基础。

3. 经济收入细分

一般而言，按收入变量细分，个人客户可划分为高、中、低三个不同的收入阶层。不同收入阶层的客户在银行服务需求上的差异显著。例如，发达国家的低收入阶层的客户较多地利用金融企业的消费信贷，是金融企业发放零售贷款的主要对象；而高收入阶层则热衷于高风险的投资性银行产品，金融企业有针对性地为其提供各种投资性的储蓄服务和投资咨询服务，甚至提供证券经纪人方面的综合服务。又如，社会地位较高或受教育程度较高的个人客户倾向于超前消费，是使用信用卡的主要群体。为此，金融企业可为其开办信用卡授信贷款业务，为其编制特殊的业务操作程序，等等。

4. 心理细分

心理细分是根据消费者生活方式和个性的区别来判定购买者需求的变动。例如，银行针对时髦人物（即年轻的、未婚的、活跃的、好玩的、热衷参加聚会的、寻找最新流行商品的人以及快节奏的快乐主义者）和“朴素的乔治”们（即年老的、已婚的、以家庭为中心过普通日子的人，他们经常选择那些性能尚可的旧物品）的销售策略是不同的。那些独立的、相对更具有进取心的企业家们对于那些特征为被动的、无组织地给予建议的个人化销售方式的反应更为积极有效，相反，那些依赖性较强、相对缺少进取心的大公司分支机构的管理人员则倾向于有组织的、权威的销售方式。在金融企业营销实践中，常用的心理细分变量有态度细分以及认识、学识和理解细分。

5. 行为细分

根据购买者对产品的了解程度、态度、使用情况及反应等将他们划分成不同的群体，这叫细分。主要的行为因素变量包括购买时机、购买方式、购买数量、使用者状况、品牌忠诚度等。金融企业可以从市场容量和利益细分的角度来更好地探讨行为细分：

（1）市场容量细分同在细分市场时所使用到的地域、人口统计、心理这三个变量的最佳集合密切相关。金融服务首先要对其服务中的用户进行区分：强、中、弱及非用户。然后它们才能试图确定这些用户群体之间地域、人口统计或者心理的差别。

（2）利益细分。利益细分的前提假定是优先清单以及消费者所寻求的主要利益的重要性是预测消费者行为的最佳工具。利益细分的目的在于使消费者按照重要性的顺序列出他们在金融机构服务中所寻求的最主要的利益。例如，一项研究成果认为，客户对金融企业的期望和要求有七个因素：价值显示、位置便利、价格吸引、诚实可靠、专业知识、经营理念、时间便利等，表现出盈利、方便、安全、情感、友谊等不同的利益动机。金融机构可以依据消费者所寻求的利益来识别每个子市场，然后根据地域、人口统计和心理特性，以及产品或服务的优先选择，对这些已经确定的子市场进行交叉分类。

由于不同的市场细分方法之间相互交叉渗透，因此，不可能使用唯一的标准确定金融企业的目标市场范围。而且在营销实践中，由于不同的标准细分出的市场也可能是相互渗透甚至重叠的。因此，对于任何一家金融企业来说，采取单一的市场细分标准都是不全面的，金融企业营销应该以多重标准来细分市场，这也能最大限度地避免市场空隙的存在。市场细分后再细分更有利于金融企业更准确地找到有利可图的市场。

延伸阅读

民生信用卡：细分客户群 专注产品 深耕市场

中国民生银行持续加大科技创新力度，开展丰富多彩的营销活动，打造场景化金融服务，抢占信用卡产业发展前沿高地。

在产品创新方面，针对女性客户，中国民生银行全方位升级女人花信用卡，聘请海外知名设计师跨界设计卡样；针对海淘客户，中国民生银行联合返利网站 Ebates 发行国内首款海淘信用卡；针对年轻白领，中国民生银行联合百度外卖发行联名卡，以每月消费满条件即赠免配送费权益为亮点。

在科技创新方面，民生信用卡积极布局“互联网”，以网络发卡、微信银行、移动客户端应用软件、智能客服机器人为突破口，抢占行业发展前沿高地。随着中国经济向加快消费驱动转型，民生信用卡始终秉承“以市场为导向，以创新为灵魂”的宗旨，深入洞察持卡人消费习惯的变化，顺势而为开展金融创新，不断为客户提供多层次、多样化的信用卡产品。

经过多年的开拓创新，民生信用卡形成了丰富的产品体系。民生标准信用卡就是该体系中最为经典的产品之一，自 2005 年发卡至今，让不同年龄段、不同社会角色的客户在享受便捷的同时，也真切体验到民生信用卡的品质服务与多项实惠。

根据对年轻客户群需求的长期观察，民生信用卡携手同道大叔创新推出了个性十足的星座卡。同道大叔星座卡不仅将同道漫画中的 12 个星座人物植入卡面，而且采用独特的 3D 打印工艺使其变成“可以摸到表情的信用卡”，在“卖萌”的同时又增添了几分“存在感”。好玩儿、时尚、有个性成了同道大叔星座卡的代名词。民生信用卡此次与同道大叔合作，迅速攻占了广大年轻群体与星座爱好者市场，准确“嗅”出了潮流的风向，打开了全新的获客渠道。

民生信用卡携手京东金融，将线上、线下多种优惠权益移植到了一张卡片里——“民生京东白条联名卡”，进一步强化了在年轻白领及互联网群体中的布局。该卡片重点围绕用户线下消费的需求，涵盖了衣食住行等多方面的多种优惠。民生京东白条联名卡采取 PBOC 芯片技术，兼顾了用户消费支付的便捷性和安全性。在卡片设计上，采用竖版的设计风格，形成了立体撕角的视觉效果，看上去俨然一张正在被轻轻撕开的“白条”，在透明卡区清晰可见非接触支付的金属线圈，银色立金的 Logo 彰显了卡片的品质与时尚感。民生京东白条联名卡主要定位为重视消费体验的都市新贵，随着持卡人的成长，职场角色也逐渐发生变化，信用卡不只是简单地用于消费，也被赋予了一定的社会价值和社会属性。

此外，中国民生银行携手美国运通推出的“百夫长系列”高端信用卡——百夫长白金卡，凭借中国民生银行的本土优势和对消费者需求的深刻洞察，以及美国运通强大的全球网络和丰富的客户服务经验，能够满足高品位持卡人的不同需求。百夫长白金卡不仅能为持卡人提供全球品质的会员权益，还能以全天候无微不至的主动贴心服务，为高端持卡人提供轻松放心的独特体验。作为百夫长白金卡的持卡人，可以获得由美国运通旅游暨生活礼宾服务团队提供的世界级专业服务，该服务团队已有百年历史，始终致力于为客户提供个性化的定制旅游和生活礼宾服务。百夫长白金卡在中国市场的推出，不仅有效提升了国内信用卡的服务水平，丰富了信用卡产品体系及价值内涵，同时还有利于助推中国信用卡品牌的升级优化。

二、目标市场选择（Targeting）

作为 STP 战略的第二个步骤，金融企业对市场进行细分之后，即可根据金融企业的目标和能力，细分市场规模、发展潜力和市场结构选择目标市场。对金融企业来说，其可选择的目标市场可能只有一个，也可能有几个，这取决于对细分市场结构和金融企业自身资源状况的分析。合理选择确定的细分市场和进入目标市场的方式至关重要，它将直接影响金融企业经营的成败。金融企业可以采用的目标市场战略有三种，即无差异策略、差异性策略和集中性策略。

1. 无差异策略

无差异策略是指金融企业将整个市场视为一个目标市场，用单一的营销策略开拓市场，即用一种产品、一种市场营销组合满足市场上所有客户的需求，其理论基础是成本的经济性。其实质是金融企业不进行市场细分，把整个市场视作一个大的、同质的目标市场。无差异营销策略只考虑消费者或客户在需求上的共同点，而忽视他们在需求上存在的差异性，在所有的市场上同时开展相同的业务。

2. 差异性策略

差异性策略是指金融企业把某种产品总市场分成若干个子市场后，从中选取两个或两个以上的子市场作为自己的目标市场，并分别为每一个目标市场设计一个专门的营销组合。市场细分差异性策略相对风险较小，能更充分地利用目标市场的各种经营要素。其缺点表现在成本费用较高。所以，这种策略一般为大中型金融企业所采用。

例如，1999 年年底，中国建设银行深圳市分行在全国率先创办了第一家特色银行——女子银行，引起社会各界的广泛关注，中国建设银行深圳市分行也由此拉开了特色经营的序幕。女子银行的成功推出，使中国建设很行深圳市分行认识到客户的需求是存在差别的，随着金融服务水平的提高，通过更加个性化、差别化的理财服务将是未来金融业务发展的必然趋势。于是深圳市分行一口气又相继推出“科技银行”“汽车银行”“住房银行”“口岸银行”“建筑银行”“企业理财银行”等一系列特色银行，在当地乃至全国曾引起强烈反响。

3. 集中性策略

集中性策略是指金融企业把某种产品总市场按一定标准细分为若干个子市场后，从中选择一个子市场作为目标市场，针对这一目标市场，只设计一种营销组合，集中人力、物力、财力投入到这一目标市场。集中策略的重要特点是目标集中，并尽全力试图准确击中要害。这一方法的优点表现为能更仔细、更透彻地分析和熟悉目标客户的要求，能集中精力、集中资源于某个子市场，效果更明显，其所设计的营销组合更能贴近客户的需求，从而能使金融企业在子市场或某一专业市场获得垄断地位。这一方法适用于资源不多的中小金融企业。

三、目标市场定位（Positioning）

目标市场范围确定后，金融企业就要根据所选定的目标市场的竞争状况和金融企业的内部条件，确定自身在目标市场上的竞争地位，即 STP 战略的最后一步，金融企业市场定位选择。市场定位是通过为自己的产品创立鲜明的特色和个性，从而塑造独特的市场形象来实现的。因此，金融企业在进行市场定位时，既要了解客户对产品各种属性的重视程度，又要了解竞争对手的产品特色，最终实现定位目标。

金融企业市场定位的过程可分为确定定位层次、识别重要属性、制作定位图、定位选择、执行定位五个步骤。

（一）确定定位层次

决定定位层次就是要明确所要定位的客体，这个客体是行业产品组合，还是特定的产品或服务。一般有以下四个层次。

1. 行业定位

行业定位即金融服务业整体的定位。随着市场竞争的日趋激烈以及伴随中国资本市场发展而出现的金融“脱媒”程度的逐步加深，可以预见，未来的金融业中各行业间的竞争将会更加激烈。

2. 机构定位

机构定位即把金融企业作为金融服务业中的一个整体。这是考察某金融企业在与其他同业竞争对手比较时，本来应该处于的一个位置。

3．产品和服务部门定位

产品和服务部门定位即对金融企业所提供产品和服务的定位，是将金融企业产品和服务分成几个大类，然后确定各类产品的定位。这一层次的产品和服务大致可按照资产、负债、中间业务等来划分，是一种粗线条的划分。

4．个别产品和服务定位

个别产品和服务定位即对金融企业某一项特定产品和服务的定位，如金融企业信用卡业务的市场定位。

（二）识别重要属性

目标市场定位的第二步是识别影响目标市场客户购买决策的重要因素。这些因素就是所要定位的客体应该或者必须具备的属性，或者是目标市场客户具有的某些重要的共同表征。值得注意的是，金融企业客户在选择不同金融企业的产品服务时主要依据的是他们感觉到的不同金融企业在这些产品和服务之间的差别，而这种差别可能并非产品和服务本身最重要的属性。例如，美国运通公司昂贵的白金卡被众多客户接受，原因是白金卡是身份显示的表征，而这并非信用卡最重要的功能。

（三）制作定位图

在识别了重要属性之后，就要绘制定位图，并在定位图上标示本金融企业和竞争者所处的位置或本金融企业各项业务所处的位置。对其他金融企业定位的认识，是为了明确在特定市场中的竞争对手及它们所处的地位，为金融企业自身市场定位提供选择的空间。具体的定位图制作过程涉及统计程序，即在认定表征之后，将这些表征集合到几何维度的统计程序，由程序得出所需要的定位图。维度的名称可以是成分、多维尺度、元素等，变量可以是客观属性，也可以是主观属性，但都必须是“重要属性”。

（四）定位选择

与一般企业的市场定位相同，金融企业的定位选择主要有以下三种方法。

1．正向定位

正向定位即金融企业根据客户的需求和偏好的不同，为金融企业的产品培养相应的特色，并采取各种方式努力向客户传递这些特色的信息。

2．反向定位

反向定位是指金融企业以竞争对手为参照物，根据竞争对手的产品和服务特色决定自己的产品和服务特色，并运用各种方法努力传递这些特色的定位方法。

3．重新定位

重新定位通常是指对那些不受客户欢迎、市场反应差的产品进行二次定位，往往是金融企业为了摆脱经营困境，寻求重新获得竞争力和增长的手段，但亦有可能是由于发现新的产品市场范围而致。例如，某些专门为青年人设计的金融产品在中老年人中也开始流行后，这种产品就需要重新定位。重新定位可改变产品的功能，使之更能满足客户的需求，另一方面则有助于改变客户的心理定位。

（五）执行定位

定位最终需要通过各种沟通手段，如广告、员工的着装、行为举止以及服务的态度、质量等传递出去，并为客户所认同。金融企业如何定位需要贯彻到所有与客户的内在和外在联系中，这就要求金融企业的所有元素——员工、政策与形象——都能够反映一个相似的并能共同传播希望占据的市场位置的形象。实践中，金融企业期望的位置经常会与实际传递的位置不一致，这往往是不一致的营销组合所造成的。事实上，成功的定位取决于协调一致、整体的内部和外部营销策略。

任务二　金融营销策略选择

一、产品开发

金融产品开发是指金融企业为了适应市场需求而研究设计的与原有产品具有显著差异的金融新产品，即当金融产品中任何一个层次发生了更新或改变，使得产品增加了新的功能或服务，并能给客户带来新的利益与需求的满足时，便可称之为金融产品开发。

金融产品开发是提高金融企业竞争力的一项重要措施。然而，开发金融产品并非一件易事，为了减少失败风险、降低开发成本，使新开发的金融产品能符合客户的需要，金融企业必须要按以下步骤循序渐进。

（一）构思形成

1．产品构思来源

金融产品开发源于构思。新产品构思的来源十分广泛，主要可以分为外部来源与内部来源两大类。

（1）外部来源指从金融企业之外寻找产品创新的思路，具体有以下五个途径：

1）客户调查。包括客户的抱怨、意见与建议。企业通过客户调查以了解金融客户的欲望与需求，从而为产品开发提供思路。

2）代理与合作机构。如往来银行、信托公司、投资公司、证券公司、保险公司、信用卡公司等，它们会对金融产品开发提供建设性的设想。

3）竞争者。金融企业通过追踪调查市场上的竞争产品从而获得启发，拓展思路。

4）政府部门。政府部门作为宏观经济的管理机构，可以为新产品开发提供宝贵的建议。

5）其他渠道。如学术研究、会议座谈等都能引发企业的创新思路。

（2）内部来源指由金融企业内部人员为产品创新提供方案，具体有以下三个途径：

1）企业研发部门。该部门根据宏观经济环境与市场供求变化设计新方案。

2）企业营销部门。营销人员通过及时了解客户的需求以及现有产品的销售状况，从而形成新产品构思。

3）企业管理部门。管理人员拥有丰富的市场知识，可以为新产品开发提供构思。

2. 产品构思方法

产品构思的主要任务是充分挖掘形成新产品的思路。为了提高构思效果，企业会采用一些方法以引导人们的创新思维。主要方法如下：

（1）头脑风暴法。又称为脑力激荡法，指由一个小组就某一明确的议题展开自由开放的讨论，以刺激创新思维的产生。采用这种方法要遵循不指责批评、自由发挥、鼓励数量、不断修正、补充与综合等原则。该方法的具体做法是召开 5～10 名员工参加的座谈会，以获得各种不同的意见。这些参加者是从公司不同部门选出的，通常属于相同的级别。座谈会中的关键人物是会议主持人，他必须使整个座谈会趣意盎然、气氛宽松，并使全体参加者畅所欲言。会议主持者还应严格遵循会后参加评论的方针，不管参加者所提的观点有多离谱，也不能批评。头脑风暴法的目的就是激活思维、拓宽视野、多出创意，然后才是评价过程。

（2）客户小组法。与头脑风暴法非常相似，其主要区别在于会议参加人员是客户而非员工，客户小组法尽管不会直接产生新产品的创意和思路，但是会提出一些引发人探究的想法。

（3）协力创新法。一种参与者在了解事实的基础上开展有针对性讨论的方法，以求群策群力解决问题。这种方法对参与者要求较高，通常要求参与者事先进行充分的准备工作，在讨论过程中鼓励批评与评论。

（4）联想法。在产品设计与改进中常用的一种方法，主要是通过提示、类比、比喻等方法去激发人们的联想，开拓人们的思维，从而为新产品构思的产生创造条件。

（5）罗列法。指通过列举金融产品的缺点与不足，以便更好地了解产品的优势和劣势，提出进一步完善产品的构想。这种方法尤其适用于产品改进。

金融企业通过运用上述方法中的一种或几种，就可以从不同来源中搜集有关产品开发的各种信息与思路，为进一步设计金融产品奠定基础。

（二）构思筛选

金融企业通过产品构思会获得许多新产品的构想，但这些构想必须要经过筛选，即根据一定的标准对新产品构思进行取舍，而产品构思的筛选将直接影响金融产品开发的成败，因此，这一阶段在整个产品开发过程中十分重要。

产品构思的筛选必须要遵循一定的标准。一般要考虑以下四个方面：①市场需求状况。如果所开发的产品不是市场所需的或者市场需求量极少，那么企业开发这类产品就会得不偿失。②企业营销目标。新产品的开发必须服从企业的整体营销目标。③与现有产品的关系。在设计开发金融产品时要考虑新产品是否与现有产品具有潜在冲突以及如何应对处理。④风险承受能力。开发新产品必然需要大量的资金投入，企业应对产品开发成本进行预算，并预计可能的风险。对于上述评估指标，企业可以进行逐项评分，以便选择成功几率较大的方案着手开发。

（三）产品概念的形成、测试与预测

1. 产品概念的形成

金融企业要用详细的文字或模型表示构建成型的产品概念，这是对经过筛选的产品构想进行精心描绘、细致勾勒的过程。当形成初步的产品概念后，企业才能着手下一步的开发工作。

2. 产品测试

对于形成的产品概念，金融企业需要选择某一客户群体进行测试。在测试时，由开发人员向客户小组详细描述新产品的功能、运作过程、给客户带来的利益以及该产品与其他同类产品的不同之处等，以便客户全面了解该产品，并对它做出评价。为了便于客户进行评价，通常可以准备下列问题：①您清楚这种产品的概念吗？②您对这种产品的感觉如何？③您是否喜欢这种产品？④您认为这种产品与其他同类产品相比有什么优点？⑤您觉得这种产品的价格如何？⑥这种产品能否满足您的要求？⑦您对进一步改进这种产品有何意见或建议？⑧您对改进后的产品愿意支付的价格是多少？客户对上述问题的回答可以作为进一步分析新产品的参考依据。

3. 产品预测

在测试的基础上，金融企业还要预测产品的销售利润以及开发成本，以判断其是否符合企业的经营目标。为了便于分析，产品开发人员需要编制新产品营销方案。主要内容包括：①产品或服务的名称；②产品或服务的特征；③目标市场；④市场的潜在购买量；⑤预测市场增长率；⑥预测市场份额；⑦调研成本；⑧促销费用；⑨产品定价。在此基础上，企业可以初步估算出新产品的预计销量以及利润，这就为企业是否正式实施新产品开发提供了重要依据。

（四）产品开发与市场试销

1. 产品开发

一旦金融新产品通过了预测与测试，即可进入全面开发阶段。由于金融产品大多为无形产品，因而它的开发要比有形产品的开发方便得多。金融企业会利用已有的操作系统与设备进行产品改进。例如，一个新的储蓄产品的开发具体包括对计算机储蓄系统程序进行修改、设计新的表格和文件、建立新的账户等。

2. 市场试销

开发出新产品之后便可进行市场试销，即金融企业在一个或几个试销市场上投放该新产品以实际测试其销售情况。例如，银行在一个或几个地方试用新款的自动存取款机、自动取款机、自动汇款机、智能卡等。市场试销的目的有两个：①预测新产品销售量，因为通过实际的市场交易可以预测新产品的最终销售情况。②改进市场运作方式，即将新产品投入正常的销售渠道后，发现其存在的问题并加以改进。

当然，并非所有的新产品都需要进行市场试销，不需要市场试销的金融产品有以下几类：①低风险产品。当新产品大规模销售的风险不大时，企业就可以省略市场试销这一步骤。②生命周期较短的产品。即市场变化很快，市场试销起不到应有的作用。③资本占用额较高的产品。即不论销售量如何，前期投资已经较多时，市场试销就不必要了。

在市场试销期间，金融企业可以利用各种方式（如问卷调查、个别访谈、电话询问等）以加强与客户的联系，尽可能全面地收集客户的意见以及其他各种信息，以便有针对性地对产品进行改进和调整，使它能更好地满足客户需求。

（五）商品化

市场试销成功后，金融企业就可以运用营销策略将新产品投放市场，这一过程为产品的商品化。在这一阶段中，金融企业应着眼以下几个方面：①产品推广时间。由于新产品投放市场后会对现有产品形成一定冲击，因而企业应处理好新旧产品的更替。②产品推广地点。企业是向某一地区、某几个地区、国内市场还是国际市场推出新产品，主要取决于自身实力以及营销网络的状况。③产品推广策略。即运用何种方式将新产品引入市场，具体包括预算分配、广告计划、推销手段等。可见，新产品的商品化是多项营销策略综合运用的过程。

（六）市场监测

金融新产品投放市场之后，金融企业还必须对客户的使用情况进行监测，以便更好地掌握产品销售情况。金融客户采用金融新产品通常需要一个过程，这一过程具体可分为以下五个阶段：①了解。即客户通过广告、推销等途径初步了解了新产品。②兴趣。客户对该产品产生了兴趣，多方寻求有关产品的信息，并产生了购买动机。③试用。客户开始试用新产品，以便更好地对该产品做出全面评价。④评估。客户全面权衡使用新产品的益处与风险，做出是否采用的最终决策。⑤采用。客户评估满意后正式使用该产品。同时，企业也应关注以下四方面的市场反应：①新产品满足客户需要的程度。②新产品对其他同类产品的影响。③新产品适应市场变化的情况。④营销费用与盈利状况。企业一旦发现问题，应及时分析解决。

总之，在金融产品开发的整个过程中，上述六个阶段是环环紧扣、相互影响的，任何一个环节出现差错都会影响新产品开发活动的进行。因此，企业必须抓好每个环节的工作，以便使得金融产品的开发更加科学合理、富有成效。

二、定价策略

金融营销的主要目标是在有利可图的基础上尽量满足客户的需求，从而使自己获取最大利润，定价策略则是实现上述目标的一项重要的营销策略。由于定价策略的制订既要考虑企业自身的状况，使产品价格足以弥补成本，又要从客户的角度出发，使产品价格能为广大消费者所接受，因而其具有交易双方双向互动的特性。

金融产品定价是指金融产品价值的货币表现形式。由于金融产品定价直接影响金融企业的销售与利润，因而如何制订合理的价格以增强企业盈利能力就成为金融营销的重要内容。

由于金融产品种类繁多，因而其定价方法各异，并且有不同的适用条件。据此，我们就金融企业常用的定价策略进行系统阐述。

（一）撇脂定价策略

这种定价策略是指金融产品刚进入市场时，可利用较高的产品价格尽可能多地获取收益，而当市场竞争变得激烈时便适当降价以扩大销售量。这犹如从鲜奶中层层撇取奶脂，故而得名。该策略的优点是可以使金融企业在较短时间内实现其利润目标，及早收回投资，减少经营风险。

撇脂定价策略尤其适用于新产品销售。这是因为：①新产品受价格变动的影响相对要小；②该策略可以吸引大量对价格不敏感的客户；③高价格可以使新产品获得较好的市场形象，因为多数人都认同“一分价钱一分货”的说法；这种策略便于实施价格调整，一旦发现市场需求下降，难以维持预期销售时，可通过适当降低价格以保持较强的产品竞争力。当然，撇脂定价策略的实施目标，必须是乐于接受新事物、具有较强支付能力，且对价格不敏感的客户市场。

撇脂定价策略可分为快速撇脂和缓慢撇脂两种定价方法。前者指高价格配以大规模广告宣传等强有力的促销活动；后者指高价格结合限量销售。由于金融产品没有专利可言，产品会在短时间内为竞争者所仿制，因而对其采取适宜的撇脂定价方法是可行的，但长期采用此种策略则不合实际。

（二）渗透定价策略

这种定价策略是金融企业先以较低价格出售产品以迅速打开销路，扩大市场份额后，再相应地提高产品价格，从而保持一定的盈利能力。由于金融产品一开始的定价比较低，主要是通过提高产品销量来实现经营目标，因而又称为“薄利多销定价法”。该策略有利于企业缩短金融产品投入市场的时间，尽快打开销路，争取到更多客户。同时，低价也可以较为有效地排斥竞争者挤入市场，从而使企业长时间地占领市场，形成规模经营，降低成本。但是该策略投资回收期较长，价格调整的空间较小。

金融企业实施该策略应具备以下五个条件：①企业可以承受产品以较低价格投入市场的风险，而不至于出现巨大亏损；②企业具有充足的营销资源、分销渠道与促销能力，可以保持较高的服务质量；③随着产品销量的扩大，金融产品的生产与分销成本可以实现规模经济性；④产品需求的价格弹性较大，如果采用高价策略便不易打开市场销路；⑤产品打入市场后很快就会形成较强的竞争优势。

可见，企业实施渗透定价策略的目的是为了获取市场份额，谋求长期利益。金融企业实施该策略后，由于市场占有率提高，逐步形成了规模经营，因而有利于降低成本、增强市场竞争力。

（三）细分定价策略

细分定价策略是金融企业较普遍使用的定价方法，它是指企业把客户、产品形式、地域等细分后进行区别定价，据此优化自己的客户群，以实现利润最大化。其细分的主要方法有以下三种。

1. 客户细分定价法

客户细分定价法即企业为不同的客户提供同一种服务，不同的客户要支付不同的价格或在同一价格下享受不同的配套服务。

2. 形式细分定价法

形式细分定价法即对于同类金融产品，由于其具体形式不同，金融企业为客户所提供的服务不同，产品成本也就存在着很大差异，因而企业应制订不同的产品价格。例如，银行信用卡按持卡人的资信状况可以细分为白金卡与金卡。白金卡一般由经济实力强、社会地位高、信用状况良好的个人或单位持有，其授信限额起点较高，其价格也相对较高，而金卡的透支额度较低，其价格也相对较低。目前，这一定价策略获得了广泛应用，因为对不同形式的产品确定相应的价格可以更好地适应不同客户的需求。

3. 地域细分定价法

国际金融企业采用该方法比较多，因为在不同的国家和地区，由于货币市场环境的不同，固定成本和可变成本的差异，因而跨国企业所提供的同一产品价格会不同，服务费用也会有很大的差异。

（四）组合定价策略

该定价策略是指金融企业将一系列产品或服务综合考虑，根据若干种金融产品的总成本制订一个总的目标价格，以实现各种组合产品在总体上的获利。该定价策略只核算总成本，而不核算单项产品或服务的成本，最后用成本低的产品或服务去补偿成本高的产品或服务，用收益高的产品或服务去弥补收益低的产品或服务，从而实现组合产品在总体上盈利。具体而言，金融企业可以价格低廉的产品与服务为纽带吸引客户，与他们建立良好关系，从而向其促销边际收益较高的产品与服务。由于该策略有利于提高企业声誉，扩大企业在客户中的影响，增强企业竞争力，因而获得了广泛推崇。

案例

雀巢为什么成功

很多业内人士都熟悉雀巢公司的一个经典掌故，那就是在雀巢咖啡诞生之初，曾因为过分强调其工艺上的突破所带来的便利性（速溶），而一度使销售产生危机。原因在于许多家庭主妇不愿意接受这种让人觉得自己因为“偷懒”而使用的产品。

这种尴尬现在已不复存在。如今，雀巢公司也已被誉为当今世界在消费性包装食品和饮料行业最为成功的经营者之一。国内大众对“雀巢”的认识，也许大都是从雀巢咖啡那句家喻户晓的广告词“味道好极了”开始的。其实，雀巢公司的经营范围很广泛，涉及奶制品及营养品、特殊医学用途配方食品、饮用水、烹调食品、谷物食品、咖啡、饮品、巧克力威化和糖果、冰淇淋、宠物食品、食品工业原料、雀巢专业餐饮、皮肤健康等诸多方面。

雀巢的成功自是多种因素共同作用的结果，但其中，模块组合营销战略的实施是一重要因素。公司设在瑞士日内瓦湖畔的小都市韦威（VEVEY）总部对生产工艺、品牌、质量控制及主要原材料做出了严格的规定。而行政权基本属于各国公司的主管，他们有权根据各国的要求，决定每种产品的最终形成。这意味着公司既要保持全面分散经营的方针，又要追求更大的一致性，为了达到这样的双重目的，必然要求保持一种微妙的平衡。这是国际性经营和当地国家经营之间的平衡，也是国际传播和当地国家传播之间的平衡。如果没有按照统一基本方针、统一目标执行，没有考虑与之相关的所有因素，那么这种平衡将很容易受到破坏。

为了正确贯彻新的方针并告知分公司如何实施，雀巢公司提出了三个重要的文件。内容涉及公司战略和品牌的营销战略及产品呈现的细节。

1）标签标准化（Labelling Standards），这只是一个指导性文件，它对标签设计组成的各种元素做出了明确的规定。如雀巢咖啡的标识、字体和使用的颜色，以及各个细节相互间的比例关系。这个文件还列出了各种不同产品的标签图例，建议各分公司尽可能早地使用这些标签。

2）包装设计手册（Package Design Manual），这是一个更为灵活使用的文件，它提出了使用标准的各种不同方式，如包装使用的材料及包装的形式。

3）最重要的文件是品牌化战略（Branding Strategy）。它包括了雀巢产品的营销原则、背景和战略品牌的主要特性的一些细节。这些主要特性包括品牌个性；期望形象；与品牌联系的公司；其他两个文件涉及的视觉特性以及品牌使用的开发等。

当前的经济形势，对企业提出了更高的要求，要想在激烈的市场竞争中立于不败之地，不仅要有适销对路的产品，更重要的是要有正确的经营思想指导。雀巢公司的领导层认识到，经济全球化已使企业营销活动和组织机制由过去的“大块”结构变成了“模块”结构的事实，从而将其工作重点转向组合模块，实施模块组合营销。

思考：

1. 企业实施组合营销战略能给企业带来哪些竞争优势？
2. 小型企业是否也能采用组合营销战略？

（五）折扣定价策略

该定价策略是指金融企业为了调动客户的购买积极性而少收一定比例的产品货款或服务费用，从而降低客户的成本支出，提高产品的竞争力，扩大销售量。折扣定价方法主要包括：①现金折扣，指金融企业对按约定日期或提前付款的客户给予一定的价格优惠。例如，银行对提前还贷的企业在收取利息时打些折扣。②数量折扣，指金融企业对购买产品达到一定数量或金额的客户给予一定的优惠。一般购买数量或金额越大，数量折扣也就越大，从而鼓励客户增加购买量。③时间折扣，指金融企业根据不同的季节时间制订不同的产品价格，从而平衡旺淡两季，促进产品销售。

（六）心理定价策略

心理定价策略是针对客户的不同消费心理制订相应的产品价格，以满足不同类型消费者需求的策略。具体策略有以下几种。

1. 尾数定价策略

尾数定价又称零头定价，主要针对消费者的求廉心理，在金融产品定价时有意定一个与整数有一定差额的价格，保留零头，数字上不进位，使客户产生价格低廉和金融机构经过认真的成本核算才定价的感觉，容易激发其信任感。

2. 整数定价策略

整数定价与尾数定价相反，是针对客户的求名、求方便心理，将金融产品的价格有意定为整数，给人以一种方便、简洁的印象。

3. 习惯性定价策略

某些产品在经常性的重复购买之后，在客户心理上已经定格，成为一种习惯性的价格。特别是日常经常用到的一些金融服务，客户习惯于在消费这种商品时只愿付出这么大的代价，此时的金融机构不能随便改变价格，以免引起客户的反感。

4. 声望定价策略

金融企业利用客户仰慕名牌商品或名声所产生的某种心理来制订较高的商品价格。对于强势品牌、优质产品，或其他竞争者无法提供同样的“价值体验”时，其定价可以比竞争者高。此时，忠实的客户不但不会产生被出卖的感觉或嫉妒的心理，反而会引以为豪。

5. 招徕定价策略

该策略利用部分客户求廉的心理，特意将某几种产品的价格定得较低以吸引客户。

三、分销渠道策略

（一）分销渠道策略的分类

1. 密集分销策略

密集分销策略即金融机构在一个销售地区广泛设定分支机构或直接动用尽可能多的中间商销售自己的银行产品。直接动用尽可能多的中间商销售各种银行产品，一般适宜于那些对于消费者来说，选择性不强而且能方便购买的银行产品的分销，如一般的活期存款等，采用这种策略有利于占领市场、便利购买、及时销售产品。

2. 选择性分组策略

选择性分销策略是指金融机构在特定的市场内只设立几个分支机构或有选择地直接运用一部分中间商来推销产品。采用这一策略，金融机构所设立的分支机构或所利用的中间商不止一个，但对所有有意经营的中间商也不全部都加以利用，而是只选择其中一部分来经销。正常情况下，这种策略适用于选择性强的和同类替代品较多的银行产品的经销，其中很多金融机构在产品投放市场初期，通常先采用密集分销策略，经过一段时间运作后，淘汰一部分运作较差、信誉不良、效率低下的中间商，只留下为数较少、效率较高、信誉良好并愿意和供应者合作的中间商，从而形成选择性分销策略。采用这一策略，由于所选择的中间商较少，可使金融机构有较强的渠道控制力，可保证同一渠道内的成员加强协调和合作，避免资源的浪费和流通成本的增加，还可以使产品供应者获得适当的市场覆盖面，从而使银行产品和信息的流通能顺畅进行。

3．独家经销策略

独家经销策略即金融机构在一定地区、一定时间只设立一家分支机构或只选择一家中间商销售自己的产品。这种策略适用于技术性强、服务要求高的银行产品的销售。独家经销是一种最窄的渠道，采用这种策略，金融机构能在中间商的销售价格、促销活动、信用和各种服务方面有较强的控制力，有助于提高金融产品的形象。

（二）分销渠道选择策略

1．分支机构的选择策略

金融机构设立分支网络是其最通用的分销渠道选择策略，而以下两种方法在金融分销渠道选择中的应用最为广泛。

（1）空间模型法。金融机构首先在全国进行普查，确定可以作为选择对象的地区，然后再对这些候选地区进行详细研究，具体有三个步骤：一是确定业务区域，以便向潜在客户提供快捷的服务，一般要分析候选地区有无不利因素、候选地区与周围市镇的距离以及人口密度等；二是分析候选地区的业务潜力，即搜集该地区的原始数据并将其转换成实际业务的潜力；三是计算在候选地区设立分支机构的投资收益率。金融机构经过上述三个步骤后做出最终选择。

（2）双变量法。金融机构首先确定具有业务潜力的地点，然后通过现有主要街道将这些点连起来，再把竞争对手的分支机构也归属于点内，计算并记录下相邻点之间的往来时间，并通过计算机计算出所有消费点和所有营业网点之间的最少往来时间，在此基础上做出最终选择。在选择时一般需要考虑以下的因素：所能提供的业务范围；员工的数量和素质；所设机构的周围环境；网点的交通便利程度；机构网点的设施、规模与外形；停车场；醒目程度；其他因素等。

2．中间商的选择策略

金融产品供应者在选择间接销售策略时，都面临如何筛选中间商的问题，这是分销渠道策略中的微观方面，但也是一个不可缺少的重要方面。因为中间商在金融产品分销中占有重要的地位，中间商的选择、中间商的营销能力等对金融产品的销售、企业的利润与发展影响重大。寻找中间商的方式有两种：被动方式和主动方式。供应者的最佳选择是采取主动方式，这是指供应者主动寻找中间商来推销其产品。供应者应事前确定是否要选择中间商，选择什么样的中间商，选择中间商的标准是什么。供应者自己可以做这些工作，也可以委托其他单位或个人做这些工作。

大多数供应者在选择中间商时都应至少考虑两个方面的问题：①公司本身的营销目标，

即从公司自身来考虑所要求中间商必须完成的任务，也就是公司内定的中间商目标；②现实条件下中间商所能完成的指标。对处于不同层次的中间商，选择标准也会不一样，但有些标准是一致的，具体有以下几类：第一类是物质方面的，包括组织机构和管理、网络规模结构和推销手段、经营规模等；第二类是业绩方面的，包括经营规模、业务综合能力和市场占有率、经验、销售业绩等；第三类是意愿和态度方面的，包括经营目标、信誉和提供售后服务的意愿和能力、社会关系等。

（三）分销渠道拓展策略

在金融市场的激烈竞争中，金融产品分销渠道是否畅通以及覆盖面是否广泛，往往可以决定金融机构的竞争能力和市场份额。由于金融市场发展状况的差异，金融机构在扩展产品分销渠道时一般可以采取以下四种方式。

1. 分销渠道的开辟

在市场空间较大和营销经费充足的情况下，开辟自己的分支网络和 ATM 网络，增加电话服务，扩大直销范围以及增加人员推销等，已成为金融机构采取的主要方法。这种方法能否奏效首先取决于机构网点的设置是否合理，工作是否高效。按照营销原则，金融机构在设立分支机构和基层网点时，一般要考虑当地的目标市场和客户需求情况；同时还应加强经济核算，明确开设这个机构网点需要多少费用，与预算收入相比是否合算。我国国有商业银行几乎都对应行政区划设立分支机构，机构层次多达五层，机构数量累以万计，这在世界各国大银行中都是少有的。相比之下，目前的股份制银行的情况则较好，大多能按营销原则设立分支机构和网点，因而机构数量比较适当。

2. 分销渠道的代理

这主要包括寻求更多的代理机构和更多的特约商户。由于代理机构可能会代理几家金融机构的产品，因而品质控制和代理机构的积极性便成为值得关注的问题。近年来，这类销售方式在西方金融业中发展迅速，能大大提高工作效率和盈利率。

3. 分销渠道的并购

这是金融机构拓展分销渠道中最快捷有效的手段，尤其在跨地区和跨国经营中更是如此。并购方式按照目的和行业可以分为不同类型，一是并购各类代理机构，使其仅经营本机构的产品。二是商业银行之间、保险公司之间、证券公司之间的并购。这种并购方式对金融机构而言，已成为扩大零售网络的有效手段，同时还有助于增强机构实力，节省经营费用。就金融业而言，金融机构与其分销渠道之间一般有着长期密切的合作关系。因此，贸然进入一个新市场并想取得较大市场份额是相当困难的；而直接建立自己的分销渠道则需要巨额投资，尤其在跨国经营中，还会遇到语言、文化、消费者偏好等方面的障碍，收效更是缓慢。因此，并购不失为是一种快捷有效的办法。金融机构通过并购，可以充分利用被并购公司的分销渠道和市场份额，从而大幅减少发展过程中的不确定性，降低风险和成本。

4. 分销渠道的联合

这一方式在渠道拓展中的作用表现为：不必投入大量的人力物力，而是借助合作伙伴的分销渠道来拓展自身业务；具有更大的灵活性和选择空间，风险性要小于并购；可以突破政策限制，实现跨地区和跨国业务发展。目前，这种分销渠道的联合已日益成为金融机构开展跨国经营的重要拓展策略。

（四）分销渠道创新策略

网上营销、电话营销、电视商场的出现，对传统营销渠道形成了强有力的冲击，人们足不出户就能买到产品，这种现象反映在银行业就是电话银行、网上银行、企业银行、家庭银行的出现。

中国的电子银行业务在近几年有了较快的发展，特别是股份制商业银行在发展电子银行业务方面已走在了国有商业银行的前面。这些业务的产生和发展对传统银行业务造成了较大的影响。

1. 电话商业银行

电话商业银行是指一种与电话网络联系的银行计算机系统，客户可以使用音频电话拨通该系统，并根据系统的提示和电话数字键盘，对系统提供的各种服务进行选择，从而完成客户所选定的金融服务。最后计算机将处理结果转化成语音通知用户。这项服务是现代电信技术的发展和金融服务的特点所决定的。电话商业银行是随着电子计算机的应用和商业银行职能的提高而出现的崭新的服务项目。

电话银行作为一种金融服务，在为商业银行扩大市场份额中起了重要的作用，改变了客户办理业务的习惯。同时，电话银行降低了银行成本并提高了工作效率。

2. 销售点终端

金融机构为了扩大 ATM 的功能，使持卡人享受更为便利的消费服务，建立了 POS 机销售点终端转账服务作业系统，其作用是让持卡人在销售点通过电子转账交易进行直接扣账消费，提供给消费者 24 小时的自动电子支付服务。其销售点的范围包括百货公司、酒店和机场等。POS 机的使用对银行、企业、消费者三者有利。对银行而言，扩大了服务网点，增加了手续费收入，提高了竞争能力，减少了传统账务处理中的烦琐程序，降低了作业处理成本；同时，通过将银行业务渗透到商品交易中，强化和稳定了与客户的联系，优化了商业银行的经营形象，由此业务而将收集来的信息进行加工、整理，可以为宏观经济调控、微观经济搞活提供各种价值的信息数据。对于企业而言，为客户提供了便利的购物环境，能够及时收取贷款，建立销售情况数据库，强化了管理，增强了销售形象。对消费者而言，购物、出行、旅游再也不必带更多的现金，刷卡结算既方便又安全，还可以享受银行提供的免息期，分期付款，免息提供的保险、积分，还可兑换奖品。

3. 企业银行

随着通信技术、网络技术的迅速发展，商业银行可以通过其巨大的计算机网络系统在企业设置专用终端，为客户提供贷款结算、国际贸易、全球汇款、市场行情等各项服务。企业主管可以坐在自己的办公桌前利用银行提供的专用终端进行商品交易或获取最新的财务资料，获取国内外最新金融信息、汇率变化、贷款利率变化、现货或期货市场动态、证券股市信息等。

延伸阅读

2017 年十大移动支付创新产品案例

1．招商银行完成国内首单区块链跨境支付业务

招商银行通过首创区块链直联跨境支付应用技术，使在前海蛇口自贸片区注册的南海控股有限公司通过永隆银行向其在香港同名账户实现跨境支付，标志着国内首个区块链跨境领域项目在前海蛇口自贸片区成功落地应用，在国内区块链金融应用领域具有里程碑意义。

招商银行联手永隆银行、永隆深圳分行，成功实现了三方间使用区块链技术的跨境人民币汇款，这是全球首笔基于区块链技术的同业间跨境人民币清算业务。

招商银行在金融科技领域的探索为区块链技术的发展提供了方向，这也是该技术在跨境支付领域的一大突破。

2．交通银行发“手机信用卡”，银行的稳中求变

交通银行信用卡宣布正式推出“手机信用卡”，并同步发布了业内首份“手机信用卡白皮书”。客户只要在交通银行专属定制的“e 办卡”终端上提交申请，现场立即完成审批。核卡后用手机登录 APP，两步开通即可用卡，而且所有涉及信用卡的服务（如查账、还款等）均可在手机 APP 上解决。

手机信用卡实际上就是一张“虚拟信用卡”，而且通过专属终端设备省去了用户的开卡审批时间，即在发卡环节就直接摒弃实体卡，再加上如今的 NFC、二维码支付功能，使其能够满足线下消费的需求。

3．无人零售的风口，新零售如何飞起来

Amazon Go 免排队商店，通过各种认证识别技术完成整个购物过程。阿里在淘宝造物节上开张了一家不用掏钱买单的无人超市“淘咖啡”，通过淘宝账户会员的打通，完成“不掏钱付账”的体验，将无人零售推向了大众的视野。

无人零售运用的技术包括机器视觉、生物识别、人脸识别、商品识别、图像分析、人机交互、RFID 射频识别、自动结算、云计算等各种新科技。随着一些无人便利店的试点商用，无人零售成为新零售的热点方向，得到了上游企业和市场的关注。

4．京东闪付从线上到线下，创新模式值得借鉴

京东金融宣布旗下 NFC 支付新品——京东闪付正式上线，这是基于银联“云闪付”网络的 NFC 创新产品。北京银联帮助京东闪付从线上走到线下，接入银联众多线下商户。

“京东闪付”与“白条闪付”形成了一定的优势互补：与银行合作的白条闪付以京东白条用户为目标群体，以信用支付为方式；与银联直接合作的京东闪付则以所有京东支付用户为目标群体，通过绑定京东支付的银行卡支付。无论是哪一种模式，都是金融机构和非金融支付机构合作模式上的创新发展，有助于京东支付将用户流量从线上引到线下，这样的创新模式值得其他企业学习借鉴。

5．银联北斗+支付亮相，无感支付到底是不是噱头

银联的智能交通综合解决方案是基于北斗和银联 Token 技术的“定位+支付”创新模式，其中高速不停车收费解决方案和公共停车无感支付解决方案备受关注。

根据北斗系统的高精度定位特点，这个方案可以很好地定位到车辆，并根据位置的变化完成支付。其应用场景可以包括高速不停车收费、公共停车无人缴费、城市拥堵费征收、自助充电收款等。在公共停车无感支付解决方案中，定位与支付的结合也与高速不停车收费方案有点类似，只不过停车是通过北斗系统判断车辆在一个地点静止了多久，而高速不停车方案则是计算走了多远。

6．ofo、摩拜发布NFC智能锁，共享单车的兴衰更替

摩拜单车宣布与三星公司共同研发的具备NFC功能的全新智能锁已经大规模量产。ofo推出新款单车“ofo小黄蜂”，并正式对外发布支持NFC功能的全新智能锁。

对于业内人士而言，共享单车的智能锁加入NFC功能似乎是情理之中的事情，因为NFC功能的存在本就完美适合所有门禁和锁的场景。不过，NFC在国内的应用场景一直非常有限，NFC终端的普及度也不够，因此对于消费者而言，共享单车NFC智能锁的出现是一项NFC功能应用场景的创新拓展。

7．苹果Face ID会不会掀起刷脸潮

Face ID是基于面部识别技术的认证方式，与其他刷脸应用不同的是，Face ID是与设备绑定的，与账户无关。用户将人脸信息存储在iPhone X中，在解锁、支付时就可以使用Face ID。

其实，关于人脸识别的应用早已经在国内有所布局，但大多都是用于身份认证的相关领域。随着Face ID的应用，苹果将刷脸推向了市场，直接面对广大消费者。随之而来的是国内的互联网巨头也陆续跟进人脸识别的应用场景，如支付宝与肯德基测试的刷脸支付、京东之家门店测试的刷脸支付、招商银行与中国农业银行的刷脸取款等。

8．TEE+SE手机金融盾，安全不缺席

中国建设银行深圳分行试点新版企业手机银行，并推出华为手机金融盾技术，很好地解决了移动支付的安全性和传统U盾携带便捷性之间的矛盾。徽商银行与华为联合推出手机证书（手机金融盾）业务，实现了移动数字证书领域的业务创新。

手机金融盾是手机终端、TEE和SE等技术相结合的产物，是移动金融领域的创新。在TEE的安全界面实现了PIN码输入、交易信息回显和交易确认等，达到“所见即所签”的效果，在SE中完成认证和交易，与二代U盾具有相同的安全级别。它的出现很好地解决了传统U盾的问题，并且在使用上更加便捷和安全。

9．首张微信身份证签发，无卡时代真的来了

由广州市公安局南沙区分局、腾讯、中国建设银行等10余家单位发起的“微警云联盟”在广州市南沙区成立，现场发布了身份证识别应用，市民代表领取了全国首张微信身份证“网证”。

微信身份证“网证”是公安部第一研究所在国家重大项目支撑下推出的身份证网上应用凭证，它是依据《居民身份证法》，以身份证制证数据为基础，通过国家“互联网+可信身份认证平台”签发的，“网证”与实体身份证芯片是唯一对应的电子映射文件。它的作用就是用于手机联网验证身份证实体证件的真实性与有效性，简单来说，就是手机版身份证！

除了网证，公安部第三研究所还推出了用于网络身份认证的eID，其以密码技术为基础、以智能安全芯片为载体，能够在不泄露身份信息的前提下在线远程识别身份。

10．银联首创银行账户联机预授权模式，杭州地铁率先使用

杭州地铁1、2、4号线实现直接刷银联IC卡和手机闪付过闸。

银联一直不遗余力地拓展交通支付领域的应用场景，尽管银联IC卡和手机闪付刷地铁并不是首次实现商用，但是杭州地铁的模式和此前广州地铁的ODA模式又有一些不同。这是银联首创的银联联机预授权模式过闸，支持所有银联信用卡和借记卡，无须开通，直接使用。使杭州成为全国范围内首个实现所有银联信用卡和借记卡地铁直接过闸的城市，这是继银联闪付或二维码直接过闸后，银联在地铁出行领域打造的又一城市范例。

四、促销策略

促销是指卖方向买方传达产品或服务的信息，以帮助客户认识产品和服务的特点与性能，引起客户的注意和兴趣，激发客户的购买欲望，从而促成产品和服务从卖方向买方转移的营销活动。可见，促销是鼓励购买某一产品或服务的一种营销刺激手段。

金融产品促销是指金融企业将自己的金融产品或服务通过适当方式向客户进行报道、宣传和说明以引起其注意和兴趣，激发其购买欲望，促进其购买行为的营销活动。简而言之，金融产品促销是金融企业将其金融产品和服务的信息向客户传递的过程。

（一）人员促销

1．人员促销的含义

人员促销是指金融营销人员以促成销售为目的，通过与客户进行言语交谈，以说明其购买金融产品和服务的过程。由于金融产品和服务的复杂性和专业性，尤其是在新的产品和服务不断涌现的情况下，人员促销已成为金融产品和服务销售成功的关键因素之一。

人员促销的主要优势表现为：①可以当面说明金融产品或服务的用途、特点，也能直接观察了解客户的愿望与需求，并即时做出反应；②可以培养企业与客户之间的良好关系；③可以详尽解释某项产品或服务的优点，以引起客户的兴趣和购买欲望，从而激发其购买行为。通常的人员促销仅要求维持现有客户并接收订单；而创造性的人员促销则要求寻找潜在客户并使之成为现实客户。

2．人员促销的任务

人员促销的基本任务是把金融产品或服务介绍给客户，并鼓励客户购买，以实现销售目标，获取经济效益，提高企业信誉。促销人员作为企业与客户之间的联系纽带，其主要任务是说服客户，为客户服务，从而达成交易。因此，企业实施人员促销要求促销人员具有较高的素质，其既要具有全心全意为客户服务的思想境界，又要熟悉金融业务内容和金融市场环境，还要学习掌握良好的促销艺术。

3．人员促销的形式

人员促销可分为三种形式：①上门促销，即金融企业派出促销人员上门与客户直接面谈金融业务，在面谈过程中向客户传递金融产品与服务信息；②柜台促销，即由金融营业网点的销售人员向客户介绍展示金融产品与服务；③会议促销，即由金融专家以其专业知识向客户宣传金融产品与服务，这往往会取得较好的效果。

4. 人员促销策略

金融企业开展人员促销时，需要将促销人员进行合理的组织和分配。具体可以采取以下四种策略：

（1）目标区域策略。即把金融企业的目标市场划分为若干个区域，每个促销人员负责某个区域的全部促销业务，这样，既有利于核查促销人员的工作业绩，激励其工作积极性，也有利于促销人员与其客户建立起良好关系，节约促销费用。

（2）产品分类策略。即将金融产品与服务分成若干种类，每一个或几个促销人员结为一组，负责促销一种或几种金融产品。该策略尤其适用于类型多、技术性强的产品促销。

（3）客户细分策略。即把目标客户按其产业特征、人口变量、职业状况加以分类，每个促销人员负责向其中一类客户进行促销。该策略有利于促销人员深刻了解客户需求，从而有针对性地开展好促销活动。

（4）综合组织策略。即当产品类型多、目标客户分散时，金融企业应综合考虑地域、产品和客户等因素，并依据诸因素的重要程度以及关联情况，分别组成产品—地域、客户—地域、产品—客户等不同的综合组织形式，开展人员促销。

随着金融产品和金融市场的不断变化，人员促销的策略亦需要及时进行评估和调整。

（二）广告促销

1. 广告促销的概念

在当今社会，广告已经成为实现商品价值的重要桥梁，现代人的生活则已完全被形形色色的广告所包围。所谓广告，即广而告之，是“以其事告之于人”的方法。具体而言，广告就是告知社会公众某件事情，传递某种信息。因此，广告是指需支付费用，通过媒体传递信息告知事件的促销活动。广告作为一种信息传播工具，如今已成为各行各业营销活动中不可或缺的促销手段。

2. 广告促销的类别

（1）企业形象广告。

企业形象广告是指把金融企业作为一个整体进行包装宣传，旨在提高企业声誉，增强客户对企业的了解和信任，以赢得客户的消费选择。

（2）金融产品广告。

金融产品广告即金融企业对其所提供的金融产品进行宣传，通过对金融产品的特点与收益的介绍和告知，让客户了解该产品和服务，激发客户的购买欲望。

上述两类广告的实施主要取决于金融企业的目标选择。如果金融企业是为了达到树立企业声誉这一目标，它就会重视企业形象广告；而如果是为了提高某一金融产品的知名度，则会采用金融产品广告。

3. 广告促销的实施步骤与策略

（1）确立主题。

广告主题是指以金融产品还是以企业形象作为主要宣传内容，这主要取决于金融企业目标及其产品和服务的特点。金融企业为了达到在消费人群中树立良好声誉的目的，就会选择以企业形象为主题的广告宣传，而为了扩大近期销售则会选择以金融产品为主题的广告宣传。

金融产品广告由于金融产品自身的特点，容易引起人们注意，并成为客户的购买理由，以此作为广告宣传的主题，可以起到促销作用。金融产品广告的关键在于：①要尽可能地将金融产品和服务的特色充分展现出来；②要根据不同客户的需求，突出产品质量和服务优势；③要选择好广告投放的时间和地点，力求达到“先入为主”的宣传效果。

企业形象广告则是为了在广大客户心目中树立有利于金融企业长期发展的良好声誉，以期获得金融客户的信任感与安全感，即通过扩大金融企业知名度，提高其信誉度，给客户留下值得信赖的亲切形象，以使客户成为“回头客”。企业形象广告的重要性还在于消除金融企业的官僚习气重、缺乏人情味等不良印象。金融企业形象具体包括企业的历史、文化、规模、实力、产品质量、服务态度、建筑风格、营业场所布置、企业标志等。随着金融产品的差异性越来越小，企业形象广告在金融广告促销中的作用已越来越大，这引起了金融界的广泛重视。因为当金融客户去银行开户、去证券公司交易或去保险公司投保之前，吸引其去办理金融业务的关键是使其知晓金融企业是关心客户的，是为客户利益着想的，是有能力解决客户困难的。而只有覆盖面广泛的企业形象广告，才能有效地在目标市场上树立起特色鲜明的企业形象。

（2）明确对象。

为了达到广告效果，金融企业在设计广告创意和内容时，必须了解分析有兴趣购买产品的个人、家庭或组织的类型，并且要判定谁能做出购买决策。由于对象不同，金融企业在选择广告媒体、进行内容设计时应做相应的调整，因而不区分客户对象或以社会公众为宣传对象或仅在专业刊物上做广告是难以引起目标客户注意的。

（3）提出构思。

金融广告的构思首先要具有说服力，通过直接指向宣传对象的切身利益，以表明的产品和服务，以使客户有明确的选择。例如，把本地区办理某一金融业务的营业网点地址刊登在广告内，将极大地便利客户的选择。

其次要富有创意，因为广告效果在很大程度上取决于广告创意。以前，金融界不太愿意采用有新意的广告内容，某些金融界人士甚至认为金融企业必须表现出传统稳重的形象，标新立异的广告宣传会有损金融企业形象。然而，随着公众兴趣和认识态度的转变，创意性广告已成为塑造金融企业形象的有效手段。现在大多数客户都把创意性广告与企业创新精神等同看待。

再次要设计好广告语，因为广告用语是广告的灵魂，应具有较深的内涵，既要含蓄又要独创，才能令人耳目一新。寓意深刻的广告语，能给人留下意犹未尽、回味无穷的美好印象。

富有创意的金融广告构思主要表现在以下三个方面：①创设一种现代化的标识、符号和图案；②运用生动形象的画面，包括运用动画手段和聘请明星；③运用使人可信的广告语，并根据时代特征加以改变。

（4）选择媒体。

广告媒体是指广告信息传播的载体。其主要分为印刷媒体，如报纸、杂志、书籍等；电子媒体，如网络、电视、广播等；邮寄媒体，如产品说明书、宣传手册、产品目录、服务指南等；户外媒体，如广告牌、海报等。

不同的广告媒体在传播空间、时间、效果、广告费用等方面具有不同的特点。金融企业选择广告媒体，应在充分了解各媒体特点的基础上，根据目标宣传对象的性质、特点、范围、规模以及广告费用等因素进行综合考虑，并在重点选择某一媒体后，还应辅助于其他媒体，通过媒体组合方式以强化其促销功能。

（5）评估预算。

广告促销活动除了传播信息、吸引客户外，还必须关注广告宣传的成本和收益。在产品广告中，这种联系体现得更为显著，因而金融企业大多采用产品广告方式；而在形象广告中，这种联系效应还难以测定。

案例

招商银行微信公众号

2013 年 3 月，招商银行推出信用卡微信客服。在同年 7 月，又推出全国首家“微信银行”，服务范围从单一信用卡服务拓展为集借记卡、信用卡业务为一体的全客群综合服务，可以实现转账汇款、手机充值、预约办理等一系列服务。微信账号几乎取代了 90%的常规客服功能，大大缓解了每年平均增长 50%的客服压力。而目前招商银行微信公众账号的自助查询回复准确率已经高达 98%以上。在短短两个月的时间之内，其微信粉丝数量已经超过了 100 万。其微信公众服务号更是被列为微信官方推出了最受欢迎的七个微信账号之首。

在招商银行微信公众号下方，则有好几栏自定义菜单，用户在微信中点击后可以查看自己的账单、积分、额度，设置还款等。另外，招商银行微信账号还开始取代短信提醒功能。用户每一次刷卡后都会收到微信推送提醒，而短信只会给单次刷卡额度较大的交易发送提醒。相比起短信，微信推送的信息内容更加丰富，图文并茂，且字数不限。其丰富的功能以及良好的服务效果成为招商银行的金字招牌。

（三）营业推广

营业推广是企业为了刺激需求而采取的促销措施，即利用各种刺激性促销手段吸引新客户以及回报老客户。对金融企业而言，新客户可以分为两类：一类是尚未接受金融服务的潜在客户；另一类是已接受过同类产品的客户。

1．营业推广的基本策略

（1）确立营业推广目标。由于目标市场和产品生命周期不同，营业推广所要达到的具体目标也不相同。例如，对于传统金融产品，企业应鼓励客户重复购买；而对投放市场的新产品，则应吸引客户尝试购买，尤其鼓励“反季节性”购买。

（2）选择营业推广方式。为了实现促销目标，金融企业应根据市场需求和竞争环境，选择适当有效的营业推广方式。例如，营业推广目标是为了抵制竞争者促销，企业可采取赠送礼品、有奖销售等措施。

（3）制订营业推广方案。金融企业制订方案要本着费用少、效率高的原则，可具体规定营业推广的范围、途径、期限和成本等。

2．营业推广的主要方法

（1）赠送礼品。赠送礼品是金融企业运用较多的促销方法之一。例如，在吸收存款、办理信用卡以及新设分支机构开业时赠送礼品，或是为了鼓励长期合作而向老客户赠送礼品等。

（2）有奖销售。这主要用于储蓄、信用卡购物等方面。

（3）免费服务。当金融市场竞争加剧时，为了推广业务、招揽客户，金融企业往往会采取免费服务的促销方法，如信用卡持有者免付会员费等。

（4）陈列展示。金融企业通过实物展示、展板解说等形式以吸引客户购买。

（四）公关促销

1．公关促销的概念

公关促销是指金融企业运用各种传媒与社会公众沟通，以达到树立良好企业形象，赢得社会公众的理解、信任和支持，从而乐于接受金融产品和服务的目的。客户是企业赖以生存和发展的基础，建立与客户的良好关系，金融企业需要做到：①让客户充分了解企业的宗旨、信誉、经营范围和服务方式；②提供多样化的产品和热情周到的服务；③及时处理客户投诉，并善于协调与竞争者的关系，努力与竞争者建立良好的伙伴关系，尊重竞争对手，学习竞争对手的长处，创造和睦相处、团结合作、共同发展的外部环境。处理好上述关系是金融企业公共关系活动的重要内容，它将大大促进金融产品和服务的销售。

公共关系是一门追求良好企业形象的艺术，企业形象具体是指企业的产品形象、服务形象、员工形象、外现形象的风格与特征。良好的企业形象会给金融企业发展带来巨大的助力，能为企业赢得更多的客户和市场，增强其战胜困难的能力。因此，公务促销是金融产品促销策略的一个重要组成部分。

2．公关促销的方法

金融企业开展公关促销的方法主要有以下三种：

（1）通过新闻媒体宣传企业形象。

金融企业通过与新闻界建立良好关系，将有新闻价值的相关信息通过新闻媒体传播出去，以引起社会公众对金融产品与服务的关注。报纸、杂志、广播、电视等新闻媒体是金融企业与社会公众进行沟通、扩大影响的重要渠道。新闻报道在说服力、影响力、可信度等方面要比商业广告所起的作用大得多，也更容易被社会公众所接受和认同。当然，只有金融企业不失时机地策划出价值高、可予报道的新闻，才能引起新闻媒体的关注，成为传媒追逐的热点。

（2）积极参与和支持社会公益活动。

社会公益活动是一项深入承担社会责任的活动，企业对公益事业的热情能赢得社会公众的普遍关注和高度赞誉，可以最大限度地增加营销机会。这已成为现今金融企业开展公关促销的主要方法之一。

案例

华泰长城："投资者教育"提升企业形象

华泰长城期货公司整合优势资源打造"风险管理顾问模式"，为企业及个人投资者规避经营风险，抵御金融危机起到了重要作用，在行业中树立了良好的口碑。

随着期货行业的不断发展特别是股指期货的顺利推出，期货投资者规模正在迅速扩大。相对于证券投资而言，期货投资的专业性、高杠杆性带来的高风险，使投资者教育工作显得尤为重要和紧迫。期货市场瞬息万变，为了提升客户的风险控制能力，更好地把握投资思路和理念，公司长期坚持举办"长城烽火台"咨询节目，在广大投资者中深受欢迎。

此外，公司还为高端客户及战略投资者不定期举办高峰论坛、产业沙龙，为投资者深度解析宏观经济走势，深入开展"走进产业，贴近行业，服务企业"主题活动。

利用"投资者教育"平台，通过丰富的活动彰显为投资者负责的企业形象，华泰长城无疑是赢家。

（3）与客户保持联系，相互增进了解。

金融企业应主动与客户保持沟通联系，通过诸如个别访谈、讲演、信息发布会、座谈会、通信、邮寄宣传品与贺卡等方法，促进客户对企业的了解，从而使企业形象能长期保留在客户的记忆中。这种公关促销活动对维系老客户、吸引新客户具有良好的作用，尤其是对于稳定老客户作用更大。

项目小结

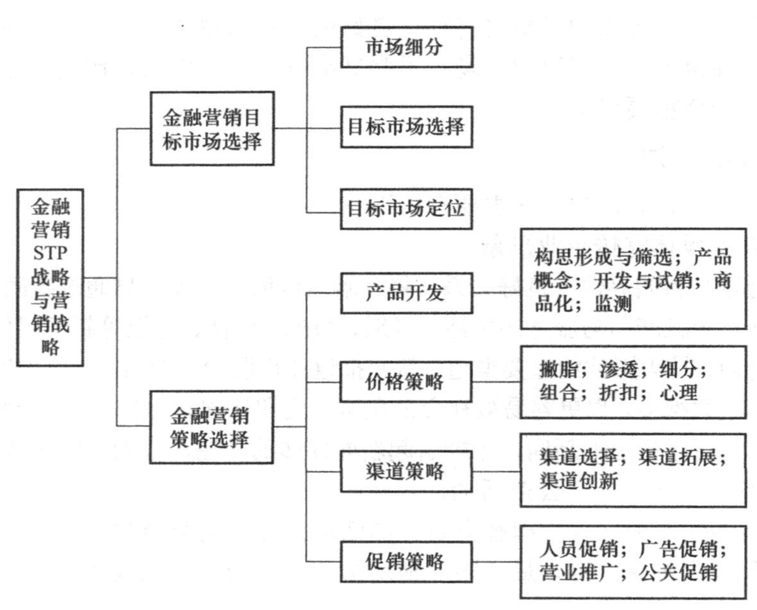

同步练习

一、单项选择题

1. 金融企业将整个市场视为一个目标市场，用单一的营销策略开拓市场，该战略属于（　　）。

A. 无差异战略　　B. 成本领先战略

C. 差异性战略　　D. 集中性战略

2. 由一个小组就某一明确的议题展开自由开放的讨论，以刺激创新思维的产生，该方法称为（　　）。

A. 协力创新法　　B. 头脑风暴法

C. 客户小组法　　D. 罗列法

3. 对于新产品的销售，适合采用的定价策略为（　　）。

A. 折扣定价　　B. 撇脂定价

C. 渗透定价　　D. 细分定价

4. （　　）策略的目的是为了获取市场份额，谋求长期利益。

A. 折扣定价　　B. 撇脂定价

C. 渗透定价　　D. 细分定价

5. 金融机构在一定地区、一定时间只设立一家分支机构或只选择一家中间商销售自己的产品，这种策略称为（　　）。

A. 选择性分销策略　　B. 独家经销策略

C. 密集分销策略　　D. 分散经销策略

6. 金融企业可以根据国家、地区、城市规模、市场密度、地形地貌、交通运输及通信条件等方面的差异将整体市场分为不同的小市场，该种细分方法为（　　）。

A. 社会细分　　B. 地理及人口统计细分

C. 经济收入细分　　D. 心理细分

7. 金融企业把某种产品总市场分成若干个子市场后，从中选取两个或两个以上的子市场作为自己的目标市场，并分别为每一个目标市场设计一个专门的营销组合，该种策略称为（　　）。

A. 无差异战略　　B. 成本领先战略

C. 差异性战略　　D. 集中性战略

8. 金融市场营销 STP 战略的最后一步是（　　）。

A. 市场细分　　B. 抽样调查

C. 目标市场定位　　D. 目标市场选择

二、多项选择题

1. 金融企业可以采用的目标市场战略有（　　）。

A. 无差异战略　　B. 成本领先战略

C. 差异性战略　　D. 集中性战略

2. 金融营销 STP 战略是指（　　）。
   A. 无差异战略　　B. 市场细分
   C. 目标市场选择　　D. 目标市场定位
3. 有效的细分市场必须具备（　　）条件。
   A. 每一个细分市场的特性必须是可确定的和可度量的
   B. 每个子市场都应当可以通过适当的营销策略有效获得
   C. 每个子市场都必须具有产生利润的潜力
   D. 不同的子市场单独对应不同的营销活动
4. 下列（　　）属于产品构思的外部来源。
   A. 客户调查　　B. 企业研发部门
   C. 企业营销部门　　D. 竞争者
5. 对产品的构思进行筛选时应考虑（　　）。
   A. 市场需求状况　　B. 企业营销目标
   C. 与现有产品的关系　　D. 风险承受能力

三、简答题

1. 什么是心理定价策略？具体的策略都有什么？
2. 金融产品的促销可以采用的策略有哪些？
3. 金融产品创新的分销渠道有哪些？
4. 金融机构如何创建最优的分支网络？

实训项目

【实训目的】

学会针对某一金融产品设计简单的营销推广方案。

【实训内容】

假设自己是某金融机构营销部的策划人员，选择某一新的，即将或刚上市的金融产品，正确分析营销策略或制订营销策略，使该新产品迅速打开市场，赢得足够的客户关注，并促进产品的销售。

【实训方式】

利用网络或实地走访金融机构的一些营业网点，了解该金融机构新产品的营销推广方案的设计。

【实训报告】

撰写实训报告，要求分析所选产品的产品策略、价格策略、分销渠道策略与促销策略。

项目四　个人与机构金融行为

学习目标

知识目标

- 了解影响客户选择金融机构或金融产品的主要因素
- 认识工商市场客户的决策过程和行为的主要因素
- 掌握分析客户决策过程的方法

能力目标

- 能够判断分析客户金融交易行为
- 能够正确分析客户决策过程

素质目标

- 建立客户行为分析的理念
- 学会利用客户金融交易行为分析施加营销影响

项目引例

上海中青年投资理财方式调查

《理财周刊》、复旦大学传媒与舆情调查中心（FMORC）联合开展的“2016 年中青年上海市民投资理财认知及行为调查”发布调查结果：94.8%的受访中青年上海市民在进行投资或理财，且超九成处于收益状态，其中银行储蓄为最常用理财工具，而投资互联网金融者正快速上升。

本次调查于 2016 年 11 月进行，通过移动终端调查平台“调查宝”，成功对 1 000 位 18～50 岁的上海市居民进行了问卷调查。

据调查，中青年上海市民最重视理财产品的风险性，在控制风险的前提下追求收益率。表示自己选择理财产品的标准是“理财产品是否保本(风险)”的受访者占比最高，为 38.7%；“理财产品的收益率”（34.8%）排在选择标准的第二位。这显示出中青年上海市民的投资理财风格较为稳健、保守。

“银行储蓄”（53.0%）是中青年上海市民最常使用的理财工具，但是其比例较 2015 年（67.9%）下降了 14.9%。排在第二～五位的分别是“银行理财产品”（42.5%）、“互联网金融”（余额宝、P2P 等）（37.8%）、“股票”（36.9%）和“基金”（35.2%）。

本次调查中，“互联网金融”（余额宝、P2P 等）的排名由 2015 年的第 6 位上升至第 3 位，占比较 2015 年提升了 11.7%，超过了“股票”“基金”“保险”等传统投资理财工具，体现出互联网金融工具的快速发展。

在大众创业、万众创新的风潮下，中青年上海市民的投资意识和创业精神不断增强。调查显示，当被问及“通过哪些方式才能盈利到足够的钱”？选择“投资致富”（75.8%）和“创业致富”（70.8%）的受访者最多，均超过七成，较 2015 年“投资致富”（63.2%）和“创业致富”（53.3%）的比例提升明显。而认为要盈利到足够的钱，应该靠“上班致富，有一份稳定收入，努力存钱”的受访者占到 30.8%，排名第三，较 2015 年（46.6%）下降明显。

此外，有 8.9%的受访者表示其通过“海外房产”的方式配置了海外资产。

（资料来源　中国社会科学网 http://www.cssn.cn/dybg/gqdy_sh/201612/t20161201_3298443.shtml）

引例分析：金融机构的一切活动最终都是为大众和机构需求服务的。金融机构很想知道客户在市场上为什么交易、交易什么、交易多少、何时何地交易，据以开发更受客户喜欢的产品。要弄清楚这些内容，进行客户交易行为动机及影响因素分析非常必要。

任务一　个人金融行为分析

客户交易行为的特定模式是由环境影响和购买者个人特征共同作用决定的。前者是宏观因素，主要分为文化、群体等因素，后者是存在于个体身上的微观因素，主要分为心理因素和个人因素。营销人员基本上无法控制这些因素，只有在进行营销时正视和了解这些因素，进行营销策划时考虑这些因素，才可能使营销策略达到预期的效果。

一、影响客户交易行为的因素

（一）文化影响

一家国际性的杂志《电子世界》在 20 世纪 90 年代曾就“什么是在全球市场上做生意的最大障碍？”在全球范围内询问国际营销人员，结果在所列的八大障碍中，文化差异被列在首位。事实上，没有任何人能脱离文化的影响，人自出生以来，文化便开始发挥其影响力。文化是一个社会所共同接受的信念、价值、风俗习惯与行为标准。包含在文化中的社会核心价值往往是持续和稳定的。营销人员如果能够了解目标客户的文化的核心价值，就能够比较顺利地预测和掌握客户行为。

1. 主流文化

每个群体或者社会都有自己的文化，主流文化是引发人们的愿望和行为的最根本原因。人们的行为是通过学习形成的。在特定社会中成长的孩子会从家庭及其重要组织那里学到基本价值观、对事物的理解、愿望和行为。文化对金融行为的影响在国家之间的差异很大，营销活动如果不针对这些差异进行调整就会没有效果，甚至犯下令人尴尬的低级错误。

对比中国的低消费高储蓄和美国的高消费低储蓄现象，可以发现背后其实是巨大的文化观念差异。中国崇尚节俭的儒家文化影响着人们的消费习惯，在市场经济条件下，尽管城乡人民生活水平大幅度提高，人们特别是年轻人的消费观念逐渐发生变化，但传统的消费习俗、消费心理仍主导着大多数人在消费和储蓄之间的交替决策，人们不愿意“负债”消费或超前消费。美国人无须依靠储蓄进行消费和投资，他们的信用经济发达，习惯于通过信用方式先消费后还款。

中西方在信用文化上也存在较大差异。在观念上，西方主要从经济角度认识信用。信用被看作促成个人利益和公共利益双赢的特殊资源；中国主要从道德的角度认识信用，信用被视作人们立身处世及治国安邦的伦理基础。在性质上，西方的信用是建立在契约和法律基础上的经济信用，崇尚公正、互利，以致普遍化的交往或交易关系；中国的传统信用是建立在亲缘和礼仪基础上的人伦信用，讲究义理、人情，以致特殊化的交往或交易关系。在维护方式上，西方主要依据刚性的制度约束，主要借助法律权威监督和保护；中国传统信用侧重软性的机制约束，主要依靠道德自律和外在社会舆论来保证。中西方信用文化存在的差异，从根本上说是不同的物质文明程度决定的。

2．亚文化

每个文化都包含更小的亚文化。亚文化由具有共同生活经历和环境、共同价值观念的人群组成，例如，因为国籍、宗教、宗族和地区不同而形成不同的亚文化。以城市文化为背景，金融业要注意几个重要的城市亚文化群体。

（1）上班族。上班族英文为“White-collar Workers”，前半部分为“白领”；后半部分是“劳动者”，它包含“白领”，泛指在城市里的工作者。他们都具有一定的学历，有稳定的收入，大多都要从居住的地方来往办公地区上下班，承受职场压力。因为他们注重节约时间，对于银行的选择往往是看谁更有效率，而不一定是名气。电子化程度高的银行比较受欢迎，例如，提供24小时电话银行服务、ATM分布广泛、对客户投诉反应快捷、存贷款程序简单，即使这些银行服务收费稍高他们也不在乎。他们的存款增长速度较快，是汽车贷款、住房贷款或理财服务需求的主要群体。伴随着我国城市化进程的不断加快，这个亚文化群体还将扩大。

（2）中小企业主族。中小企业主是受益于改革开放迅速成长的新兴社会群体，他们经历了创业的辛苦打拼，绝大多数时间都用来发展事业，虽然已有颇为殷实的身家，但生意的运转和发展，对其本人依赖度高。没有时间打理财务，欠缺财务方面的知识和意识，通常将家庭自有资金与企业资金混用。当生意好时，愿意负债以期获得更好的投资机会，但也担心万一发生债务纠纷可能导致全部家产付诸东流，因此需要风险隔离墙式的理财产品、大病医疗或人身保险、为保障子女健康和教育进行储备的理财产品等。

（3）老年族。按照国际标准，中国已经进入老龄社会。城市老年族大多是家底殷实的退休群体，主要资产是储蓄和稳定的退休金收入，而且大多数人健康、精力不减，有许多和年轻人一样的愿望和需求。随着退休工资稳步增长，社会保障日益完善，退休族的可支配收入远高于工作不久的年轻人，因此有较大的理财需求，证券公司交易大厅里的“银发族”已成为一道都市风景线。不过大多数老年人理财观念与年轻人相差较大，注重资产安全，求稳“守财”，喜欢风险较低的金融产品投资，如债券、保本基金、打新股等，条件更好一些的则投资房产，获取比较稳定的租金收入。

3. 社会阶层

几乎所有社会都有某种形式的社会阶层结构。它是一个社会的相对稳定和有序的分类，每类成员都有类似的价值观、兴趣及行为。社会阶层的划分不是以单个因素（如收入）为依据的，而是依据职业、收入、教育、财富和其他因素综合衡量的。不同的社会阶层花钱的态度各不相同。以获得安全感为例，由于出生阶层的不同出现了两类不同的花钱方式：一类是要在花钱的过程中体验获取资源、享受快乐的安全感，这种情况多出现在童年家庭富裕的人身上；而另一类就是要在存钱的过程中，获得防患于未然的安全感，童年时家庭拮据甚至饿过肚子的孩子，通常会选择后一种方式。

（二）社会影响

对于金融交易行为研究而言，最重要的社会影响因素是群体和家庭。以下分别来考察和分析它们是如何产生影响的。

1. 群体影响

社会影响又称群体影响。人很难离群索居，人是生活在人群之中的，用通俗的话来说叫“圈子”，即所谓“物以类聚，人以群分”，所以“圈子”文化又叫小众文化，如同学圈、老乡圈、工作关系圈以及一些业余爱好者组成的圈子，编织成了一个个人际关系网。中国人的人际关系恐怕是世界上最复杂的。圈子里套着圈子，大圈子里有小圈子，这取决于你喜欢谁，希望和谁在一起。圈子的好处是大家彼此了解，有共同的理念和志趣，由于彼此的信任，容易共同合作。圈子群体除了对人们的学习、婚姻、事业、休闲购物产生很大影响，还会对投资理财交易行为产生影响。

（1）主要群体影响。

在现代城市生活中，工作圈子应为逗留时间最长的，因此称为“第一圈子”。工作之外还有“第二圈子”。在“第一圈子”的单位同事，大家是工作关系、利益关系，但并不排斥成为朋友，有时甚至是驱动圈子更加紧密的一个原因。通常，在这种圈子里游荡的人们多数都有过身不由己的体会，但游戏规则却是大家在一起慢慢形成的，轮到你不情愿时已是无法脱身，只要你还想在这个圈子里继续待着，你就得服从这个规则。

（2）参照群体影响。

参照群体是指在一个人的态度或行为形成过程中起着直接（面对面）或间接比照作用的，或仅供参考的群体。人们常常受自己并不属于其中的参照群体的影响。营销者要努力发现目标市场的参照群体。参照群体为人们带来新的行为和生活方式，影响人们的态度和自我观念，让人们追随它。所有这些都可能影响对金融产品和品牌的选择。

如人们出于对巴菲特、彼得·林奇等理财奇才的崇拜，从事投资理财。人们心中的偶像，与演艺界的“追星”行为一样是一种英雄崇拜心理，那些被崇拜的偶像，往往被人们当作投资理财的楷模、参照系，人们追随他们的思想、理念和方法从事投资活动。

（3）虚拟群体影响。

这是基于互联网兴起而产生的新型社会群体。他们之间互称网友，通过特定的网络空间互动交往并相互影响。虚拟社会群体打破了人们交往的地域限制，不一定需要面对面也可以做到。但是也存在互动对象真实性如何确定的问题。网上群体之间的信息来源广泛、交流方便迅速，可对在变动迅速的股票市场上进行投资决策提供必要的帮助。但是虚假和诈骗事件的风险也如影随形。

社会群体对个人的影响主要是导致个人在群体中出现去个体化状态，也就是个人在群体中失去自我，而将自己与群体融为一体。这使得个人表现往往和其平时单独一个人时的表现不一样。如懈怠状态，即一个人在群体中愿意做出的贡献远比单枪匹马时少。还有，群体决策远比个人决策更愿意承担风险，倾向于接受更具风险性的替代方案，出现了责任分散现象。群体成员共同出现的场合，使个别客户更容易产生冲动性购买、支付更大购买金额、光顾更多网点。

营销学认为，社会群体对消费者的影响以三种方式体现：信息的影响、规范的影响、认同的影响。从金融的角度看，最重要的是信息的影响。在金融市场的博弈中，最重要的优势就是信息优势。当客户认为群体是一个可信赖的信息来源或该群体提供的信息具有专业性时，他会认为该信息能够增加他对产品的判断和选择的知识。出于对风险的厌恶或对金融败德行为的警惕，金融客户往往对金融机构提供的信息持一定的怀疑心态，希望能从自己信任度较高的群体中获得需要的信息。

金融客户在两种情况下特别需要来自群体的信息影响：①当金融产品的交易具有一定风险时，客户特别希望获得来自群体的信息，如在股市，人们好打听“内部”消息。第二，如果个人对于金融产品只有有限的知识和经验，如当银行向客户推荐纸黄金投资产品时，由于是新产品面世，大部分客户不熟悉，他们即使有兴趣也会先去寻求群体成员的建议，再作打算。

案例

团伙导演网络虚拟投资诈骗案，涉案金额达上千万元

近年来网络诈骗案件屡有发生，那些宣称“高级理财师教你投资”“股市不好就看原油现货”“低门槛高收益”的广告语总让人蠢蠢欲动，然而这些词的背后或许就是一个精心布置的网络诈骗陷阱。

市民蔡先生接到一个自称投资人的电话，对方告诉蔡先生，可以在家做现货原油、白银交易，方便又有高额回报。经不住对方多次来电推销，蔡先生决定尝试一下。账户开通当天，他向“交易平台”转账1万元，在“分析师”的指导下，当天获利2000多元。起初，蔡先生对这种高回报投资存有疑虑，但几次从“交易平台”提现的操作成功，他信以为真。往后数月内，他的投资金额逐渐增加，但一直处于亏损状态，而“平台工作人员”总能找出理由拒绝他的提现申请。直到蔡先生总共转入200万元的账户亏得只剩几百元后，才发现被骗，于是报警。

乐清警方接警后展开调查，发现犯罪嫌疑人的窝点位于广州。乐清刑警赶赴广州，抓获15名犯罪嫌疑人。经初步查实，该团伙作案至少70多起，被害人分布在全国各地。

在抓捕现场，警方清理犯罪嫌疑人作案工具时发现大量的银行卡、账本及骗术教程。据一名嫌疑人讲，在诈骗过程中，他们从发展客户、给客户开设投资账户、投资理财指导全部通过电话和网络 QQ 聊天进行，被害人和犯罪嫌疑人从未见面，被害人即使发现上当受骗，也无法找到他们。

据犯罪嫌疑人交代，为了让骗术看起来更逼真，他们还特意编写了几种“推销开场白”，根据不同场景分为银行切入式、谈股论金式、直截了当式等。为了让交易平台看起来更逼真，他们购买正规网页模板，搭建诈骗投资公司的网页。而客户下载的操盘软件是犯罪嫌疑人通过网上购买、留有“后门”可以篡改数据，软件上显示的虚拟盘口和价格，与正规交易平台毫无关系，整个操作全是虚假的！

2. 家庭影响

家庭是最基础的社会组织。在影响人们的价值观、态度及自我概念，乃至购买交易行为上，家庭都扮演着相当重要的角色。一个家庭的成员往往会表现出极为类似的交易行为方式。许多客户的交易行为会受到家庭成员的影响，投资理财活动有时是个人行为，有时是家庭共同行为，如住房贷款、人寿保险等。

家庭的形态会随着家庭生命周期变化而变化，进而影响家庭成员的理财交易行为。营销人员利用家庭生命周期来细分目标市场，必须了解处于不同家庭生命周期的客户需求有什么不同，了解家庭生命周期不同阶段的差异，从而设计满足不同家庭生命周期阶段的营销组合。

延伸阅读

家庭决策类型因素分析

家庭决策可以分为若干类型，如妻子和丈夫各自或共同主宰型、交叉主宰型。什么因素决定家庭主宰的类型呢？以下因素决定了夫妻之间的角色分工：

（1）性格角色的传统影响。如秉承男主外女主内的传统观念，妻子的绝对权威在厨房和厅堂，丈夫的权威则在机械、电器维修方面。

（2）配偶对家庭的贡献度。配偶的一方对家庭资源的贡献越大（如赚钱越多），则对家庭决策的影响力越大。

（3）家庭生命周期的阶段。新婚阶段较偏向共同决策，经过一段时期后，渐渐转由与该事务较为相关的人来决定。

（4）经验。当配偶的一方对于某项决策较为擅长或经验较丰富时，则其对该决策的影响力较大，或是可能被赋予权利来从事决策。

（5）社会经济地位。一般而言，共同决策型常见于中产阶级，较高或较低阶层的较少见共同决策，而偏向采取个别决策。

（6）决策的重要性。决策越重要，则越是呈现夫妻共同决定。

在家庭理财决策和交易活动中，多数是丈夫主宰型。尽管也有很精明的妻子善于理财，但对于资本市场投资和复杂的连投保险，妻子们的参与似乎不多。

（三）个人因素

1. 年龄和人生阶段

人们在一生中随着对价值的认识、财富的积累和对风险承受能力的变化，而不断改变着对金融产品和服务的选择。人们对金融产品的偏好常常与年龄有关，还受到家庭生命周期的不同阶段的影响——家庭随时间推移而不断成熟所经历的各个阶段，如单身、两人世界、三口之家、三代同堂之家等。营销者通常确定其目标市场的生命周期阶段，并针对每一阶段提供适当的产品和营销计划。

精明的上海房地产商瞄准了单身一族。因为单身一族希望在结婚之前独立拥有自己的空间，不必很大，价格适中，而“单身公寓”以其便利的交通、合理的总价、完备的物业管理体系及时尚的包装理念，受到年轻购房者的追捧，在上海热销已有几年之久，在上海楼市消费中占有重要一席。

不能忽视人生中的一些重大或偶然事件，如中彩票、继承遗产、转换职业、创业、移民、迁居、破产等。它们也可能成为左右投资理财行为的重要因素。

2. 职业

一个人的职业影响其对产品和服务的交易。最积极的理财群体是白领或富人，但由于职业的不同，他们理财的热情、态度、方式、投入多少有很大差别。人力资源专家将上千种职业按属性进行归类，将其简化为六大类型的职业：实际型——主要是各类工程技术工作和农业工作；调研型——主要是科学研究和科学实验工作；艺术型——主要是各类艺术创作工作；社会型——主要是各种直接为他人服务的工作；企业型——主要是那些组织与影响他人共同完成组织目标的工作；常规型——主要是各类科室工作。

3. 经济状况

一个人的经济状况会影响产品的选择。收入敏感型产品的营销者关注个人收入、储蓄、利率的发展趋势。如果经济指标显示将要出现经济衰退，那么营销者就要采取行动来重新设计、重新定位、重新定价。

4. 生活方式

生活方式是一个人自我概念的外在表现，即在既定的收入和能力约束下，一个人选择什么样的生活方式，在很大程度上受到自我概念的影响。生活方式就是如何生活。它影响消费行为的所有方面，因而比其社会阶层或性格更能解释对理财的态度。

（四）心理因素

一个人的交易选择行为受其需要和欲望的驱动。中国古话说得好：人都有七情六欲。所谓的“欲”，就是欲望，用心理学的术语来说，就是需要。需要和欲望都受到个人心理活动的影响，主要的心理活动要素是动机、知觉、经验、看法、态度和个性等。

1. 动机

一个人每时每刻都会有许多需要。有些是生理的，由饥饿、干渴、不舒服等焦虑状态引起。另外一些是心理的，由对被了解、尊重或归属的需要而引起。这些需要大多数没有强烈到使人在某一时刻去做什么的地步。

需要达到足够强烈的程度才能成为“动机”，即动机是足以迫使人们去寻找满足的强烈需要。当今世界普遍被大众接受的人类动机理论是弗洛伊德和马斯洛的理论。运用它们对客户分析和营销有特别的意义。

1943 年，马斯洛在《人类动机的理论》一书中提出了需要层次理论模型。他将人的需要分成了五个等级：①生理需要。如吃、喝、住等。②安全需要。包括人身与物质上的安全保障，如不受盗窃和威胁、人身不会受到伤害、职业有保障、有社会保险和退休基金等。③社交需要。人是社会的动物，需要依附于群体，人际交往需要彼此同情、互助和赞许。④尊重需要。包括要求受到别人的尊重和自己具有内在的自尊心。⑤自我实现需要。指通过自己的努力，实现自己的人生价值，从而真正感到生活和工作很有意义。

马斯洛还指出，人的需要是天生的，只有未满足的需要才能够影响人的行为。当需要被满足之后就不再是一个动机。而且人的需要按重要性可分为不同的层次，从基本的生理需要到复杂的自我实现需要。只有当人的某一级的需要得到最低限度满足后，才会追求高一级的需要，如此逐级上升，成为推动人继续努力的内在动力。马斯洛的需要理论解释了为什么在特定时刻受特定需要驱使，一些人把大部分精力放在安全问题上，而另一些人放在获取他人尊重上。但马斯洛的需要理论没有考虑文化差异对需要的影响。不同的风俗文化孕育的价值观，使各个层次动机的重要程度不一样。

在金融领域，对于人们持有货币的动机，凯恩斯的货币需求理论给出了一种解释。凯恩斯认为，人们对货币的需求出于三个动机，即交易动机、预防动机、投机动机。

（1）交易动机。经济社会中，价值、财富用货币来衡量，并用货币来交换。人们持有货币是因为所有交易都需要用货币来完成。人们交易商品和服务时，需要向出售者支付货币。货币需求量的大小与收入成正比。

（2）预防动机。未来是不确定的。因此人们除了用货币完成当期交易外，另一个动机是预留一些货币来预防未来意外事件。例如，当你途经一家名牌服装店时，有一套时髦服装吸引了你的注意力，但昂贵的价格使你望而却步，但你一转身看到一个招牌上写着“换季降价 50%”。此时，如果你持有为预防诸如此类事件的货币，就可以立即交易，否则就会坐失良机。如果在旅途中遇到汽车故障，或生病住院，预防性货币都能派上用场。

（3）投机动机。货币具有财富储藏的功能。人们有两种财产储藏形式：货币和债券。既可以用货币形式保存财产，也可以用获取利息的金融资产等形式，如债券保存资产。所谓投机，是指用货币交易债券来赚取收入的行为。人们选择哪种方式储藏财富取决于利率。当持有货币的预期回报率大于持有债券的回报率时，人们就愿意持有货币。

2．知觉

受动机驱使的人准备行动了。可是人的行动会受到他对情况的知觉的影响。在相同的情况下，有相同动机的两个人可能会采取完全不同的行动，原因是对情况的知觉不同。我们通过五个感官来获取信息——视、听、味、嗅、触，但每个人将以自己的方式来接受和解读这些信息。因此，知觉是人们收集、整理及解释外部世界信息的过程。

人们对同样的刺激产生不同的知觉的原因在于三个知觉过程的不同，即选择性注意、选择性曲解、选择性保留。

（1）选择性注意，人们有剔除面临的大部分信息的倾向。当你匆匆地走进银行营业大厅，急于取一笔现金时，营业大厅的装饰、一路摆放在柜台的业务资料、新投资产品介绍等大量的信息，甚至营业员迎上来的笑脸，你都没有在意，只注意寻找自动取款机。

（2）选择性曲解，人们以自己的思路来接受获得的信息。由于以前办理取款很顺利，所以对这家银行的服务较满意。当 ATM 显示机器故障时，你由于着急而生气，感到银行的服务水平没有以前好了。事实上，大堂外还有一台 ATM 可以用，只是你忽略了有关提示信息。然而你的不满情绪已经产生。

（3）选择性保留，人们倾向于保留能支持他们的态度和信仰的信息。由于这次不愉快的体验，你感到需要选择提供应急服务更好的银行，接着把账户资金更多地存到附近另一家你认为符合需要的银行的账户上。

如果是另外一个人，过程以及结果可能不一样。人们的知觉差异导致了不同客户交易行为的差异。

3．经验

人们在行动时也在学习，通过学习而获取经验。例如，一些年纪较大的人，为什么无视银行 ATM 的存在，而要固执地排队等待到柜台办理交易呢？因为难以熟悉交易程序、经常按错数字键、机器吞卡后需要较长时间等待、冷漠的机器不会及时告诉他问题是什么等，令人沮丧不已。他们经过使用性学习获得了机器不友好的经验，因此选择放弃机器交易方式。因此，无论 ATM 如何先进发达，银行柜台业务应该始终是重要的补充形式。而年轻人通过使用信用卡支付，获得方便、快捷、体面的经验。

4．看法和态度

通过行动和经验，人们会获得看法和态度，这反过来又会影响他的行为。看法是指一个人对某事的具体想法。态度是一个人对某个客观事物或观念的相对稳定的评价、感觉及倾向。态度不是天生的，而是后天学习形成的，看法对情感的影响不确定。

例如，对于储蓄的看法，有人认为安全、方便，有人则认为回报太低，不如买国债甚至买股票，还有人介于两者之间。有些人会因为各种原因改变原来的看法和理财方式。只有看法长期稳定了才可能形成一种态度，或通常所说的投资风格，即保守型（稳健型）——厌恶风险或回避风险，冲动型（冒险型）——喜欢或偏好风险，中庸型（折中型）——既不厌恶风险也不喜欢风险。

营销者对于人们关于某个产品或服务所形成的看法和态度的应对方式和策略有很大区别。他们对看法最为关注。因为正是这些看法构成了能影响交易行为的品牌或产品形象。如果其中有些看法不正确或对交易不利，营销者就需要开展攻势来更正它。而态度是很难改变的，往往成为个性的一部分。一个人所有的态度合成一种模式，想改变其中一个态度也许还需要相应改变许多其他的态度。因此，应对客户对金融产品的态度，最好的策略是尽量使产品适应市场而不是试图去改变市场。

5．个性

每个人与众不同的个性影响其交易行为。个性是导致一个人对自身环境产生相对一致和持久的反应的独特心理特征。个性常常用性格术语来描述，如自信、好支配他人、好交际、自主、自卫、适应性强、进取。个性也会体现在人们对自己财产管理的态度上，如根本懒得管钱、不知道钱该放哪儿好、从众跟风随大流、盲目听从专家建议、独立理性判断等。在分析特定产品或品牌的客户行为时，个性会很有帮助。近几年，金融机构不断推出各种各样的个性化产品，如存款方式、资产组合、信用卡、基金品种、保险品种等，尽量满足客户的个性化要求。因此，客户个性的识别和迎合在个人金融营销业务中十分必要。

二、个人金融交易决策过程

研究客户交易决策，实质上是研究交易心理活动的过程。假设一个客户持有 8 300 元现金。面对这笔财富，应该如何管理才好呢？解决问题的过程就是一个典型的交易决策过程。理论上将这个过程分解归纳为以下五个主要步骤。

（一）认识问题（需求确认）

就像“如何管好我的 8 300 元现金”一样，交易者认识到一个问题或需求，就开始了交易过程。需求可能由内部刺激引起，如上例，也可能由外部刺激引起，如通货膨胀或紧缩。人们出于规避风险或增值的动机而产生投资理财的需求。在这一步骤中，营销人员应了解客户有什么样的需求或问题，它们是怎样产生的，以及如何把客户引向特定的产品。

（二）信息寻找

产生了需求的客户可能会寻找更多的信息。如果客户动机很强烈而周围又有现成满意的产品，那么客户极有可能直接进行交易。如果不是这样，客户可能会把需求记在心里或展开搜寻。

有时客户仅仅是提高注意力，如注意有关广告、朋友们的使用情况以及有关交谈。也可能进行积极的信息搜寻，寻找有关书籍、打电话咨询等。搜集调查信息的工作量的大小，取决于客户动机的强烈程度、开始拥有的信息量、获得信息的难易程度、对获得更多信息的重视以及在寻找信息过程中获得的满足。

信息来源大体有四类：公共来源，即大众传媒、中介机构、评价机构等；商业来源，即广告、营销推广及人员促销等；个人来源，即家庭、朋友、邻居、同事等；经验来源，即自身的经历、体验和感觉。

这些信息来源的相对影响力随产品和交易者的不同而变化。总的来说，客户得到的关于产品的信息主要来自商业来源——被营销者控制的来源。而最有影响力的来源一般是个人来源。商业来源的信息一般告知交易者。对于经验丰富的个人，大众和商业来源的信息所起作用不大。

营销人员必须仔细识别客户的信息来源及每个来源对于特定客户群的重要性。他应该向客户询问他们是怎样知道某个品牌的、获得了哪些信息、更看重哪些信息来源。就上述持币者而言，在这一阶段如何作为，要看他本人是否熟悉金融市场、他的工作和生活圈子以及获取有效信息的能力。当他知道可能的理财产品有储蓄、国债、基金、委托理财、信托计划、股票投资、保险分红等形式后，接着就进入下一个判断选择的阶段。

（三）判断选择

客户掌握了信息后就有了评价选择的依据。然而，客户并不是在所有交易中都使用同一种简单的评价方法。实践中有几种不同的评价方法。营销者应该了解这些评价方法，从而预测客户交易行为或设计细分市场。

在对理财产品进行判断选择时，客户会考虑多重因素，如产品属性、重要程度、品牌形象、评价程序等。作为产品选择的依据，要仔细阅读下面的产品信息资料。

1. 产品属性

不同的产品有不同的属性，如不同金融产品的期限、利率或收入、成本、流动性和风险等都不尽相同。

2. 重要程度

客户根据自己的需要区分产品各种属性的重要程度。哪些属性比较重要，不同的客户看法不同，他们往往特别注意与自己需求有关的那些属性。有稳定收入者看重收益而不在意期限；有人用一段时间攒钱准备买车、买房或支付孩子读书费用等大宗支出，则看重流动性；如果对自己的未来不确定的预期较高，则看重风险和期限；有人以精于计算的投资获利为乐趣，看重的是利率、成本、流动性。因此产品属性的重要性排序因人而异。

3. 品牌形象

品牌形象是关于某个特定品牌的一系列信念。客户的信息受到自身经验和选择性注意、选择性曲解及选择性保留的影响，可能与真正的产品属性存在差异。

上述持币者可能选择银行与券商合作的集合投资产品，原因是可以避开上次经历不愉快遭遇的银行，这次重新选定的银行正在热情周到地挽留他，起劲地解释为什么集合投资产品比储蓄产品优越。至此，持币者有了可以进行分析判断的信息材料，并形成初步印象，开始进入最后一个程序。

4. 评价程序

客户通过某种评价程序而形成对不同品牌的态度。人们发现不同的客户在不同的交易决策中会使用一种或几种评价程序。客户依靠感兴趣的产品属性，如质量、操作方便程度、尺寸大小及价格，形成关于不同品牌在不同属性上的性能的看法。如果进一步了解客户对有关因素的看重程度，就能较为可靠地预测交易选择。

假定上述持币者综合评价后圈定的几种比较接近的投资产品为集合投资、一年期储蓄存款、一年期通知存款、开放式货币基金。因为对国债行情看好，他选择了开放式货币基金。尽管预期收益有一定程度的不确定性，但是远程交易的便利可以使他在市场变化之初，通过电话交易渠道及时套现，调整投资策略，再选择其他更合适的产品。

除了像上述理性客户，对交易产品做仔细估计和逻辑思考外，还有一些冲动型客户，几乎不做评价，凭感觉交易。此外，一些客户倾向于自己做出交易决策；一些客户则会谨慎地向朋友或销售人员进行更多的咨询。

营销人员应研究交易者在实际中如何评价可供选择的品牌。如果了解评价如何进行，就可以采取行动来影响交易者的决策，还可以努力改变交易者对产品属性的考虑顺序，或改变不同属性的重要程度。

（四）交易决策

在选择评价步骤中，客户对不同产品进行了排序并形成了交易意向。但在交易意向和交易决策之间还会受到三个因素的影响：他人的态度、预期环境影响、非预期环境影响。因此，倾向性甚至交易意向并不一定总是引起实际的交易选择。继续看上述产品选购案例，即使持币者已经做出购买开放式货币基金的决定，但只要没有最后实施交易，就仍然可能改变决定。意外事故、重大政策变化或社会事件，甚至家人或好友的一句话都可能会改变他的主意，使他在产品选择序列中寻找第二方案：一年期储蓄存款或通知存款。

（五）交易后行为

产品完成交易后，营销人员的工作并没有结束。交易后，客户可能满意，也可能不满意，并产生交易后行为。是什么决定客户对交易满意还是不满意？答案在于客户对产品事先的期望和实际的感知之间的比较。当客户的感觉好于期望时则大喜过望，当感觉低于期望时则是失望，当感觉接近期望时产生的是满意。

客户不满意的情形除了自身的认知原因外，有时还与销售者夸大产品和服务性能、拔高客户期望有关。销售者应诚实地描述产品和服务的性能。聪明的销售者甚至会适当压低性能水平的描述，通过缩小期望与感知的差距来提高客户对产品和服务的满意度。如集合投资宣传资料上承诺回报率在1%～3%，而实际上底线至少可以达到2%以上。

任务二　机构金融行为分析

企业客户在制订金融决策时会受到许多因素影响。虽然经济因素的作用较大，但是也会掺入一些个人因素。工商企业客户一面是冷酷、精于计算、毫无人情的，另一面则是具有人性和社会性，既有理性也有感性的。

一、工商企业金融行为的影响因素

（一）个人因素

个人因素包括年龄、教育、职位、个性、风险态度等。在企业购买决策过程中，每个参与者都会把自己个人的动机、理解和偏好，甚至感情带进来，每个因素的影响及相互作用程度，取决于其年龄、收入、教育、职业、个性以及对风险的态度。许多营销人员善于利用个人因素，通过长期交往建立友情，达到交易目的。有时候，枯燥的数据和深奥的技术难以吸引和打动客户，而发现并与之发展共同的观念、爱好、情趣、好感，或施展独到的人文关怀，可以迅速拉近彼此的距离。这是许多银行、券商、保险公司的客户经理常常成为客户机构内重要人物的朋友的重要原因。

此外，还有客户的风格。技术型的客户往往要把各方面情况分析透彻以后再做决定；而直觉型的客户总是从与对手的谈判交往中争取优惠交易合同。

（二）人际关系

人际关系包括交易对手及其影响人群的权威、地位、同感、说服力等。购买过程有许多参与者，他们之间的相互作用会影响商业购买行为。仔细观察辨认参与者的角色及重要程度和他们彼此影响的程度，是商业营销人员的重要技能。有时候，重要角色是不露声色的、幕后的，观察和识别关键人物是营销人员关注的重点。金融产品营销的主要对象通常是财务部门负责人和分管财务业务的公司领导。例如，向一家集团公司总部推销新一期国债，涉及的人员是财务科投资账户管理人员、财务科长、处长、公司分管领导和总裁。最高领导有一票否决权。人与人之间的关系微妙复杂，难以言喻，尤其在东方文化背景下，更需要用心经营。

（三）办事规程

办事规程包括企业目标、政策、组织过程、办事系统等。从事购买的机构都有自己的目标、政策、程序、结构以及系统（包括授权和流程）。营销人员一定要了解这些因素，要努力掌握的信息包括：哪些是购买决策人？评价标准是什么？以什么政策购买本公司的产品？

案例

长期国债营销

新一期长期国债发行，销售者向某家集团公司总部推销，假设这家集团公司总部的资金配置目标是以资产多元化的低风险获取最大利润。国债推销信息进入公司之时就是投资项目内部程序开始之时：账户管理员对国债发生兴趣，准确传递信息；科长与他一样，希望在保持资金流动性的同时增加收益；处长对全公司的资金总量通盘考虑，决定是否上报公司领导，并参与公司决策；公司领导开会讨论评价投资利弊（公司投资评价的标准主要是投资回报、风险程度、服务与信息），财务处长的意见举足轻重；最后决策权在总裁或董事长手中。他们因在公司的实际地位不同而作用不同，最初的接触者往往对决策的影响程度有限。营销人员不能仅限于了解这些情况，还要善于利用这些信息，为公司客户提供帮助。例如，在推销国债的同时，为客户设计配套的集团账户集中管理模式，以加快企业资金周转和使用效率。销售者的成功应该建立在旨在让购买者成功的努力上。

（四）环境情况

环境情况包括需求水平、经济形势、资金成本、技术进步的速度、政治及法规发展、竞争情况等。组织购买者总是处于某种经济大环境的影响之下，如消费需求兴旺或低迷、经济周期上升或停滞、利率水平高或低、资金充沛或紧缺、政府财政金融政策宽松或收紧等。在经济繁荣、资金宽裕、利率较低的时期，企业更多地选择借贷融资方式。

目前日益突出的是材料和能源紧缺与环境保护问题，各国节能环保意识增强，这对购买行为的影响越来越多地体现在：希望囤积稀缺原材料，尽量节约能源、有益环境和有益身体健康的绿色材料的推广使用。

此外，技术普及程度、竞争对手的动态、文化差异的影响也十分重要。

二、工商客户金融决策过程

工商企业对于新的金融交易决策过程比较复杂，周期较长，而重复交易的决策过程则相对简化。无论哪种形式的交易，都要通过制订有关规章制度才可以确保实现购买目标。机构复杂的采购过程可以归纳为七个主要步骤，即问题确认、需求和条件说明、寻找融资机构、要求报价、选定融资机构、交易契约及细则的制订、表现回顾。为了便于说明，这里特别选择一个决策程序复杂、耗时很长的股票发行例子，对企业融资决策程序逐步进行分析。

（一）问题确认

购买金融产品往往起因于某企业高层意识到可以通过获得某种特定的金融产品和服务来满足公司某方面的需求，或解决某个问题。这种意识的产生可能来自内部或外部等各个渠道传来的信息刺激，如企业资金经常捉襟见肘，失去一些商机，或股票市场一些企业家快速致富的“故事”，或银行、券商、私募基金等营销者提供的融资服务信息，提醒他注意潜在问题，并展示它们的产品如何能解决问题。

例如，一家企业从比较分析中发现，实力相当的竞争对手的资金利润率比自己高出几个百分点，原因是其财务成本较低。这个信息刺激可能使它萌生发行股票进行直接融资的动机。因为财务杠杆数据表明，股本融资可以减少借贷资金，降低利息支出。由此产生了在股票市场发行股票的需求。

（二）需求和条件说明

需求确认后，公司要说明自己的需求，列出所需的产品特征、数量、规格、服务要求等。还要按照股票融资的专业术语描述自己需求的具体特征与数据，如“扩大企业资本金20%，通过向公众募集的方式，发行普通股 100 万份，每份面额 1 元；预计半年后上市流通”。符合专业的表述，有利于提高在业内与专业人员沟通和交流的效率。

（三）寻找融资机构

股票发行与上市必须按规定由证券公司担任主承销商。许多具有主承销商资质的证券公司都设立了投资银行部，为需要发行股票上市融资的公司提供专业服务。需要融资的公司在众多的投资银行中努力寻找服务最好的。一些企业对于证券业务和股票市场比较陌生，而产品即服务复杂和昂贵，寻找需要花较长的时间。公司获得投资银行信息的渠道可以来自人们的口碑、机构相互推荐、宣传册、券商上门推销等。在我国，很多时候是证券公司投资银行业务人员选择合适的潜在公司上门向客户推销。公司对数家有意向的投资银行进行比较选择。可以从资产规模、发行上市业绩、业界口碑、人员素质、服务承诺等方面进行比较，确定了两三家证券公司备选后，就准备进入下一阶段。

（四）要求报价

这是企业金融营销的一个重要阶段。公司请“入围”承销的券商提出服务报价，要求提供详细的书面报告或正式的口头陈述。证券公司在提出报价之前进行充分研究，要讲究书写与提交报告的技巧。报价报告不仅仅是技术文件，同时也是营销文件，要通过书面或口头表达，使自己脱颖而出，比如，提出有吸引力的项目预期承诺、较高的定价、包销、降低承销佣金或提供搭桥贷款等。为了争取这家企业的业务，证券公司还要利用种种方法充分展现自己作为财务顾问的专业素质、与众不同的人才优势和历史业绩；为企业设计合理的财务结构、融资方案，提供项目管理、理财、服务承诺等，不仅支持当期的经营管理，还要维护企业长期的可持续发展，力图使客户从满意变为忠诚，使企业对其收费感到“物有所值”。

（五）选定融资机构

公司选择金融机构时，常常采用基本要素列表法来显示它们的相对重要性。调查显示，选择金融机构最重要的影响因素有优质产品和服务、方便快捷、有道德水准、诚实的沟通和有竞争力的价格。其他关注的因素还包括售后服务、技术帮助和支持、地理位置、过去的业绩及声誉。拟融资公司收集整理若干证券公司的报价资料，逐一列出各家证券公司各项素质指标，通过比较排序得出当地一家颇有名气的证券公司列于第一。谨慎的公司在做出最终决定之前，可能还会找排序第二、第三名的券商谈判，以争取更有利的价格和条件，直至最后确信仍然还是排序第一的券商为最佳供应商。接下来便进入合同条款谈判阶段。

（六）交易契约及细则的制订

详细的产品与服务项目清单对于交易双方都是必要的。尽量争取签订长期合作的一揽子服务计划，可以节约金融机构重复交易的谈判费。银行的客户授信往往以一年为限，如果其间发生还旧借新，只要在授信额度内，就不必再谈判签约，信用额度可以循环使用。股票融资合同的重要内容应该包括股票发行数量、筹资金额、发行和上市的时间和地点、投资银行服务内容、收费金额和方式等。在谈判期间要就其中的细节和规定进行细致而有效的推敲，通过讨价还价等过程达成双方认为合理的交易约定。

（七）表现回顾

在完成交易一段时间后，客户将会回顾金融机构的表现，评价产品和服务是否与承诺相符，是否应该继续维持与这个机构的关系。金融机构应该收集这些评价意见，及时沟通，消除某些误会，改进产品或服务，必要时调整原定合同条款，提高客户的满意度。

项目小结

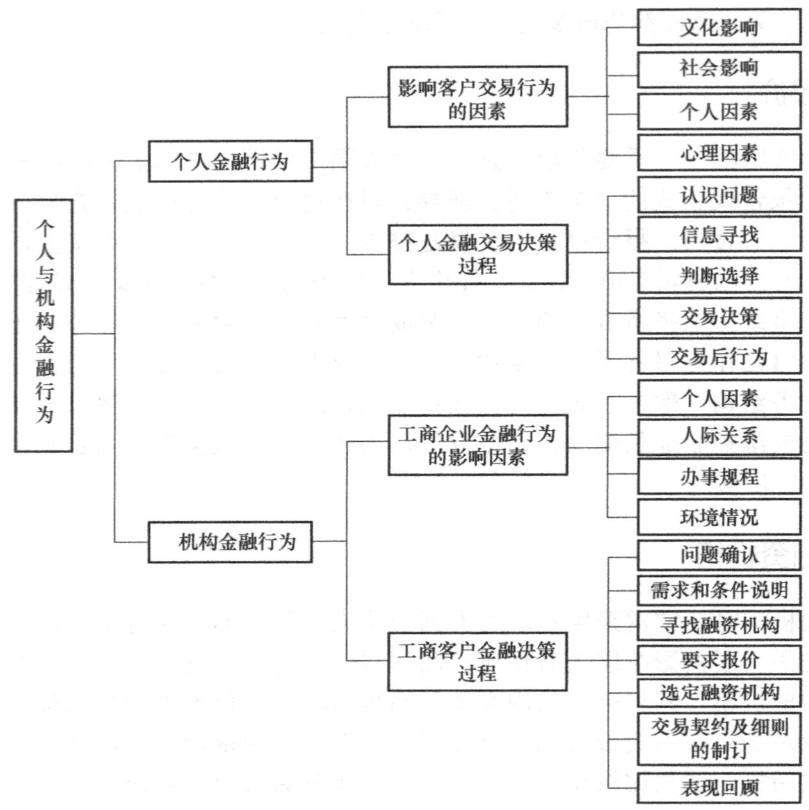

同步练习

一、单项选择题

1. 主流文化是引发人们的愿望和行为的（　　）原因。

   A. 次要　B. 非主要　C. 根本　D. 一般

2. 以下不属于亚文化群体的有（　　）。

   A. 上班族　B. 中小业主族　C. 老年族　D. 积极理财者

3. （　　）是足以迫使人们去寻找满足的强烈需要。

   A. 动机　B. 知觉　C. 经验　D. 个性

二、多项选择题

1. 群体影响主要包括（　　）。

   A. 主要群体影响　B. 参照群体影响

   C. 虚拟群体影响　D. 家庭影响

2. 人们对货币需求的动机主要有（　　）。

   A. 交易动机　B. 预防动机　C. 社交动机　D. 投机动机

3. 投资者在对理财产品进行判断选择时，会考虑以下（ ）因素。

A. 产品属性 B. 重要程度 C. 品牌形象 D. 评价程序

4. 公司选择金融机构最重要的影响因素有（ ）。

A. 优质产品和服务 B. 诚实的沟通

C. 有竞争力的价格 D. 地理位置

三、简答题

1. 主要有哪些因素影响客户交易行为？
2. 用马斯洛人类需要理论解释金融需求。
3. 影响企业金融交易决策的主要因素是什么？
4. 工商客户交易决策分哪几个阶段？

实训项目

【实训目的】

从客户角度体验购买银行产品或服务的决策过程，掌握客户决策过程分析方法。

【实训内容】

1. 要求学生以购买金融产品或服务的客户角色，在做出购买决策前，进行有关信息搜索，然后进行信息分析，比较不同金融机构同类产品的性价比，最后做出购买决定。

2. 对拟购买的产品或服务，至少选择五家金融机构的同类产品，搜集将影响购买决策的重要信息，并整理列表，以备分析。

3. 与周围同学分享信息和自己的初步决策意向，听取同学的意见，综合考虑自己的需求与旁人的意见后，做出购买决定。

【实训方式】

1. 按8～10人分成一个小组，每个小组推选一名同学为组长。

2. 每个小组选择一类金融产品进行调查。

【实训报告】

撰写实训报告，分析哪些产品或服务属性在选择评价时起作用，按它们的重要程度进行排序。

项目五　金融客户关系管理与维护

学习目标

知识目标

- ☑ 了解客户关系管理的基本含义
- ☑ 掌握客户关系管理的流程
- ☑ 理解客户忠诚度管理
- ☑ 掌握客户关系维护的基本方法
- ☑ 理解客户合作关系
- ☑ 掌握金融服务危机处理的方法

能力目标

- ☑ 能够采用科学方法进行客户关系的管理与维护
- ☑ 能够运用所学知识处理金融服务中的危机

素质目标

- ☑ 建立客户关系管理与维护基本理念
- ☑ 科学地看待和应对客户关系
- ☑ 具备良好的与金融客户沟通交流的素养与能力

项目引例

光大银行的客户关系管理

2010 年，光大银行专门成立客户发展委员会，全面负责推进实施客户发展战略，调整优化客户结构，具体包括研究、推动客户发展，定期开展客户分析、挖掘和满足客户需求，推进行业模式化经营的发展，推动资源整合、促进联动营销、交叉营销、沟通协调客户发展中的问题，督导、检查相关政策和措施的落实情况等职责。

为了将客户发展工作落到实处，光大银行采取了一系列动作：

1）在全行经营指挥棒——机构平衡计分卡上设置专门指标，严格考核当年有效客户增长数量。

2）全面清理、分析已有客户情况，努力建设客户分类管理体系。

3）全行公司条线、零售条线分别组织客户发展竞赛，并按月通报进展和排名情况。

4）实行首席营销官制度，强化高层营销，推进银企高管互动，深化银企关系。

5）及时编发客户工作资料，供全行学习、参考、使用。多管齐下，光大银行客户发展工作渐入佳境。

从客户出发打造流程银行——转变思维方式，从打造以银行为出发点的工作流程转变为以客户为出发点的工作流程。2010 年上半年，总行建行以来第一次全面梳理各项业务审批流程，在全系统公开公示 115 项，一切都是在防控风险的前提下为客户提供更简便的服务。随后，全行上下在总行的统一部署下，全面清理业务流程、办事程序，并实行行务公开措施，以提高效率，方便客户。

引例分析：当前金融业竞争激烈的一大原因，在于各家机构的产品和服务基本趋同。在同质化竞争时代，如何通过对市场的差异化理解，有所侧重地发展、维护、巩固客户关系，争夺被其他机构忽略或者不愿涉足的领域，成为一家金融机构经营管理的新思考。本章主要为大家介绍金融企业客户关系的管理与维护，在竞争日益激烈的金融产品与服务领域，金融机构该如何建立发展、维护和巩固客户关系，从而在强手如林的市场竞争中赢得更多的客户。

任务一　金融客户关系管理

一、认识客户关系管理

金融企业的市场营销活动有很多种类型，其中，关系营销在其全部营销活动中具有非常重要的地位与作用，金融企业客户关系管理是金融营销管理的核心与客户管理的主题。随着我国资本市场、产权市场、民间融资以及金融机构总量的不断扩大，企业和个人客户面对金融服务时的选择余地越来越多。我国的金融企业不可避免地由卖方市场向买方市场转变，金融企业要生存和发展，就必须实现从以产品为中心到以客户为中心，进而实现以客户满意为中心的转变，真正从行动上重视客户，加强客户服务过程中的成本管理，通过研究客户需求和行为习惯，为之提供一站式、差别化和个性化的服务，在为客户创造价值的同时，提高单位客户的投入产出比。

（一）客户关系管理的基本概念与内涵

客户关系管理（Customer Relationship Management，CRM），是关系营销的核心，它是一种商业管理策略，通过使企业组织、工作流程、技术支持和客户服务都以客户为中心来协调和统一与客户的交互行动，达到保留有价客户，挖掘潜在客户，赢得客户忠诚，并最终达到获得客户长期价值的目的。

1. 客户关系管理的核心是客户价值

在对客户的识别、保留和发展的整个生命周期里，对客户价值的判断始终是贯穿其中的核心问题。这种价值判断包括两个方面：一是企业对客户提供的价值的评价，即“客户价值”；二是客户对企业的价值贡献的评价，即“客户价值”。客户管理的实施过程是一个使客户关系增值的管理过程。企业只有为客户提供优于竞争对手的价值，才能获得该客户的货币投票；客户只有能够为企业带来利润，企业才会为其提供与之相称的产品和服务。

2．客户关系管理是对客户终生价值的关注

客户关系管理强调的是企业与客户长期的价值互动关系，最大化长期互动关系的效用，实现客户与企业的双赢。就企业而言，客户终生价值的重要性表现在：客户关系持续时间长，客户价值就越高；客户关系持续时间越长，客户的转移成本就越大，增大客户的保持率就会给企业带来收益的增长。对客户而言，客户关系持续的时间越长，企业对客户需求的学习程度就越高，更易于提供高价值的问题解决方案。

3．客户关系管理是一种动态管理

客户关系管理是集中于价值客户的获取、保留和发展的动态管理。由于客户关系管理关注的是终生价值关系，因此，对客户的选择，显得尤为关键。客户关系管理并不是对所有客户不加区别的对待，而是不断为价值客户提供优厚的价值服务，并从价值客户得到卓越回报的一种有选择性的价值交换战略。

4．客户关系管理是对客户资产的增值管理

客户要成为企业的无形资产，必须具备两个必要条件：①企业与客户之间有事实关系存在。②企业有数据和文件记录来保证双方之间的双向沟通。显然，客户关系管理的实质就是对企业客户资产的增值管理。

5．客户关系管理强调对客户的全生命周期管理

客户关系管理所提倡的关系型营销较之以产品为中心的交易型营销的重要特点就是其更加关注客户长期价值，而不仅仅是短期利益。客户全生命周期管理的目的就是实现其终生价值最优，客户全生命周期管理的核心就是全生命周期客户价值管理。

（二）客户关系管理的起源与发展

客户关系管理是由美国著名研究机构 Gartner Group 在 20 世纪 90 年代最先提出的新兴营销战略。由于市场竞争的加剧和开发新客户造成的销售成本不断提高，企业开始留意长期客户关系对于企业的重要性，企业的营销模式也随之从传统的“市场占有率”为导向的营销模式，转向了“客户占有率”为导向的新型营销模式。

在以“客户关系管理”为核心的企业中，客户不再仅仅是营销的目标和对象，而是营销的参与者，是启动和控制营销的决定者。客户是企业最为重要的战略资源，是企业利润的源泉。客户关系管理的目的就在于帮助企业与客户建立一种互动的友好关系，把客户培养成能够给企业带来价值的优质客户。客户关系管理的产生基于以下背景。

1．成长的极限

在新时期，人口增长速度将趋于缓慢，人口数量将保持相对稳定。在这种新形势下，企业追求客户数量的增长已经不可行，取而代之的应该是追求客户质量的提高。为了达到这一目标，企业就必须重视客户关系管理。

2．竞争的激化

随着中国加入WTO，市场竞争不但日益激化，更是在全球范围蔓延开来。金融服务企业经营者们逐渐发现竞争者带来的巨大变化：一些曾经站在行业顶端的金融服务企业发现自己不再优秀，而另外一些金融服务企业则发现自己的处境更加艰难。为了能在激烈的竞争中脱颖而出、屹立不倒，金融服务企业不再单纯依靠差异化营销等老一套的做法，转而将成功的希望寄托于对消费者高度的关切，并发展突破的工具与技巧，将与客户的关系扩展至最大。

3．科技的发展

电子商务的发展和信息技术的日新月异，一方面使消费者可以极其方便地获取各种信息，从而大大增强了其选择性，掌握了消费的主导权，这使得客户关系管理变得尤为重要；另一方面，科技的发展也为客户关系管理提供了强有力的技术支持，使这一理念的实现成为可能。

4．消费观转变

随着卖方市场向买方市场转移，如今消费者的消费价值观已经从理性消费及感性消费时代过渡到了情感消费时代。金融服务企业逐渐意识到客户买的不只是产品，他们买的是“经验”，他们更看重在整个购买过程中的愉悦感受，尤其是产品的附加价值。以客户关系管理为导向的企业战略正可以满足情感消费时代消费者的价值需求。

（三）客户关系管理的意义

实施客户关系管理战略对于金融企业的意义在于以下几个方面。

1．提高客户忠诚度

这是客户关系管理对于金融服务业而言最大的意义。尤其是在当今市场疲软的状况下，追求客户忠诚度更是金融服务业中永不过时的真理。

提高客户忠诚度：①可以给企业创造出更多的利润与销售业绩。②可以降低客户的损失率，即减少客户的流失。③可以增进企业与客户之间的情感和交流，拉近营销人员与客户之间的距离，从中了解客户的真实需求以及需求变化，把信息及时反馈给企业，从而为客户提供合适的服务，更好地满足客户需求。

2．增强金融企业的核心竞争力

新世纪企业竞争的根源即对客户资源的争夺，如果一个企业能够比竞争对手先一步与客户建立起良好的互动关系，真正关怀客户，使他们从本企业获得较高的满意度，那么它就可以在竞争中立于不败之地。因此，客户关系管理作为企业的竞争优势之一，就成为企业的核心竞争力。一个企业与客户之间的关系越坚固，它在行业中的地位就越稳固。

3．提升销售业绩，增加利润

企业致力于客户关系管理，一方面可以留住老客户，使客户重复惠顾，增加购买次数与购买金额。这意味着由竞争对手处获取市场占有率，从别人的手中赚取营业额。调查显示，企业80%的销售业绩来自20%的老客户，而一个老客户可以比一个新客户为企业多带来20%～85%的利润。另一方面，客户关系管理可以为企业赢得口碑宣传，在美国，20%～40%的金融服务企业新客户是通过老客户推荐赢得的。

4. 降低营销成本

相对于老客户的维护，新客户不仅开发费用高，而且成交机会也较少。而向一位企业原有客户推销产品或服务的成交机会则要高得多。因此，企业必须采取措施尽最大努力留住客户，防止客户的流失。若是流失一名最好的客户，企业要花费多倍的精力去寻找一名替代客户，或者要找到更多的普通客户来弥补业绩和利润的损失。

5. 提高金融企业对市场的灵敏度

客户关系管理的前提就是要了解客户，时刻关注客户的需求变化、客户对产品的满意度，经常征询客户意见，把客户的反应都及时向企业反馈。企业对市场信息的反馈越及时，就越能有效解决客户的问题。更好地服务客户，最关键的地方在于能够挖掘潜在需求，开发出客户乐于接受的新产品或服务项目。

二、客户关系管理流程

金融企业实施客户关系管理，首先要推进组织再造和业务流程重构。通过内部组织再造，整合内部资源，建立适应客户营销战略、职能完整、交流顺畅、运行高效的组织机构；同时以客户需求挖掘和客户需求满足为中心，实现业务流程重构，强化企业与客户之间的互动关系，做好产品销售服务工作及产品创新工作。

（一）制订客户关系发展战略

金融企业客户关系管理的首要任务是制订客户关系发展战略，即结合企业自身在市场上的优势与劣势、自身的人才和技术储备、所在地区的金融环境、人口素质等因素制订本机构未来若干年内发展客户关系的指导方针。客户关系发展战略的制订应建立在对现有的和潜在的客户群充分了解的基础上。

（二）客户信息收集与整理

企业必须对现有的和潜在的客户群进行摸底，了解客户群在信用、收入、年龄、职业、学历等维度上的分布，了解不同的市场环境下，各个客户细分群的消费倾向和消费心理的变化趋势。比如，行业精英人士、城市白领、创业人士、公务员等不同职业的人在金融服务需求上存在着明显差异。只有对客户和市场的情况有了充分的了解，金融企业才能在为客户设计服务流程时，更有目的性和侧重性。

1. 客户信息的分类

客户信息有不同的划分，按照是否与客户直接相关，分为微观和宏观两个维度，前者包括客户的居民非居民标志、家庭成员结构、所从事的职业和职务、家庭收支情况、资质学历等；后者包括客户所处行业景气指数、经济景气指数、物价指数、国家和地方社会保障政策的完善程度等。按照信息是否可以量化可以分为定性信息和定量信息，前者包括客户的资信评级、与本企业关系紧密程度、在其他金融机构所获得的授信情况等；后者包括客户的联系方式、日均存款额、在本企业的授信总额、已使用本企业服务的数量和种类，以及与本企业的交易频率和交易渠道等。

2．客户信息获取的渠道

客户数据获取渠道包括客户访谈、征信系统、征信平台、本企业业务系统中的客户历史交易数据等。在数据获取之前，需要根据企业期望通过分析数据达到的目的，从成本和可行性角度考虑，挑选出那些企业认为最重要的指标，并在数据收集的过程中去伪存真。例如，商业银行可以充分利用电话呼叫中心、E-mail、ATM、网上银行等信息技术手段收集客户数据资料，然后依靠数据仓库技术，为每位客户建立一套科学、系统的信息资料档案，详细记录客户的基本情况、消费特点、风险偏好、行为变化等信息。

（三）客户细分

客户信息收集整理完成后，下一步是对目标客户群进行进一步的分类，分类的结果是各个细分的客户群具有更多的共性，而不同的细分群之间存在明显的差异。这样企业为细分的客户提供服务时，不仅更具有针对性，还可以综合采取营销和客户维护等手段促使客户实现从低价值群到高价值群的转换。

案例

First Union 的 Einstein 系统

1994 年 4 月，美国的三家银行联合在互联网上创建了美国第一联合国家银行（First Union National Bank），是得到美国联邦银行管理机构批准，在互联网上提供银行金融服务的第一家银行，也是在互联网上提供大范围和多种银行服务的第一家银行，其前台业务在互联网上进行，后台处理只集中在一个地点进行。该银行可以保证安全可靠地开办网络银行业务，业务处理速度快、服务质量高、服务范围广。First Union National Bank 于 2001 年与 Wachovia（美联银行）合并，后于 2010 年，Wachovia 与 Wells Fargo（富国银行）合并。First Union National Bank 的客户服务中心曾经采用一套能在计算机屏幕上用颜色给客户的等级进行区别的数据库系统。例如，红色标注的是不能为银行带来盈利的客户，对他们不需要给予特殊服务；绿色标注的是能为银行带来高盈利的客户，需给予额外的服务。

案例

汇丰银行对客户的分类依据——全面理财总值

汇丰银行以“全面理财总值”为依据，对客户进行分类。

1）顶端客户。这个类别中的客户的全面理财总值超过 10 亿港元。他们是汇丰卓越理财客户，也是占汇丰个人理财部门客户总数 5%的那部分价值最高的客户。

2）高端客户。这个类别中的客户的全面理财总值超过 100 万港元。他们也是汇丰的卓越理财客户，客户价值位于顶端客户之后，占总人数的 15%。

3）中端客户。这个类别中的客户全面理财总值超过2万港元。他们是汇丰的运筹理财客户，占总人数的60%，是个人理财部门比例最大的一个客户群。

4）低端客户。这个类别中的客户的全面理财总值在2万港元以下。他们是个人理财部门的常规客户，占总人数的20%。

5）不活跃客户。这些客户的账户处于“休眠”或者“结清”状态。“休眠”账户指那些2年甚至更长时间没有使用过的账户。“结清”账户是指客户申请结清的账户。

6）潜在客户。这些客户使用汇丰银行别的部门的产品，如公司理财。银行内有他们的一些数据，并且和他们保持着联络。

7）怀疑对象。这是其他银行的客户。汇丰搜集他们的有关数据，但还没有与他们联系过。

通过精确的客户分割，汇丰银行的目标是保持活跃客户，争取准客户，想办法吸引潜在客户。汇丰银行深知保留老客户特别是中高端客户对于公司盈利的重要意义。这不仅是因为保留老客户相对于吸引新客户的低成本，更因为公司80%的利润来自于占客户比例20%的高利润率客户（顶端、高端客户）。通过CRM系统，汇丰银行可以知道主要客户是谁。汇丰银行为高利润客户提供一种特别的银行服务，称为卓越理财客户。无论在世界任何地方，卓越理财客户都享有尊崇的地位、优质的服务和丰厚的礼遇。他们拥有个人的客户关系经理或者专门的执行团队，随时准备提供财务解决方案以满足他们的需求。

（四）客户行为分析

客户消费行为分析有助于帮助企业了解客户在接受服务的过程中最在意哪些方面，指导企业服务流程设计或营销活动的开展。企业还可以根据客户消费行为的异动来预测客户流失的可能性，进而为有针对性地开展客户维护活动提供参考。可见，客户消费行为分析在客户关系管理全流程中占有重要的地位，客户细分为其前提，客户营销、客户维护为其实际应用。

案例

AIB银行对客户的行为分析

AIB银行是爱尔兰最大的银行，它依靠IBM的职能挖掘软件成功地从大量的交易数据中挖掘商业信息以指导银行的经营活动。IBM职能系统通过收集客户在银行ATM交易的频率、金额、ATM在一天中不同时间被使用的频率、ATM交易被拒绝的原因等信息来预测客户欺诈的可能性、客户接受银行新产品的可能性，分析客户给银行带来的利润大小，从而指导银行开展多样化的营销服务。

（五）形成客户决策

针对客户的不同特征和购买意愿，对客户的需求、愿望和潜在风险等信息形成全面掌握，在满足客户需求与愿望、降低风险以及确定客户价值等方面制订更好的决策。

案例

花旗银行的CRM系统

案情：花旗银行多年来一直稳坐全银行业头把交椅，是公认的全世界最好的、最成功的银行，也是全球国际化程度最高、综合化程度最高的银行。曾经有人评价花旗银行：凡是有钱可赚的地方，花旗都去了；凡是能够赚的钱，花旗也都赚了。花旗银行的金融产品服务涉及从消费银行服务到信贷、投资银行服务，以至保险、经纪、资产管理。花旗银行建立了一个横跨六大洲的网络，利用最先进的科技，针对每个市场的运作进行深入的了解，透过花旗银行的环球网络，运用遍布世界各地分行或办事处的人力、管理及财力资源，从而为各个市场的特殊需求提供最佳的方案。所有这些金融服务实力非任何其他金融机构可以比拟。花旗银行最具有创新意识的方式之一，就是在市场拓展方面，它所采用的数据库营销与众不同。正是借助 CRM 系统，使得与客户的关系更加密切。

CRM 系统是一个庞大的信息库，是花旗银行的“百宝箱”，它主要包括客户的基本信息，如姓名、性别、职业、偏好、交易行为、什么时候使用了它们的产品、交易时间有多久等。统计分析资料，包括客户对银行的态度和评价、信用情况、潜在需求特征等。银行投入记录，包括银行与客户联系的方式、地点、时间、客户使用产品的情况等。数据库的基本资料不仅靠人工输入，还在客户使用银行产品的过程中，自动被数据库记录下来，减少了信息调研所付出的人力资源。CRM 系统还具有职能挖掘功能，这也是 CRM 最重要的功能，是 CRM 根据所储存的客户信息，进行综合分析，从而发现客户、与客户进行良好沟通。这种分析和沟通相对于人的大脑来说，在速度和准确度上都有很大的提高，这就为花旗银行的营销节约了大量的人力物力。从客户存在花旗的第一笔款或更早的时间开始，他就是 CRM 系统的一名客户了，客户的一举一动都难逃它的眼睛。客户刷了多少钱、刷了多少次、贷了多少款、贷款做什么，CRM 都一清二楚。

每个人都有一些消费习惯，这些习惯也会被 CRM 捕捉到，它可以根据一点点蛛丝马迹，分析预测客户的消费倾向，以便及时跟进营销活动，选择合适的产品推荐给客户。“如果我们看到某个客户在分期付款购买汽车时很快就要付最后一笔款时，我们就可以根据客户的消费模式预测这位客户很有可能在六个月之内再购买一辆车。于是我们便可以及时准确并且抢先让这位客户知道，我们银行会有特别优惠的汽车贷款利率给他。我们便会马上寄去银行购买汽车分期付款的宣传品。”花旗银行 CRM 能够透视到你口袋里有多少钱，或者将来会有多少钱，凭此它可以判断你的钱会给银行生出多少利润。根据这个判断，CRM 会帮助银行进行取舍。识别客户是否盈利，盈利多少，由此来区分庞大的客户群，只有 CRM 才能做到。作为盈利客户你一直忠贞不贰地与花旗银行保持联系，CRM 同样会了解这一情况，它会通知银行给你折扣、奖励等优惠，这会让你感到忠诚对于客户来说也同样是有益的，尤其是在你还没有感到这一点的时候，花旗银行的做法会带给你一个惊喜。

花旗银行在经营个人金融业务的过程中，注重进行客户分层和产品市场定位，向优质客户提供更完善、周全的服务。例如，在花旗银行上海浦西支行，营业厅分为两层，一楼是“一对一式”的理财咨询柜台和贵宾服务间，现金柜台在二楼。这种布局显然表明了花旗银行的细分市场与目标市场的不同。现金的存取款不是银行主业，多元化投资理财才是银行着力培养的市场。那些只想存取款的客户只好每次都要“费力”地爬二楼，而那些有足够财力进行投资理财的，就可以接受花旗银行理财顾问的面对面服务，存款大户更是可以进入更为私密的单间选择更为细致的服务。花旗银行对“百万富翁”级的客户，实行“三对一”服务，即客户经理、基金投资经理和外汇投资顾问为其服务，后又改为“四对一”，即在原来的基础上再增加一名理财助理，可见其对优质客户的重视程度。

分析：从花旗银行的个人金融业务可以看出其特点：以差别服务为特色，以先进的计算机设备和软件为依托，由银行专家型人才根据客户需求，对各种个人金融产品进行有针对性的业务组合和创新，产生满足中高层个人客户资产增值、保值及安全、方便投资需求的一种个人综合金融产品。花旗银行在数据库营销、客户管理方面的优势，主要体现在以下三个方面。

1. 客户服务理论的深度研究

为了实现对客户的最佳服务，花旗银行认真研究了客户消费心理。客户活动周期这种模式涵盖了客户购买前、中、后期所进行的全部活动。研究客户活动周期的过程是描绘出客户追求他们想要的结果所经历的几个关键增值阶段，然后对每个关键阶段的增值机会进行评估。

2. 灵活分析客户的需求变化

花旗银行发现，超凡的投资技巧和卓越的投资效果正是客户对银行不断加码的要求。花旗银行开展网上服务后，便要求其客户提供所有相关信息，然后立刻输入计算机，建立一个能不断更新的主控文档，通过这个文档，所有花旗银行的网点及时地掌握所有客户的最新动态，根据客户的变化采取不同的措施；每个网点都配有打印机，可以随处打印客户对账单；标有客户姓名及号码的花旗银行卡可以当场制作出来；电话服务网络使客户无论何时都可以管理自己的账户，并可以采用几种外币进行全球交易；为了能够长期保持这种业务关系，银行还能够为客户的长期投资以及财务决策提供咨询和建议。

3. 完善的客户关系管理制度

第一，与客户保持“连续关系”。为了获得客户的忠诚，花旗银行选派最好的员工加强与客户的联系；高层管理人员不惜花费大量的时间拜访客户；通过各种活动，和客户进行交流。

第二，为客户提供全面的服务。花旗银行对个人客户能够提供全面的各类服务，包括资产管理、保险、个人理财、咨询顾问，甚至旅游服务等。

第三，为客户提供个性化服务。花旗银行已实现从出售产品向出售方案转变，客户不再是银行某一产品和服务的接受者，而是银行提供方案的订购者；花旗银行也不仅为客户提供单项产品和服务，而是客户的长期支持者、伙伴。通过对客户市场进行细分，对客户进行分类，即根据客户的年龄、性别、地域、偏好、职业、受教育程度、收入、资产等标准进行细分，在此基础上，实施有效的市场定位，针对不同层次的客户提供适合他们需求的金融产品和服务，使银行服务由统一化、大众化向层次化、个性化转变。

第四，实行客户经理制。花旗银行分支机构普遍设有公关部，实行客户经理制。公关部是银行专门负责联系客户的部门，每个主要客户在公关部门都有专职的客户经理，客户有任何产品和服务需求，只需与客户经理联系，如有必要，再由客户经理与银行有关部门经理联系处理。客户经理负责与客户的联系，跟踪客户的生产、经营、财务、发展情况等，协调和争取银行的各项资源，及时了解并受理客户的服务需求，负责银行业务拓展、宣传以及信息收集。相当一部分花旗银行分行把原在一层的营业厅改为公关部，以方便客户咨询与联系，更好地为客户服务。

（六）规划并组织市场营销活动

在对客户完成分类并对各种客户群体的需求特点及变化趋势有了充分的把握之后，金融机构就应该协调内部各部门开展相应的市场营销活动。例如，市场部门应通过各种互动渠道和办公室前端应用软件与客户沟通，进一步了解客户的需求特点；产品研发部门应当根据客户的需求信息进行新产品的研究与开发，力争在最短的时间研发出符合客户需求的高质量产品；销售部门应做好新产品推广工作，积极引导目标客户，将新产品顺利推向市场；客户服务部门则应做好目标客户的积极反馈工作，了解其在购买产品后的满意程度，有无相关建议等，并及时向其他部门反馈客户信息，有助于其他部门做进一步的修正。总之，只有各部门之间统一协作，共同努力，才能保证金融机构业绩的迅速提高。

案例

光大银行对潜在客户的开发策略

潜在客户可以分为两类：①从来没有同光大银行有过业务往来的客户；②与光大银行有业务往来，可以通过进一步开发实现增值的客户。

光大银行开发潜在客户的方法有两种：①为理财客户举办讲座，包括理财知识普及、经济形势分析和书画鉴赏等。通过这些讲座可以让人们对光大银行的文化、理念有一定的认识和了解，从而完成对潜在客户的开发。从细节出发，让客户体会到光大服务的贴心。以往办理业务时紧贴着柜台摆放的座椅，现在摆在柜台一米远处。手里拿着重物的客户前来办理业务时，总需要单手挪动座椅，给大家带来了不便。座椅的挪动是个细节，它体现了光大银行阳光服务年的主题：以客户为中心，用服务树立品牌。②通过获取一个客户赢得一片客户。即靠有业务往来客户的口碑给光大银行带来新客户。

三、客户忠诚度管理

客户忠诚度是指客户长期购买自己偏爱的产品或服务的强烈意愿，以及客户实际的重复购买行为。一般的客户满意度对保证客户忠诚度的积极意义不大，只有当客户达到非常满意或完全满意的程度，并且客户向其他企业转移的成本比较高的时候，客户才会表现出较高且较为稳定的忠诚度。

（一）客户忠诚度分析与衡量

1. 客户忠诚度的层次分析

依据客户对产品或服务的交易频度以及客户对产品或服务的依赖程度这两个指标将客户忠诚度划分为零度忠诚、惯性忠诚、隐性忠诚和高度忠诚。

（1）零度忠诚也叫认知忠诚，是客户在接受企业产品或服务的过程中认为该产品或服务优于其他企业的品牌而形成的忠诚，由于这种产品或服务恰好满足了客户需求，于是客户产生了对企业的信任。这种忠诚是最浅层次的忠诚，这类客户无意与企业发展更加深入的关系，他们要么不可能与企业发生第二次交易，要么仅仅是因为这家企业的优惠活动而选择他们的产品或服务，他们对企业没有太多的认同感和感情，一旦其他企业有更优惠的活动，他们就可能转投其他企业。因此，企业没有必要在他们身上花费太多的资金和精力，但也要避免其成为反面宣传员。

（2）惯性忠诚也叫情感忠诚，是客户在获得产品或接受服务后获得持续满意而形成的对产品或服务的偏爱。惯性忠诚是一种喜好忠诚，由于客户长期累积的满意经验形成了对品牌的喜好态度，而竞争对手的产品或服务暂时没有引起他们的关注。产生惯性忠诚的客户最容易被竞争对手抢走，面对这类客户，企业要为他们提供多样化的产品或服务，增加他们对企业服务的依赖性，必要时要对他们做大量的客户挽留工作。

（3）隐性忠诚是指那些客户交易频率较小，但实际上对产品或服务的依赖程度很大，只因某种环境因素限制了客户的交易频率。对于这样的客户，应该找出影响客户交易频率的环境因素，有针对性地进行销售，也可以交叉销售以增加客户与本企业其他产品或服务的接触机会，巩固其忠诚度。

（4）高度忠诚指客户对产品或服务有很大程度的依赖性，同时比较频繁地进行交易，对这样的客户要给予关怀和鼓励，以保持其忠诚度。高度忠诚的客户，除非企业产品或服务出现无法弥补的错误，否则一般不会改试其他品牌的产品或服务。

2. 客户忠诚度的度量

客户忠诚度可以用下列标准衡量：

（1）客户的重复购买次数。

一定时期内，客户对某一品牌产品或服务的购买次数越多，则说明其忠诚度越高。

（2）客户购买的挑选时间。

客户购买都要经过挑选这一过程，但由于对企业信赖程度的差异，面对不同企业的产品或服务，客户的挑选时间是不同的。同样的产品或服务，客户挑选的时间越短，则说明忠诚度越高，反之越低。

（3）客户对价格的敏感程度。

客户对价格都是重视的，但这并不意味着客户对价格变动的敏感程度相同。事实表明，对于信赖和喜爱的企业，客户对其产品或服务价格变动的承受能力强，即敏感度低；而对于不信赖的企业，客户对其价格变动的承受能力弱，即敏感度高。据此可以简单测定客户的忠诚度。

（4）客户对竞争产品或服务的态度。

人们在购买的时候经常受到相关产品或服务的影响。当竞争对手的新产品或新服务出现，如果客户对竞争对手的产品或服务更感兴趣，则表明客户忠诚度下降；如果客户对竞争对手的品牌没有好感，则可以说明其对本企业的忠诚度较高。

（5）客户对质量问题的承受能力。

任何产品或服务都有可能出现质量问题，如果客户对企业的忠诚度较高，则当质量问题出现时，他们会采取相对宽容、谅解和协商解决的态度，不会因此而轻易放弃企业的产品或服务；而当客户对企业的忠诚度较低时，他们不能容忍问题的出现，会很快选择其他企业的产品或服务。

（二）培养忠诚客户

1. 了解影响客户忠诚度的因素

影响客户忠诚度的因素主要有金融机构的覆盖面与客户流动性。一般情况下，客户与覆盖面广的金融机构保持联系的可能性更大。如果客户现在与金融企业存在着正常的业务关系，则今后保持联系的可能更大。

2. 抓住机会培养客户忠诚度

在客户与本企业发生业务联系和客户生命周期的每一个阶段，都要抓住培养客户忠诚度的机会。特别要在创造、开发新客户的早期阶段开始培养客户的忠诚度。

3. 促成客户偏好

客户对金融企业或其产品或服务形成偏好，有多种因素：①客户对本企业或其某种产品或服务相比较之后，感到强烈的满意。②客户对本企业或其某种产品或服务与其他企业相比，发现有所不同而且更好。③客户在重复交易过程中，越来越感到满意。客户的偏好性越高，就越会成为忠诚客户。

4. 建立客户信赖关系

争取可能性客户认同，通过各种方式、方法、媒体让他们经常感觉到你、你所在企业、企业的金融产品或服务就在其身边。保证提供全面优质的产品或服务以满足客户需求。金融企业在进行各项活动与业务时，应优先考虑客户的利益，周密安排。一切交易活动都必须要讲信用，实践成约，兑现承诺。只允诺有把握兑现的承诺，认真耐心地倾听客户建议，让忠诚客户直接与企业及其客户经理进行沟通。

5. 确定以忠诚为基础的关系战略

管理忠诚客户不仅要掌握客户的心态与行为，更要关注建立长期的互信关系，这就需要制订明确的关系战略。一般情况下，这种关系战略包括以下内容：

（1）确定目标，即为保持客户忠诚的营销方案设计量化的目标与指标体系以便评估绩效。

（2）识别客户需要及其忠诚倾向。确定对本企业具有战略重要性的客户群，以及该类客户群对不同营销服务的反应，其忠诚度是否提高。

（3）建立客户忠诚度。确定营销服务中能够最有效地加强和建立客户忠诚的因素；确定营销组合中客户认知价值最高、提供成本相对较低的因素。

（4）确定资格标准与细分市场。通过市场细分，确定目标市场，明确希望为哪些客户群提供忠诚利益和如何分配这些利益。一般按照以下内容划分客户忠诚层次并设立层次性资格标准：购买某项重要产品或服务的数量；购买频率；购买扩展情况；潜在的未来购买力；作为产品货物的推荐者的重要性等。然后，根据其忠诚度层次提高服务标准和忠诚利益回报。

6．建立忠诚文化，培养忠诚的员工

忠诚的员工与客户是企业的资产，知识与信息是企业的原料。有关研究表明，员工对工作和公司的态度是决定员工在客户面前的行为表现的重要因素，忠诚的客户来自于对企业满意和忠诚的员工。如果员工相信企业忠于自己的使命和价值观，员工就会忠于企业。要重视一线员工，使其拥有必要的工具、接受必要的培训、得到上级的支持和授权。要不断地了解和提高员工的满意度。

延伸阅读

“员工满意”是银行客户服务的前提

员工满意，客户才能满意。

企业最有价值的资产不是资本，不是产品，也不是科学技术，而是人，是员工。员工是企业最宝贵的财富。

生产力是一种态度，员工的工作动机决定了员工的产出。员工的产出取决于责任心，它无法用金钱买到。

通用电气前 CEO 杰克·韦尔奇说：“我们造就了不起的人，然后，由他们造就了不起的产品和服务。”

他还认为，企业最需要衡量的是三件事：客户的满意程度、员工的满意程度和现金流量。如果你能增加客户的满意程度，全球市场的占有率一定会跟着提高。员工的满意程度关系到产品的生产率、质量、荣誉和创造力。

法国企业界流传着这样一句话：爱你的员工吧！他会百倍地爱你的企业。

中国香港银行管理理念之一就是善待员工。善待员工就是利润。员工、服务、利润是三位一体的，三个要素彼此推动，构成一个封闭的循环圈。

管理学中有一个著名的“霍桑实验”。该理论讲的是影响生产率的不仅仅是钱，也不仅仅是时间安排，更重要的是员工的情绪和其所在的工作环境。

张瑞敏认为，员工是企业的“源头”。“如果把企业比作一条大河，每一个员工都应是这条大河的源头，员工的积极性应该像喷泉一样喷涌而出，而不是靠压出或抽出。小河是市场、用户。员工有活力，必然会生产出高质量的产品、提供优质的服务，用户必然愿意买企业的产品，涓涓小河必然汇入大河。”

美国盖洛普调查公司给出了员工“敬业度”的概念，它是指在给员工创造良好的环境，发挥其优势的基础上，使每个员工作为自己单位的一分子，产生一种归属感，产生“主人翁责任感”。盖洛普的研究证实，敬业的员工对企业所关注的经营业绩指标影响最大，他们是推动企业利润增长的主动力。

企业要调动员工的积极性和创造性，提高员工的忠诚度和“敬业度”，使其更好地为客户服务。

任务二 金融客户关系维护

作为特殊的企业，金融企业为了增加利润和销售额，必须花费大量的时间和资源寻找新的客户。与此同时，也必须花费时间和资源维系现有的客户，尽量降低客户流失率，两者是同样重要的。事实表明，吸引新客户往往比挽留现有的客户要困难得多，成本也要高得多，而要做到挽留客户，实际上只需要做到一点，就是让他们满意。

一、客户关系维护的方法

客户关系维护就是金融企业为了保持与客户建立的良好关系，通过采取各种措施对目标客户进行全程跟踪维护，以获得双方合作基础上的最大利益。

维护客户关系是银行等金融机构甄别客户价值、稳定客户、密切客户关系，获得客户忠诚，最终扩大金融产品销售，增加金融机构价值的一系列行为。

（一）甄别客户价值

金融机构要瞄准有价值的客户，实行差别化的维护管理，才能提高效率、节约人力与财务成本，客户经理需要对客户的价值进行分析和评判，在大量的客户群体里甄别出有价值的客户。有价值的客户是对金融产品有较多需求，并能为该金融机构带来较大收入和利润的优质客户。确定客户不同价值及维护顺序可以按照以下步骤进行。

1. 评估客户贡献度

确定客户价值首先要测算客户贡献度。客户贡献度由客户增值和客户当前价值潜力两部分组成。客户当前价值计算，可以根据客户目前使用本机构产品来计算。

2. 对客户进行贡献度分级

综合考虑客户给机构带来的增值潜力和当前收入并进行排序，挑选出贡献价值高的客户作为高价值客户，再挑选出中价值客户，余下的为低价值客户。

3. 确定维护和巩固客户的重心和顺序

客户经理根据不同价值客户的优先级别，合理分配时间、精力和所能控制的资源。对于高价值客户，要以更积极的态度、投入更多的精力和时间，分析客户需求，思考如何能够为客户提供更有价值的产品或服务；对于中价值客户进行必要的关注与维护，如何提升客户价值回报。

（二）不同价值客户关系维护策略

按照客户价值，客户可细分为重要客户、一般客户、维护客户和淘汰客户，通过不同的维护方式，建立客户分类管理体系和准入、退出机制，把主要精力、资源放在巩固和维护优质重点客户上。

1．对重要客户的维护策略

对重要客户要制订具体的营销策略、产品策略、价格策略和服务策略。要建立完善的服务体系，设立首席客户经理，充分发挥高层在重要客户关系发展中的主导作用。要建立整理联动机制，充分发挥客户经理小组的作用，为优质客户提供全面的金融服务。加强服务渠道建设，做好客户关系维护，提高客户依存度和满意度。不断挖掘客户需求，争取竞争主动权，采取深度营销和交叉营销，提供差别化、综合化的金融服务，提高重要客户的综合贡献度。加大产品创新力度，为重要客户提供综合服务和不同的产品组合。根据效益、效率优先的原则，完善产品和服务操作流程，开辟重点客户快速反应通道。在信贷审批流程、产品创新、综合定价等方面给予优惠政策。

2．对一般客户的维护策略

对现有存量一般客户进行深度挖掘，提高一般客户群体对金融机构的贡献度和依存度，扩大机构在这类客户中的业务份额。根据客户特点和业务需求，为客户设计个性化方案，提供多种形式的组合产品。加强客户后期产品和服务的管理，积极关注客户经营状况变化和重大事项，防止因跟踪不严形成风险。

3．对维护客户的维护策略

降低维护成本，控制资源的再投入。以商业银行为例，严格控制信贷再投入，严格执行核准制，对没有存款和中间业务收益的客户，采取维持现有份额或逐步递减信贷的策略。加强后期跟踪与管理，防止企业逃废银行债务，将风险和损失降到最低。

（三）客户关系维护的方法和技巧

实践中，客户关系维护的方法和技巧多种多样，针对不同类型的客户，在不同的阶段采取的具体方法和技巧都各有不同，归纳起来主要有以下方法。

1．上门维护

上门维护是在日常客户关系维护实践中最常见、运用最为广泛的方法。客户维护人员大部分时间都与客户在一起，大部分精力都花在客户需求分析、产品营销和提供客户金融服务上面。具体的内容包括上门取单、送单、提供咨询服务、协助客户进行资金安排、营销金融产品服务、挖掘和发展客户以及搜集和反馈各种信息等。拜访前应参考过去的拜访报告、客户卷宗、前次拜访记录，以分析和评估与客户的现有关系。维护访问中应注意发现新的问题，因为新问题往往意味着新机会。在访问时，应征询客户对使用金融产品的满意程度以及对前一时期双方合作的看法。访问将近结束时，应与客户约定下次见面的时间。

2．情感维护

情感维护是指在客户关系的维护过程中注重金融机构、客户经理与客户之间的情感交流，在彼此亲近、认可和相互帮助的基础上，与客户建立和谐稳固的关系。一名成功的客户经理，知道在营销产品的同时，如何运用良好的人际关系、诚挚的个人情感与客户建立稳定持久的客户关系。客户开发是这样，客户关系维护更是如此。

3．知识维护

营销关系中，最高层次应该是将产品与客户在知识结构上建立稳固的关系，使客户成为长期忠实的消费者。普及金融知识，增强金融意识是金融机构培育客户群，刺激金融需求的重要保证。AIDMA 方法可以使客户的潜在欲望明显化、表面化，并最终决定接受这种产品或服务，该方法包括五个方面的内容：引起注意（Attention）、产生兴趣（Interest）、唤起欲望（Desire）、记忆确信（Memory）和购买行动（Action）。发达国家的跨国大企业，为了不断培育潜在的客户群，甚至不惜代价向各国少年儿童宣传本公司企业形象和产品品牌。

4．超值维护

超值维护是向客户提供超出其心理预期的、具有人情味的服务。超值维护使用形式包括：

（1）追求超越常规维护的极限，使客户能够体验到该金融机构的服务与众不同，体验到其背后的文化品位。

（2）维护内容超出了常规金融维护的范围。加重对客户的感情投资，除常规的金融维护外，关注并随时解决客户日常生活中遇到的问题。

（3）通过维护使客户享受到收益，使客户感受到金融机构在通过开办业务、自身积聚财富的同时给客户带来的利益。依靠集体的氛围、个人的敬业精神、高超的业务技能、良好的修养与文化素质感召客户。

金融机构还可以通过收集资料，分析政策的最新变化，将其对客户产生的影响反馈给客户。如国家产业政策、信贷政策、汇率调整、外汇政策、银根缩紧、证券市场行情等。金融机构对很多金融政策较为敏感，同时信息较灵通，应当及时为客户提供信息服务。同时，满足客户个性化的需求，为客户提供个性化的产品服务方案，不但成本、价格方面要令客户满意，而且要以高质高效让客户体验精确、优质的服务，超出客户期望。

5．顾问式维护

顾问式维护是指营销人员在以专业营销技巧进行业务营销的同时，能运用分析、综合、实行、创造和说服等能力，满足客户的需要，并能预见客户的未来而提出积极的建议，以求达成双方长期合作的业务关系，并实现双方的互利互惠。顾问式营销的核心是发挥营销人员的顾问、咨询和维护功能，谋求双方的长期信任与合作。

6．交叉维护

稳定客户的基本方法一般有两种：①提供高质量的维护。②交叉销售金融机构的产品与维护。调查结果显示，客户在一个金融企业中得到的服务越多，其转向其他竞争对手的兴趣越小。所以作为争取客户的有效措施，当客户开立第一个账户时，金融机构就应该努力争取为这个客户提供尽可能多的服务；当客户决定选择本机构后，则应想办法提供客户需要的所有服务，办理客户需要的所有金融业务。

案例

银行高端客户策划逃跑计划

案情：42岁的李一帆是一家咨询公司的总经理，目前的个人资产大约为450万元人民币，在国内多家银行都开设有账户，无一例外地被列为这些银行的VIP客户。但是，除了绿色通道——在办理业务的时候可能不用排队之外，李一帆总觉得VIP并没有更多的特殊之处。前不久李一帆收到了来自汇丰银行的邀请，他自己并非这家外资银行的客户，但是当对方言及自己的基本情况时，李一帆十分诧异，他们将自己列为“知名人士”的范畴。

李一帆心目中所期许的银行角色是这样的：当我和家人正在异国旅途中享受一顿晚餐时，一位殷勤的侍者在旁边微笑服务，侍者的位置正是我希望银行所扮演的角色。

然而，李一帆认为自己对于开户银行的感受，除了名称上的区别之外，其他似乎并不大。对于逐渐增长的资产，李一帆没有时间和精力来打理，他会考虑将其他银行账户下的资金做一次整合，考虑享受汇丰为他特别定制的金融产品……

事实上，很多银行的客户都表示对银行品牌的认知仅仅停留在名称上，并且品牌给予消费者的支持也极为有限，自己并没有与品牌建立深层次的情感连接。这也暗示这些人未来随时有可能转向其他银行。一些高端客户正在策划一场“逃跑计划”。尽管他们中有很多人已经用了某一银行十几年甚至更多年的服务，但是在考虑更换服务的时候，并不会有太多的留恋。

王某是某银行的一位客户经理，每年，他有定量的任务，并且有几个不错的大客户，但是他并不清楚银行对于整体品牌是如何规划的，有何政策，认为“这是他们上头领导的事情”。王某与客户交流的方式就是老三套：熟人介绍搭桥，请客吃饭，跑熟关系。至于这其中有多少客户能够维持、维护多久，王某心中并没有底。

如果不能尽快地解决好自己的品牌定位问题，原本大量的客户资源就可能被竞争对手挖走，从而导致严重的流失。

还有一些金融机构，在做广告的时候，极少能将其需要表达的东西弄清楚，即便清楚，也仍然局限在自己的产品导向，而非客户导向。似乎他们的广告是做给领导们看的。于是，一些体制成熟的优秀银行像个挖掘机一样，不断挖走原本属于他们的客户。

分析：某些银行客户的“逃跑”原因集中在银行服务不到位，银行现有产品所能带给客户的附加值不足。同时，银行的客户管理人员无法满足银行客户关系的维护，外行人做内行事的情况普遍存在。而作为衣食父母的客户逃跑对银行的营销来说无异于釜底抽薪。

二、强化客户合作关系

金融机构的客户经理在实施客户关系维护和巩固的过程中，要通过不断地提供贴心负责的服务，实施客户精神和关怀维护，加强与客户高层决策者、关键员工之间的交往与交流。要利用所有的经验资源和服务手段为客户提供全方位、全过程的优质服务，使金融机构与客户之间的关系由原先交易方式的银企关系转变为持续发展的长期合作关系。

（一）关键客户区别维护

针对客户的不同类型，区别使用不同的维护方法和技巧。主要包括以下几种。

1. 情感型客户维护

情感型客户维护主要是提供精神维护，即以较大的时间精力投入到客户的情感维护中，想办法让客户精神愉悦，多为客户着想，让客户觉得亲切、可信赖。也就是既会“做事”，更会“做人”。大部分国有企业、政府机构都应当采取这种维护方式。

2. 业务型客户维护

业务型客户维护主要是提供业务维护和技术维护，即以更好的设施、产品和先进的科技网络为客户提供服务，解决客户工作中的实际问题和业务需要。对优质客户提供包括业务优先、特事特办、急事快办、收费优惠、效率保证等优惠；大部分民营企业应当采取这种维护方式。

3. 专家型客户维护

专家型客户维护主要是提供“融智服务”；客户经理以多种技能和较高的专业素质，或通过调动、利用金融机构的专业资源为其提供一对一的个性化服务，并保证服务的高效化、专业化。客户经理及时利用金融机构信息来源广泛、点多面广等优势，向客户提供最新的经济金融信息、行业信息、宏观经济政策信息或国家产业政策信息等，大部分外贸企业应当采取这种维护方式。

（二）加强联系

客户经理必须与客户保持定期和经常的接触。如果双方缺少定期且有意义的接触，就难以保持个人间的信任关系。因为随着时间变化，双方的差异会越来越大，从而也就失去保持密切关系所赖以生存的基础和共同点。客户经理应当逐步深化与客户个人之间信任关系，不能停滞不前。

银企间的交往活动应改变以酒宴沟通为主的单调方式，培养和增进双方的“绿色”爱好，让双方交往升级到更高的层次，来加强银企之间的友好交往和合作。提升双方交往技术含量，通过银行的服务密切双方合作关系。

客户经理通过组织银企间的团体活动和交往，将客户经理与客户单一的接触，扩大到双方高层和其他职员多层面、大范围的接触，有利于双方关系的深化。

（三）尊重客户

客户经理与客户之间的信任关系必须建立在相互尊重的基础上。客户经理不能将客户关系仅仅看作交易关系和服务，必须尊重客户并保证双方的关系持续发展。建立银企信任关系，是促使金融机构与客户结成伙伴关系的基础。

（四）稳定客户

客户经理应让客户使用更多的金融产品。客户使用的金融产品越多，对金融机构就越依赖，客户就越不会轻易离开金融机构。客户经理应该非常懂得交叉销售之道，在客户接受金融产品后，能够积极推广网上银行、代发工资、现金管理等其他产品和服务。就是信贷产品，也要让客户使用多种信贷产品，如流动资金贷款、票据、保函、信用证等。

（五）巩固和发展与重点客户的关系

重点客户就是银行客户中能带来80%的收入或利润、帮助银行达到战略和财务目标的、占比 10%～20%的客户。重点客户包括现有存量大客户，还包括未来能给银行带来高额回报的成长性客户。对重点客户的巩固和发展，实际上就是对未来投资。对待重点客户，客户经理必须实行差别化的管理，对重要客户进行重点的维护与拓展，投入更多的精力，保证重点客户得到完美的服务。

（六）维护和培育中小优质客户

银行拥有很多大型重点客户，都是从小到大一步步发展起来的，所以，重视培育中小优质客户是实现银行可持续发展的战略选择。客户经理通过维护和巩固好中小优质客户，充分利用中小客户的发展机会，培育和扶持出一批优质的客户群体。客户经理应深度挖掘中小优质客户，提高中小优质客户对银行的依存度和贡献度。

（七）提高客户对服务的满意度

当客户的不满意逐步增大时，将会威胁金融机构同客户的合作关系。客户的不满意有时候不会直接提出来，有时则会通过投诉或不再使用产品的方式提出来。对第一种情况，可通过定期拜访的方式对客户的不满进行了解，即通过向客户询问对某项服务的感觉及为什么满意或为什么不满意来获得答案。由于客户一般不愿意谈出真实感受，故应讲究询问的方式方法。对第二种情况，必须协调内部有关部门对投诉尽快做出恰当反馈。

案例

满意的服务，迎来了回头客

案情：光大银行青岛分行营业部大堂经理小梁接到一位老客户的电话，她的到期存款是在西镇邮政储蓄存的，有 10 万元，金额较大，询问能否派车接她？

这位老客户是一位 77 岁的老大娘，不久前，老人说她有 5 万元钱，要来小梁所在银行买理财产品，自己坐车拿钱不敢来，正好该部总经理在大堂值班接到电话，马上开车将老人接到银行里，购买了理财产品，老人很高兴。这时大堂经理小梁得知是邮政储蓄存款后，就建议道：“我行附近 50 米内有一家邮政储蓄的网点，取款可以通存通兑，我今天先给您预约上，明天您来了以后，我陪您一起去取款。”老大娘欣然接受。

第二天，大堂经理小梁和保安站在银行门口。远远看着理财经理陪同老大娘到邮政网点取出现金，来行里购买了10万元理财套餐。老大娘说．11月还有到期的存款，到时有理财产品让该行员工通知她，在其他银行的存款，一旦到期将全部转到该行。

分析：这个事例说明，大堂经理的综合素质非常重要，他们每天都在和客户打交道，其一言一行、一举一动直接影响着业务的发展。他们的一句话就可以留住客户，同样一句话也可以赶走客户。

这位大堂经理的素质较高，因客户而变，使客户感到很安全。如果他这样处理也是没错的："对不起，老大娘，您离这太远，我现在又离不开，行里也没有专车服务，非常抱歉。"这样一来，这个客户很可能丢失，一个七十多岁的老人是不能跑这么远来存钱的。

所以，客户服务工作中要灵活处理客户的特殊需要，发挥创造性，根据客户的具体情况拿出创新的点子，尽量让客户满意，使客户忠诚。

三、金融服务危机处理

"危机"从字面意义上理解，具有危险和机会两重性。危机中孕育着机会，这是事物发展的必然规律。危机是在一段不稳定的时间与不安定的状况下，急迫需要做出具有决定性的有效措施。在和客户的长期接触中，很容易出现危机。将危险与机会联系起来，可以使金融企业积极面对危机和处理危机，并发现危机中隐藏的机会，利用危机中的机会，谋求更大的发展。

（一）金融服务危机

金融服务危机，是指在金融机构提供服务的过程中，由于服务异常现象的积聚而引发的危及企业形象、利益、生存的突发性或灾难性事故、事件等。金融服务危机带来的后果是严重的，可是它的发生并不是偶然的现象。虽然服务危机常常与突发事件联系在一起，但事实上，"冰冻三尺，非一日之寒"，突发事件的背后还有事件必然发生的原因。

1．危机发生的必然性与偶然性

严格意义上来讲，危机是不可避免的，总会有发生的时候，但是，真正触发危机的却可能是偶然的事件，甚至是一些不起眼的问题。

2．危机发生的不可知性与可预测性

服务危机发生的具体时间、具体环节都是不可知的，但是，其发生的规模、发展态势、影响程度却在一定程度上是可以预测的。

3．危机处理的紧迫性与严重性

服务危机一旦发生，就需要及时处理，否则就会快速扩大蔓延。如果不能及时控制，其影响面、影响程度就会迅速扩大，对企业带来的损失将是极其严重的。

4．危机影响的破坏性与建设性

突发事件会在不同程度上给企业造成破坏和损失，还可能影响相关人员和机构。也就是说，服务危机的发生，对企业整个服务形象、服务流程，甚至是服务收益都会带来极大的破坏性。但同时，如果我们能够借助危机，对服务组织与流程进行重组与优化，则可能为企业提升服务带来好的建设性。

5．危机传播的公众性与聚焦性

应该说危机一旦发生，其传播面是相当广泛的，并且迅速演变成公众关注或议论的中心。显然，危机是决定性的一刻、关键的一刻，是一件事的转机与恶化的分水岭，是生死存亡的关头，是一段极不稳定的时间和极不稳定的状况，迫切需要立即做出决定性的变革。

案例

浦发银行一起客户投诉案的价值

在一次东方卡的户外宣传活动中，客户何女士办理了一张东方卡，为何女士开卡的是浦发银行深圳分行的客户经理小吴。不久之后，何女士到无锡出差办事，用东方卡携带了4万元存款。

某天一大早，小吴便接到了客户服务热线转过来的客户投诉电话。原来，何女士正是看中了东方卡异地跨行取款不收手续费这个优势才办理的东方卡。没想到，到了无锡之后，何女士的东方卡不但不能在ATM上取款，也无法在商场的POS机上刷卡，只带了少量现金的何女士着急了，办事用的钱取不出来，能不生气吗？

小吴一方面诚恳地向客户道歉，请求客户暂时平静，另一方面，他在迅速思索着出现问题的原因以及补救办法。银行卡出现这样的问题，最大的可能是卡片的磁条遭到破坏，也许是消磁了，所以交易系统无法读取数据，自然也就无法正常交易。小吴向客户耐心地询问了卡片放置的情况。原来，何女士出差前几天曾把装有银行卡、手机的小包放在音箱上，可能是因为磁场的原因造成卡片消磁。不过，小吴没有在这个问题上和何女士作太多纠缠，而是积极寻求解决办法。在小吴的指导下，何女士到无锡的浦发银行又办了一张东方卡，然后通过电话银行将损坏的那张卡里面的存款转账到了新卡片中，暂时解决了客户用钱之急。

几天后，客户回到深圳，小吴登门拜访了何女士，对给何女士造成的不便表示道歉。在与何女士的接触过程中，小吴还发现何女士是一位非常有潜力的客户，他也加强了对何女士的服务力度，让并非VIP客户的何女士享受到了VIP客户才能享受的服务。不久之后，何女士将一大笔钱存进了小吴为她新办理的东方卡中。

试想，如果不是这场危机，何女士手中的东方卡也许仅仅只是异地带钱的工具。但由这场危机引发的一系列后续事件，让小吴与客户“不打不相识”。正确处理客户异议、矛盾和投诉的价值就在于此。

（二）金融服务危机处理的关键

1．危机的防范管理

未雨绸缪、居安思危，只有充分树立危机防范意识，金融企业才能保持冷静的头脑和对危机的敏感性，进而发现管理和运营中的薄弱环节，及时化解出现苗头的危机。

2．了解危机发生的原因

金融企业必须了解服务危机产生的间接的、直接的原因，才能采取相应的措施。

3．危机发生初期的处理

危机发生初期由于信息的极端不对称，金融企业外部信息使用者往往显得茫然不知所措。这个过程非常短暂，如果企业能迅速做出反应，在第一时间用负责任的态度面对所发生的问题，澄清事实，解答用户最迫切希望了解的事情，一般都能避免危机的进一步恶化，为继续处理危机争取宝贵时间。

4．采取积极的措施

金融机构在面对危机时要采取积极有效的措施，多渠道展开沟通，并努力使危机处于企业控制的范围之内，为在短时间内度过危机打下良好基础。

案例

一则商业银行客户危机处理案例的启示

案情：客户张先生持某商业银行（下文简称A行）借记卡办理查询业务。张先生将卡片反复插入ATM卡槽几次，机器都没有反应，从而造成卡片被机器吞卡。张先生当即情绪激动，认为是A行ATM机器原因造成吞卡，随后大堂经理向其反复解释，卡片圆弧面不能插入卡槽，必须将直角平面插入卡槽内机器才能识别。于是客户要求立即取回卡片。大堂经理了解情况后告知张先生当时是中午休息时间，取卡片的工作人员已经下班去吃饭，让其在工作时间取卡。张先生表示自己急于用卡，强调要立刻取回卡片，于是大堂经理电话联系工作人员。五分钟后，工作人员为着急的张先生办理了取吞卡的业务。张先生认为A行在处理自己业务时怠慢了自己，非常不满意，并表示今后不会再来A行办理业务。A行工作人员认为，当时并不是工作时间，自己在非工作时间为张先生办理业务已经是打破了银行的规定，属于最大限度地服务客户。

分析：A行在应对客户不满状况时有以下处理不当之处：

第一，银行未能做到将客户作为自己业务的核心。案例中张先生是一位典型的银行客户，由于对A行的借记卡使用方法不熟练导致卡被ATM吞卡。首先，吞卡的发生造成了张先生办理相关业务受阻。其次，张先生未能及时取回自己被吞的卡片，感到不满意。虽然当时并不是处理吞卡取回业务的工作时间，但是这显然违背了客户关系管理中以客户为中心的理念。客户看待产品和服务的提供商时，只会将其看作一个整体，因此该案例中不在服务时间的理由显得牵强。商业银行应坚持以人为本，关注客户需求，在一定的条件下可以打破自身规定，满足客户需求，提升客户的满意度。

第二，银行工作人员未能提供良好的服务体验，客户关系遭到损害。作为商业银行本身，职能的划分非常明确，诸如柜面、大堂经理、ATM服务人员等都有详细的职责划分，这本是当今银行组织进行现代化管理带来的进步。但是工作的细分并不意味着只是各司其职，而恰恰是使得每一个职位都能发挥出自己的最佳功效，从而为客户提供整合性较强的一体化服务体验。这种服务体验对于建立和维护客户关系意义重大。

该案例中，处理取回吞卡业务的工作人员虽然正在吃饭，可以理解。但这并不能作为延误客户服务的理由。工作人员应该以客户利益作为其行动的出发点，为其办理业务，创建和谐的客户关系。

第三，工作人员未能有效处理客户抱怨，丧失挽救不满意客户的机会。客户的类别多种多样，每个客户都有属于他自己的个性心理特征，而情绪的波动是一个正常人的本能。客户不满意产生的原因多种多样。但在本案例中，客户不满意的原因之一是其所获得价值未能达到预期。快速和便捷的服务是张先生期望获得的价值。张先生表达不满意的形式是抱怨。

当客户产生抱怨之后，工作人员需要立即处理的是安抚客户的情绪，在本案例中，工作人员处理完吞卡退回业务后，未能及时有效地安慰客户失落的情绪，影响了客户关系，不利于商业银行的长期发展。

（三）处理服务危机的基本程序

1. 隔离危机

危机往往首先在组织的某个部门、某个环节或某个场所中发生。但企业是个整体，各部分联系紧密，危机出现以后，如果不先隔离危机，它的危害就会四处蔓延，造成更大的灾难。隔离危机就是切断其蔓延到组织其他部门的各种可能性。

2. 处理危机

危机产生后，会迅速扩张，此时，就需要尽快找出危机的症结，采取果断措施，迅速处理危机。其间，尤其需要内部的精诚团结、互相谅解和互相合作，以强大的凝聚力渡过难关。

3. 消除危机后果

危机一旦产生，或大或小，都会产生不良后果，这时就要求企业努力不懈，采取相应手段，消除危机带来的后果。

4. 维护企业形象

危机的发生会给金融企业的外部形象造成损伤，这就要求企业不惜代价采取切实行动，维护公众利益，并与传媒紧密配合，寻求公众的谅解。

危机的出现，对企业来说是个灾难，但处理得好，往往可以收到意想不到的效果，能重新塑造企业形象。

（四）金融服务危机处理的方法

金融服务危机来临时，如果选择不采取措施或“观望”的态度，往往会导致“兵败如山倒”。戴尔·卡耐基说过：“只要我们有解救危机的一丝机会，我们便要奋斗。”那么该如何处理客户危机呢？有以下几种方法可供参考。

1. 准备充分

在和客户长期的接触中，很容易出现危机。对相应的回应方式成竹在胸，特别对于新手，是最基本的业务准备。并且，在实际工作中不断充实这个“危机库”和相应的“应答库”，并制成实用的销售手册，这实际上是组织学习的一个基本内容。

2. 态度诚恳

面对危机时心情急躁、不舒服是正常的，但显然应调整态度，以让客户感觉“你明白并尊重他的异议”。因为，客户只有在觉得被尊重，异议被重视时，才会和你交流，说出心里话，并提供更多的资料。诚挚的倾听和热情的回应，是良好态度的要件。

3. 积极询问

积极询问，判断客户异议的真正原因。危机背后的原因通常很复杂并难以琢磨。在没有确认客户反对意见的重点及程度前，客服人员直接回答客户的反对意见，往往可能会引出更多的危机。因此，积极地询问就显得尤为重要，切忌对自己的判断过于自信。多问“为什么”，以便让客户说出原因。因为，当问到为什么的时候，客户必须回答反对的理由，说出自己内心的想法，并且会潜意识地重新检视反对意见是否妥当。

4. 选择适当时机

优秀的客服人员不仅要能对客户的问题给予一个比较圆满的答复，而且要善于选择恰当的时机。需要指出的是，很多危机需要立即解决，这既是促使客户购买的需要，也是对客户尊重的需要。

5. 针对异议，有的放矢

异议有疑虑、误解、缺点和投诉之分，针对不同的异议须有的放矢。面对怀疑，应询问产生怀疑的原因；面对误解，应询问误解背后的需要；面对缺点，应询问客户的需要；面对问题投诉，应询问发生了什么，过去的产品为何不能满足需要，以及现在的需要是什么。

6. 消除疑虑

疑虑说明需要保证，需要有力的证据。所以，销售人员要提供相关的资料，证明产品确如所说的那样能给予客户利益，满足其需求。需要注意的是，证明资料必须是相关的，也就是要针对客户所怀疑的特征和利益。

7. 克服误解

产生误解是由于客户不了解你的产品和公司，或得不到正确的资料。在销售和服务过程中，误解是很常见的。例如，你没有问及或客户没有听到都可能产生误解，但问题的根本是误解背后有客户的需要，所以，要澄清该需要，并设法满足其需要。

项目小结

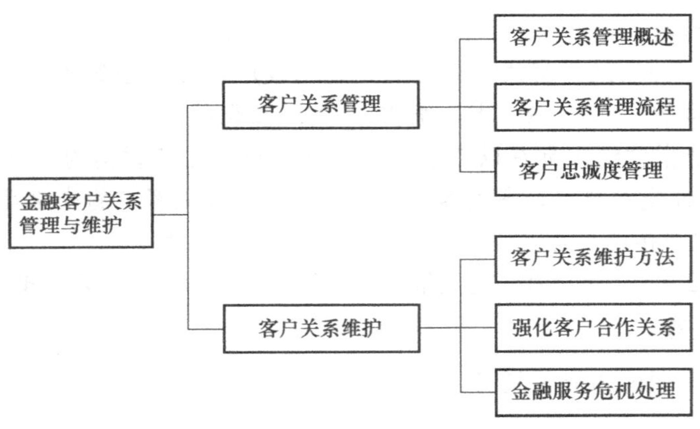

同步练习

一、单项选择题

1. CRM是指（　　）。

A. 客户　　B. 客户服务

C. 客户关系管理　　D. 客户关系

2. 客户关系管理是（　　）的核心。

A. 产品营销　　B. 交易营销　　C. 品牌营销　　D. 关系营销

3. 客户关系管理的核心是（　　）

A. 客户价值　　B. 产品　　C. 市场　　D. 品牌

4. 客户消费行为分析在客户关系管理全流程中占有重要的地位，其基本前提是（　　）。

A. 客户信息收集　　B. 客户细分

C. 客户关系建立　　D. 客户关系维护

5. 客户在接受企业产品或服务中认为该产品或服务优于其他企业的品牌而形成的忠诚，被称为（　　）。

A. 零度忠诚　　B. 惯性忠诚

C. 隐性忠诚　　D. 高度忠诚

6.（　　）是客户在获得产品或接受服务后获得持续满意形成的对产品或服务的偏爱。

A. 零度忠诚　　B. 惯性忠诚

C. 隐性忠诚　　D. 高度忠诚

7.（　　）是指那些客户交易频率较小，但实际上对产品服务的依赖程度很大，只因某种环境因素限制了客户的交易频率。

A. 零度忠诚　　B. 惯性忠诚

C. 隐性忠诚　　D. 高度忠诚

8.（　　）指客户对产品和服务有很大程度的依赖性，同时比较频繁地进行交易。

A. 零度忠诚　　B. 惯性忠诚

C. 隐性忠诚　　D. 高度忠诚

9. 在日常客户关系维护实践中最常见、运用最广泛的方法是（　　）。

A. 情感维护　　B. 上门维护　　C. 知识维护　　D. 顾问式维护

10.（　　）是指营销人员在以专业的营销技巧进行业务营销的同时，能运用分析、综合、实行、创造和说服等能力，满足客户的需要，并能预见客户的未来而提出积极的建议，以求达成双方长期合作的业务关系，并实现双方的互利互惠。

A. 超值维护　　B. 交叉维护　　C. 知识维护　　D. 顾问式维护

二、多项选择题

1. 客户关系管理的内涵包括（　　）。

A. 客户关系管理的核心是客户价值
B. 客户关系管理是对客户终生价值的关注
C. 客户关系管理是一种静态的管理
D. 客户关系管理更加关注客户长期价值，而不仅仅是短期利益

2. 客户关系管理的产生基于（　　）。
A. 竞争的激烈化　　B. 成长的极限
C. 科技的发展　　D. 消费观转变

3. 实施客户关系管理战略对于金融企业的意义在于（　　）。
A. 提升客户忠诚度　　B. 增强金融企业的核心竞争力
C. 提升销售业绩，增加利润　　D. 降低营销成本

4. 客户忠诚的划分依据的指标是（　　）。
A. 客户的交易额度　　B. 客户的交易频度
C. 客户的依赖程度　　D. 客户的满意度

5. 客户忠诚度可以用（　　）等标准衡量。
A. 客户的重复购买次数　　B. 客户购买的挑选时间
C. 客户对价格的敏感度　　D. 客户对竞争产品的态度

三、简答题

1. 什么是客户关系管理？
2. 简述客户关系管理的具体流程。
3. 客户忠诚度如何衡量？
4. 如何进行客户忠诚度管理？
5. 客户关系维护的方法有哪些？
6. 金融服务危机处理的方法有哪些？

四、案例分析题

案情：北京农村商业银行某支行的客户经理王某正在向一位客户介绍新近推出的业务项目。在交流间歇，这位老客户无意中提到与他们交好的另一家公司由于对原来的存款银行不满，正计划将账户转至其他银行。得知这一信息后，王某立刻清楚地意识到机会来了！于是，他当机立断，请求这位老客户替他引荐，找到了该公司的负责人，试图说服该负责人将其公司的账户转至王某所在的北京农村商业银行，在最初的接触中，该负责人对这位年轻的客户经理始终抱有怀疑的态度，因此，总是以各种理由回绝王某。但是王某并没有气馁，他想方设法与该负责人接触，同时收集与该公司相关的各种信息，并且设身处地为该公司提出了一系列行之有效的理财建议。王某的努力没有白费，在半个月之后，这位固执的负责人终于被王某的真诚和责任心所感动，同意将其公司账户转至王某所在的北京农村商业银行。目前，该公司的存款稳定，且稳中有升。

问题：

（1）从上面的案例中你能得到哪些启示？
（2）假如你是银行的一名客户经理，应该怎样收集客户的信息？

实训项目

【实训目的】

1. 掌握金融客户关系管理的基本框架。
2. 从专业的角度去分析和评价金融机构对客户关系的管理与维护情况。
3. 掌握金融服务危机的处理方法和技巧。

【实训内容】

1. 金融企业客户关系管理的基本框架构建。
2. 分析和评价某一金融机构客户关系管理与维护的具体情况。
3. 金融服务危机的处理。
4. 金融机构客户关系管理与维护的方法与技巧。

【实训方式】

1. 以案例“花旗银行的CRM系统”为基本资料，搜集相关素材，从中总结归纳CRM框架在金融企业中的应用，并形成书面报告。

2. 以小组为单位，选取一家金融机构，课后通过实地调研、网上搜索、图书馆查询资料等方式，搜集该金融机构的客户关系管理与维护的有关信息和资料，针对某一具体案例，对该机构的客户关系管理与维护做出分析和评价，并制作PPT，课上进行分组汇报。

3. 由教师给出关于金融服务危机的具体案例，通过角色扮演和情景模拟，训练学生处理金融服务危机的能力和技能。

【实训报告】

整理实训报告，报告包含以下内容:

1. CRM框架在金融企业中的实践应用。
2. 某金融机构客户关系管理与维护具体案例分析与评价。
3. 针对金融服务危机具体问题的处理方法与技巧。

项目六　银行营销策划与技巧

学习目标

知识目标

- 理解银行营销的含义及特点
- 熟悉银行营销的模式
- 掌握银行营销的基本策略
- 了解银行营销的基本岗位及岗位职责

能力目标

- 能够对银行营销策略进行分析
- 能够对银行产品或服务进行简单的营销策划
- 能够对银行产品或服务进行成功的营销

素质目标

- 树立正确的银行营销理念
- 培养基本的银行营销技巧

项目引例

差异化经营的社区银行之路

当前，银行业的竞争空前激烈，以农商银行为代表的地方性金融机构在生存与发展上都面临着严峻挑战。佛山农商银行为避免同质化发展，充分发挥自身比较优势，实施差异化发展战略，重点突出四个方面：①品牌差异化，定位“iBank社区金融•便捷服务”，打造“点多、快捷、实惠、贴身”的经营特色，在员工、客户、社会公众中引导构建“iBank，我身边最便捷的银行”的品牌形象认知。②市场差异化。充分研究市场定位，坚持做小做优、富民惠民，将资源逐步重点倾向于中小微企业与个人客户的全方位金融服务。③产品差异化。做到从传统的基础一致性服务，向符合人性需求的、群体针对性强的、更实惠更便捷的方向转变：从标准化金融产品，向个性化金融解决方案、非金融增值服务体验等全方位、多品种的方向转变。④服务差异化。加快网点转型升级，提供舒适的服务环境，强化自助服务的良好体验，简化业务办理流程，提升规范服务水平，切实采取各种软、硬件措施，全面提高客户体验满意度。

佛山农商银行明确定位为“社区金融”，以小微企业和城乡居民为服务对象，致力于成为社区居民日常生活、相关经济组织经营发展的综合性金融服务供应商。①牢记服务“三农”的历史使命。②积极扶持地方小微企业发展。③大力培育个人特色业务。将个人信贷业务提升到社区银行的战略高度。针对个人客户量身定制的房抵贷、行员贷、薪易贷、物业通、分红贷、公积金贷等“i时贷”系列产品，全面满足个人消费、创业、财富增值等需求。

顺应互联网金融发展模式与强化客户体验的思维导向，佛山农商银行不断加大科技投入，致力于打造移动金融体系，构建客户身边的无边界银行。①探索建立本地化的网上金融商城，一方面增强网上银行的传统功能，另一方面结合本地客户的资源与需求，在网上逐步完善理财、融资以及非金融服务等业务功能。②建设移动营销系统，扩大服务半径，实现由被动服务向主动服务转变。③大力构建POS行业商圈，围绕商户与客户的“存、贷、汇”需求做文章，提供存贷优惠业务与公共事业便捷缴费服务。④打造新一代呼叫中心，融合手机银行、网上银行、VTM视频等诸多渠道，整合统一的客户服务平台。

佛山农商银行力求通过转型升级，实现从原来简单的存、贷、汇（有介质）的账户管理模式，过渡到接入渠道多样便捷、业务品种丰富贴身的综合服务阶段；从传统的由农村信用社转变而来的中小银行形象，向差异化道路、做真正实惠便捷而又有良好服务架构的现代商业银行转变。

任务一　银行营销策划

众所周知，市场营销首先从工商企业界开始，银行业的市场营销起步较晚。但是，随着市场环境的变化，在买方市场条件下，商业银行经营的成功，首先应该是营销战略的成功，营销在商业银行的经营中起着举足轻重的作用，银行的营销时代已经来了。

一、银行营销的含义

银行营销，实际上是由于经济的快速发展、金融市场竞争的加剧，营销理念及策略随着这种环境变化向金融领域延伸的具体结果。以前，商业银行由于其产品卖方市场的特殊性，所以缺乏主动服务意识，也不可能有营销的需求。美国著名的营销学家科特勒形象地描述了传统银行的作风：“主管贷款的银行家高级职员，面无表情地把借款人安排在大写字台前比自己低许多的凳子上，居高临下，颐指气使，阳光透过窗户照在孤立无助的客户身上，借款人诉说着借款的理由，而冰冷的银行大楼则宛如希腊神殿，让人不寒而栗。”这一时期，人们普遍认为银行与市场营销无关。

从1958年全美银行业联合会议首次提出银行应运用市场营销的观念，到20世纪60年代发达国家普遍发起的“银行零售革命”，再到轰轰烈烈的“银行再造”，西方商业银行市场营销经历了广告宣传阶段、友好服务阶段、金融创新阶段、服务定位阶段和计划控制阶段。而我国的银行营销虽然出现较晚，自20世纪80年代四大专业银行体系正式形成，银行营销才有了初步的发展，但时至今日，我国的银行营销已走向了国际化。

银行营销是指银行以金融市场为导向，以客户的金融服务需求为中心，通过运用各种营销手段，把银行的金融产品和服务提供给客户，建立、维护和发展与各方面的关系，以实现各方利益的一种经营管理活动。

二、银行营销模式

确定银行营销模式的起点在于对银行营销理念的定位，银行营销活动自从产生以来，在其发展的每个阶段，都与银行营销理念的转变存在着密切的关系。

（一）银行营销理念

几乎所有的银行都已认识到竞争越激烈，营销越重要。如何在日益激烈的竞争中求生存、谋发展，这是很多银行最关心的问题，而要破解营销困局，就必须有正确的营销理念的支持。而随着经济环境及行业格局的改变，适合银行的营销理念也在发生着变化，本书节选了部分银行营销的新理念。

1．知识营销

“先传授理财知识，再营销理财产品”是典型的知识营销理念，也是很多银行用于破解个人金融业务营销困局的一剂良药。银行提供的产品有着很强的专业性，而这些专业知识可能正是许多银行客户所不熟悉、不了解的，所以，对银行客户进行知识的传授及普及在知识营销中具有非常重要的作用,对客户进行长期甚至终身的教育与培训能够创造客户，并提高客户的忠诚度。知识的传授与传播会加深客户对银行产品的理解，同时也会消除客户的疑虑，进而推动银行营销工作的展开，在克服困难、降低营销成本的同时树立银行的影响与口碑。

2．网络营销

现如今，网络技术的发展已经改变了人们的生活习惯和交流方式，网络作为一种信息传输媒介，可以部分代替银行营销人员把营销信息传递给客户，同时，也可以将客户的需求反馈到银行，实现银行与客户的信息互通。而且，通过网络进行营销，有着速度快、成本低、覆盖面广等优点，这将在银行未来的营销中占据重要的战略地位。

案例

中国农业银行：“微农行”行无疆

2014 年 11 月至 12 月，“微农行”行无疆以趣味赛车小游戏为切入点，采用时下最流行的“手游”模式，将微信银行的银行卡绑定等业务功能以及用户分享植入游戏排行榜，增加用户参与度以及活跃度，并通过网上银行支付订金的方式带动网上银行活跃用户，获得了巨大的成功。

3．差异化营销

西方国家商业银行在 20 世纪 70 年代曾经遭遇了异常严峻的经营环境，面对着“金融脱媒”现象、非银行金融机构的激烈竞争以及动荡的宏观经济环境，西方国家普遍实行了差异化战略，并成功走出了困境。目前，我国商业银行也面临着诸多问题：缺乏核心竞争力、同质化现象相当普遍。而有效的差异化战略能够帮助银行摆脱同质化竞争的压力、提高利润水平，赢得细分市场客户。

银行差异化营销的核心是细分市场，针对目标市场客户进行定位，提供差异化服务，树立品牌形象。广义的差异化营销不局限于某个营销层面、某种营销手段，而是涵盖产品、形象、渠道等多方位、系统性的营销创新，并在创新的基础上实现品牌在细分市场上的独特地位和占有率。

4. 精细化营销

银行客户需求的多样化和个性化要求银行采用精细化经营。精细化营销可以提升客户的满意度和忠诚度。精细化营销对客户最具体、细致和个性化的产品与服务需求进行了发掘，因而能有针对性地为客户提供产品与服务。而随着银行新技术手段的广泛深入使用，其搜集和分析数据的能力大大提高，许多新的客户分析技术和手段正在被运用到银行营销领域，如大数据分析等，这些技术为银行的精细化分析提供了有力的支撑。

5. 整合营销

整合营销是欧美20世纪90年代以客户为中心营销思想的具体体现。这种理论建立了以客户需求为中心的市场营销四要素，即“4C”：Consumer（消费者）、Cost（成本）、Convenience（便利）和 Communication（沟通），瞄准消费者的需求和期望。

银行营销中的整合就是把银行各个独立的营销活动，如广告、促销活动、客户服务等综合为一个整体，进行整体策划。通过整合营销，可以实现银行资源的优化配置，帮助银行更好地满足客户的需求，提升银行的品牌形象。

6. 营销战

美国营销大师艾·里斯和杰克·特劳特出版了《营销战》一书，被美国企业界誉为企业营销的“战争论”，他们指出：市场营销就是战争，要想击败对手，只把目标瞄准客户是不够的。今天的市场营销，其本质并非局限于为客户服务，而是在与对手的竞争中，如何去防御、进攻、迂回和游击。在这场战争中，敌人就是竞争对手，而客户就是要占领的阵地。

随着银行机构的数量和规模的不断扩大，非银行金融机构对银行机构的竞争冲击，我国的银行业已进入买方市场，银行机构之间、银行与非银行金融机构之间的竞争愈演愈烈，银行要在这些战役中存活下来，就必须选择适合自己的战略。银行营销战是一场没有硝烟的战争，在这里，头脑就是战场，在头脑中明确营销战的制高点在哪里，如何占领或者守住制高点，这是营销战的本质。而银行可以根据自己的特点，选择进攻战、防御战、侧翼战或者游击战。

（二）银行营销模式

1. 银行营销模式发展变迁

银行营销模式的发展开始于20世纪70年代。

银行营销模式发展的第一个阶段是在20世纪50年代，商业银行诞生不久，企业可选择的融资渠道比较单一，主要是通过银行贷款进行融资，所以企业对银行的依赖程度很高，银行处于卖方市场。在这种大环境下，银行的销售主要是以生产为特征，以产定销，银行只提供可以实现的金融产品和服务，根本没有营销的概念，也不重视客户的金融需求。银行自主决定银行服务、产品、价格，而客户只能够被动接受银行的服务。

银行营销模式发展的第二阶段是20世纪50年代到70年代，随着市场经济的发展和资本市场的进一步发展，企业可以选择的融资渠道越来越多，企业不再仅仅依靠银行才能够获得融资，这样就加剧了银行业之间的竞争，逐渐出现买方市场。商业银行逐渐开始重视营销，但是这时的营销主要是以促销形式开展，一些银行加大了广告方面的投资，在促销上增加内容，如通过赠送赠品等方式来吸引客户。在这一阶段，银行和客户之间不再是稳定的关系，而逐渐开始松散交易。

银行营销模式发展的第三个阶段是在20世纪70年代到现在。随着资本市场的进一步发展，银行逐渐意识到要吸引并且长期保持稳定的客户关系，必须要有更加全面的营销策略，更加重视服务质量、市场细分、营销定位，这个时期商业银行的营销策略逐渐转向以客户关系为主导，也就是以客户为中心的全面营销活动。

2．商业银行营销模式发展现状

我国商业银行营销从总体来看，发展比较晚，和西方发达国家相比还存在着一定的差距，当前国内的商业银行营销主要停留在基础层次，在营销观念、营销机制、营销策略等方面还有很大的提升空间。

我国商业银行营销模式发展现状主要有：①营销活动趋于活跃。20世纪90年代，我国社会主义市场经济开始发展，成立了一批股份制银行，自此，我国才开始出现真正意义上的商业银行。随着银行数量的增多，同时，加入WTO放开金融市场后，外资银行大举进入我国，金融市场的竞争越来越激烈。在这种新的竞争环境的影响下，银行越来越重视营销活动，我国银行业也由此进入了营销时代。②营销渠道更加多样化。随着科学技术与金融市场的发展，银行营销活动逐渐运用各种现代信息技术手段，这使我国银行营销模式从单一化走向多样化。③营销手段更加多样化。营销手段更加多样化。我国商业银行的营销手段从最开始的“走出去请进来”的简单营销开始，如上街发传单、路演、展示、宣传等，随后逐渐在营销中采用各种媒体，如电视广告、广播、新闻等，在广告营销上的投入大幅增加。随着西方营销观念的普及，目前商业银行的营销手段更加多样化，不仅仅整合了传统的媒体营销，也结合网络、手机等新型媒介来进行营销。

3．我国银行的营销模式

当前，我国银行的主要营销模式是主客户营销管理模式，随着经济环境的变化，金融微观格局的变动和居民收入水平的提高，一对一营销模式也开始逐渐流行起来。

（1）主客户营销模式。

主客户营销模式最早起源于20世纪30年代的美国，当时美洲银行根据市场发展的需要，为了满足重点客户在金融方面的需求而实行重点客户关系管理制度，这种制度就是现在我国商业银行采用的主客户营销模式的雏形。到了70年代后，主客户营销模式为商业银行的发展起到了极大的推动作用，很快便在西方各国得到了大量的应用。我国商业银行在

20 世纪 90 年代开始引入主客户营销模式。

主客户营销模式从管理学角度看，其本质是主导客户导向关系的营销运行机制，是商业银行为了适应主要客户群体的多元化金融服务需求而进行的机制、体制和管理上的创新，它符合商业银行营销特点和管理特点，在实现商业银行盈利最大化的同时也保证客户利益的最大化。

主客户营销模式主要体现了以服务为导向、关注重点客户、以关系为内容、以团队为特征、以技术为核心这五个方面的内涵。

第一，以服务为导向。商业银行的经营特征决定了其营销模式首要特征就是以服务为导向。商业银行作为服务型企业，是为客户提供金融服务，货币或者金融产品是银行提供服务的一个载体，不能脱离银行的服务而单独存在。作为服务型企业，商业银行营销也是一种服务营销，商业营销的服务可以分为核心服务、便利性服务、支持性服务三个层次，其中便利性服务和支持性服务是银行服务创新的重点。主客户关系营销的服务导向也决定了商业银行营销中的难点是控制服务质量，提高商业银行服务的专业性和技术性，并且在服务过程中，由于要接触大量的客户，所以在服务过程中的可变因素也很多很复杂，这样就加剧了商业银行控制服务质量的难度。

第二，关注重点客户。许多行业都存在一个盈利定律，即 20%的客户为企业创造 80%甚至更多的利润，商业银行经营也是如此，因此商业银行开展营销需要高度关注重点客户。首先要注重与优质客户的双向沟通，如果仅仅注重单向沟通，那么就会导致交流不畅，也很难和优质客户保持稳定健康的关系。通过双向的沟通来加深优质客户对商业银行的认识，对商业银行满足客户多样化需求和维护客户关系意义重大。其次需要注意和重点客户的协调合作。商业银行的主客户营销模式开展的一个重点就是和客户双方的协调合作，双方加强沟通、相互适应、互助互利，才能建立良好的长期合作关系。最后要注意和重点客户的互惠互利，也就是说在实现商业银行利益最大化的同时也要实现客户利益的最大化，只有让双方的利益取得一致并且双方的利益都能得到满足，才有机会开展长期的合作，这种互惠互利也是商业银行和重点客户关系建立和发展的基础，与客户保持互惠互利关系就要求商业银行需要不断提高自身服务质量，为客户创造更大的效益。

第三，以关系为内容。商业银行营销是关系导向，因此必须做好关系营销，处理好与政府、股东、客户、企业、中介、融资者、投资者等多方面的关系，并且把关系深化作为商业银行主客户营销模式发展的重点。一般说来有三个阶段：①建立关系，商业银行和客户之间建立多种关系。②维持商业银行和客户的关系，提高双方的信任度和满意度。③要发展长期关系，也就是和客户建立长期稳定合作关系。

第四，以团队为特征。以团队为特征是在商业银行的主客户营销中为了满足客户日渐多元化的金融需求，商业银行要发挥业务综合竞争优势，实施团队营销模式，以重点客户为中心设计营销方案。

第五，以技术为核心。商业银行的金融数字行业特征决定了商业银行的主客户营销是技术导向的，商业银行的金融产品都带有数字产品和金融产品的特征，在主客户营销过程中，也要以技术为核心和客户建立连续的关系，如综合数据库技术、数据挖掘技术、在线分析处理技术、面向对象技术、C/S 系统技术等其他相关技术，为商业银行制订营销策略提供依据和支撑，使商业银行可以建立一个面向主要客户的统一前台，为商业银行营销模式的成功实施提供技术保障。

延伸阅读

国外商业银行营销模式

一、美国商业银行的市场营销模式

美国商业银行的专家认为，银行经营的风险就在于只埋头办理传统的银行业务，而放弃对银行的监测工作，银行只有通过后者才能鉴定当前提供的服务是否符合客户的需要。

为此，市场营销活动应主要致力于：

第一，采用一揽子的服务方式，即系列化业务服务。为了适应客户在生命周期中所处的不同情况，美国商业银行将各类金融产品和服务项目进行配套，以从整体上满足和解决客户的各种需要。同时，这种服务还向客户提供集业务员、咨询员、情报员为一体的“个人银行家”，负责对客户的财务状况提供咨询，并对客户所需的金融服务项目作出安排，帮助客户处理遇到的困难。

第二，采用有针对性的服务方式。围绕客户需要，把客户市场细分为不同的门类，并分别由已有的或新的金融产品来满足。商业银行人士认为，如果要取得更大的市场占有额，必须弄清楚这个市场的哪个部门能从自己提供的金融产品中得到好处。

第三，培养“关系”经理的服务方式。即建立起跨越多层次的职能、业务项目和地区、行业界限的人际关系。“关系经理”不仅推销银行传统业务，而且还为客户提供新的业务，使潜在的客户变成现实的“用户”，成功地实现账户渗透和业务的发展。

第四，加强公共关系，保持良好的信誉。美国的商业银行特别注重公众舆论态度的变化，认为加强公共关系、赢得公众好评是银行服务的基础。因此，商业银行从不放弃任何通过报刊、会议、商谈以及其他各种媒介活动进行宣传报道的机会，尤其偏爱使用广告这一促销手段，美国商业银行的广告费用远远超过其他国家。

二、日本商业银行的市场营销模式

日本学者认为，随着市场准入障碍的消除和市场竞争机制的加入，金融服务业将不可避免地沿着制造业和零售业的道路发展。大型集成化金融机构并不总是处在有利的盈利地位，对于专门从事于某个领域的小金融机构和能够提供高质量的银行业来说，依然有大量的商业机会。因此，面向21世纪的商业银行为了适应市场的不断变化，经营理念必须转向用户导向，主要的成功要素有三：①加强销售和开拓市场，提高银行的服务能力。具体包括发展咨询式销售，改进与客户的关系，建立“耳目商店”掌握客户喜好的最新变化，开拓潜在的市场，重组面向客户的分支网点，建立有效的分销渠道，诸如建立实验性自动化分支点和百货公司型的“金融广场”，通过使用信息网络吸引客户，如在消费者市场中开辟ATM、POS、网络和“家庭银行业务”等，在批发市场中开辟现金管理系统CMS、增值VANS和电子数据交换系统EDI等。②通过重组业务结构，发挥银行的内部潜力。金融机构要引入研究和开发的概念，加强业务领域中新产品的开发能力，发展以信息系统能力为基础的“内部办公室业务”，企业可以通过委托银行办理事务性工作，降低其劳动力成本和信息领域的投资支出，从而使经营活动更趋合理化。③改革管理系统，提高银行的能力。改革的目的不是要加强行政管理的能力，而是要建立支持营销战略行动的利润与风险管理机制，健全银行业绩评估指标体系，改革企业文化，加强员工的社会责任感，使银行本身以一个良好的企业公民形象加入社会，并通过专门的项目系统地完成社会义务，树立金融机构的卓著信誉。

（2）一对一营销模式。

1）一对一营销的概念及特点。

一对一营销是哲学博士 Don Peppers 和 Martha Rodgers 在他们的畅销书《一对一的未来：与客户逐一建立关系》中提出的。一对一营销是对现代市场营销学实践的根本性反思。当客户告诉你他需要什么时，在互动的基础上你对这单一客户进行改变的行为称之为“一对一营销”。根据“二八法则”，现在银行竞争的焦点是保留老客户，争取新客户，并且稳定客户关系，提高客户忠诚度。

与传统的营销方式相比较，一对一营销具有以下几个特点：①极大地满足客户的个性化需求，提高银行的竞争力。②有利于促进银行的创新发展。③加大了营销工作的复杂性。④需要建立银行与客户之间的学习关系。

2）银行一对一营销的实施程序。

银行一对一营销实施程序一般包括：①识别客户。要进行成功的一对一营销，关键在于拥有每一位客户的详细资料，这意味着银行人员应直接挖掘一定数量的高价值客户，建立详细的客户数据库，与每位客户保持长期良好关系，充分地提高每位客户的服务价值。②对客户进行差异分析。在充分掌握了客户的相关资料后，合理区分客户之间的差别是一对一营销的重要工作，银行可以根据客户的不同特征对客户进行分类，以便之后采取不同的营销活动。③与客户保持互动。一对一营销的关键之处就在于它能够和客户之间建立一种互动的学习型关系，并把这种学习型关系保持下去，以发挥最大的客户价值。银行与客户进行适时的互动，客户就会越多地告知银行自己的需求，方便银行为客户定制合适的产品与服务，同时，客户收获了较高的产品与服务体验，就越愿意与银行进一步进行沟通，这就形成了一个良性的循环。④实施定制化。了解了客户的需求之后，银行就必须围绕客户的需求，有针对性地提供合适的产品和服务，进而提升客户的忠诚度。

三、银行营销策略

银行营销策略是商业银行根据其经营战略进行市场经营和金融产品销售的一系列计策与谋略，它是商业银行经营战略的延伸和应用，是商业银行经营管理的重要内容。银行重视营销策略研究既是金融市场发展的客观要求，也是商业银行面对竞争环境，提高自身生存和发展能力的实际需要，同时，银行可以通过加强营销策略的研究来防范金融风险。

一般来说，银行在制订营销策略时，往往综合运用市场营销策略和手段，以达到经营目标。本书以 4P 理论为中心来介绍银行的营销策略。

延伸阅读

商业银行营销组合策略理论

商业银行营销组合策略理论包括4P营销组合理论、7P服务营销组合理论、4C营销组合理论、4R营销组合理论。

一、商业银行的4P营销组合理论

杰罗姆·麦卡锡（E.Jerome McCarthy）于1960年在其《基础营销》（Basic Marketing）一书中第一次将企业的营销要素归结为四个基本策略的组合，即著名的4P理论，包含产品（Product）、价格（Price）、渠道（Place）、促销（Promotion）。1967年，菲利普·科特勒进一步确认了以4P为核心的营销组合方法，即产品（Product）、价格（Price）、分销（Place）、促销（Promotion）。

二、商业银行的7P营销组合理论

20世纪80年代之后，服务营销在服务业成为主导的市场营销方式。1981年布姆斯（Booms）和比特纳（Bitner）提出，在传统的4P理论基础上增加三个服务性的策略，即人员（People）、过程（Process）和有形展示（Physical Evidence）三大管理策略，从而构成了支撑服务营销的7P营销组合理论。

三、商业银行的4C营销组合理论

进入20世纪90年代，随着商业银行市场营销的发展，商业银行营销传统的"4P"又逐渐受到"4C"的挑战。1990年，美国西北大学教授劳特伯恩从客户的角度提出了新的营销观念与理论，即"4C"营销组合理论。"4C"营销组合理论以消费者需求为导向，重新设定了市场营销组合的四个基本要素：客户（Customer）、成本（Cost）、便利（Convenience）、沟通（Communication），瞄准消费者的需求和期望。

四、商业银行的4R营销组合理论

2001年，美国学者唐·舒尔茨在4C营销理论的基础上提出了一种新的营销理论——4R营销组合理论。4R分别指代关联（Relevance）、反应（Reaction）、关系（Relationship）、回报（Reward）。该理论认为，商业银行应从更高层次上，以更有效的方式在银行与客户之间建立新型的主动性关系。

（一）产品营销策略

产品是银行实现营销目标的载体，产品策略是银行营销的起点，也是制订价格策略、分销策略和促销策略的前提和基础。

1. 银行产品组合

银行向客户提供的是金融产品，具有无形性、不可分割性、累加性、差异性等特点，在营销过程中，客户的需求是多层次的，银行应该将各类产品有机组合以满足客户多方面的需求，即进行产品组合，而产品组合是以产品线为基础的。

所谓产品线，是指功能类似的一组银行产品，如储蓄类产品线、信贷类产品线。银行的产品组合，一般包括产品组合的宽度、产品组合的深度和产品组合的相关度三个方面。①银行产品组合的宽度，是指银行所能提供的产品线的条数，银行产品大类或服务种类的多少。一个银行拥有的产品线数量越多，其产品组合宽度就越宽广，反之则越狭窄。②银行产品组合的深度是银行每一条产品线内产品项目数量的多少，银行每条产品线拥有的产品项目数量越多，其产品组合深度就越深，反之则越浅。③银行产品组合的相关度是银行所有产品线之间的相关程度，确定银行的产品策略即设计银行产品组合的宽度和深度。

2. 银行产品组合策略

银行产品组合的不同宽度和深度，反映了银行不同的营销策略。增加银行产品组合的宽度，可以拓展银行的业务范围，分散经营风险，如银行增设基金类产品线，就可以改善业务结构，实现多元化经营。扩展产品组合的深度，可以占领同类产品更多的细分市场，满足更多客户的需求。一般而言，银行的产品组合策略有以下几种。

（1）产品扩张策略。

产品扩张策略通过扩大产品组合的宽度，加深产品组合的深度，以更多的、更深层次的产品去满足市场的需求。但是这需要一个前提，即采取该策略的银行要有实力满足整个市场的需求。

（2）产品专业性策略。

这种策略是指商业银行根据自身专长，专注于经营同一种类的不同金融产品来满足市场需要。执行该策略时，产品组合的宽度一般较小，重点强调的是产品组合的深度及关联度。如某些规模较小的银行会专注于中小企业业务或零售业务。

案例

“以小为主，以微为重”——中国建设银行为小微企业提供综合性多功能服务

中国建设银行为提升小微金融发展战略，将大力发展小微企业纳入“CCB2020”转型发展规划，作为全行向综合性银行、多功能服务、集约化发展、创新银行和智慧银行转型的战略重点。

另外，中国建设银行还主动顺应国家战略变革，围绕“中国制造 2025”、消费升级以及“一带一路”倡议等重大战略布局，紧密关注供给侧改革所催生的新市场、新业态，重点培育创业创新型小微企业，创新科技金融服务，充分运用大数据、云计算、物联网等新技术，将小微金融服务与“互联网+”深度融合，提高金融服务实体经济效率。同时，深耕农村小微金融服务，实施精准扶贫，为实体经济补短板、增活力。

目前，中国建设银行一级分行纷纷成立了小企业业务专门管理部门，在全国主要城市和百强县设立“信贷工厂”模式的小企业经营中心，在全行推行统一的业务操作规范，实行中后台信贷操作环节的集中处理，并配备小企业业务专职人员。同时，单独核定小微企业信贷规模，将小微企业信贷服务指标纳入各行关键业务指标体系进行考核，配备单独激励费用，出台专门的不良贷款容忍度和尽职免责办法，不断强化小微企业专属服务能力。

针对制约服务小微企业贷款的信息不对称问题，中国建设银行借助模型设计与系统开发，创新建立起一整套数据挖掘、批量筛选、针对性评价与流程处理的业务模式，将“以小为主、以微为重”的转型理念深入落地。

早在2013年，中国建设银行在同业大银行中率先开发了小微企业零售评分卡模型，摒弃了以往重点关注的小微企业财务报表，围绕履约能力、信用状况、交易信息等非财务信息进行风险评价。2014年，该行又率先推出行为评分卡，建立小微企业续贷业务模式，客观评价企业履约能力，对符合条件的客户，可继续使用贷款额度，降低小微企业财务负担。

此外，中国建设银行还组建了上海大数据分析中心。在营销服务上，构建客户筛选模型，预测潜在目标客户，由客户经理进行针对性营销，实现精准服务；在产品供给上，挖掘企业需求，配套产品解决方案；在风险监测上，开发早期预警等系统工具，动态监测企业账户行为、经营状况等信息，一旦数据变动幅度过大，就会自动预警。

“中国建设银行利用发达的结算网络、成熟的现金管理系统，为小微企业提供资金集中、代收代付等服务。”陈彩虹介绍称，该行推出了“回款通”对公综合收款服务，旨在解决企业在收款过程中遇到的应收账款难以兑现、流动资金紧张的问题；推出现金管理品牌“禹道”，包含账户服务类产品、收付款产品、流动性产品、投融资产品、信息报告类产品、电子渠道及行业解决方案七大产品线，可满足企业经营的各种需求。

对有上市潜力的成长型小微企业，中国建设银行在提供信贷支持的同时，努力为企业搭建上市桥梁，设计和优化综合服务方案。如针对科技型小微企业，中国建设银行建立投贷联动中心，联合建银国际、知识产权评估公司等专业机构，构建知识产权、股权质押业务与投贷联动结合的合作发展机制，同时整合券商、股权投资机构、会计师事务所、律师事务所等市场服务主体，通过专业化服务团队，打造信息交流平台，指导和帮助企业了解、认知金融及资本市场，为企业提供信贷融资、挂牌上市、并购重组、股权转让等全链条一站式服务。

（3）产品策略。

产品策略可以是有针对性地为一个细分的市场专门定制产品，即产品细分策略；也可以是在同类市场上提供与其他竞争银行不同的产品，即产品差异化策略；又可以是通过产品向目标市场客户传递具有鲜明个性和特色的银行形象，即产品定位策略。

3. 银行产品生命周期策略

银行产品的生命周期，是指银行产品从投入市场一直到退出市场的整个过程。根据产品的销售额以及销售增长率，商业银行产品生命周期可分为导入期、成长期、成熟期和衰退期四个阶段。

（1）导入期。

产品的导入期是指银行新产品刚刚投放市场，是产品的初期试销阶段。这个阶段的主要特点为：银行产品尚未成熟，客户对银行产品了解较少；产品销量低，销售增长慢，产品成本高，处于微利或亏损阶段；竞争者少。这一阶段银行应该考察产品的需求情况，掌握市场容量，选择最佳投入时机，同时加大宣传，使产品尽快为市场接受，缩短导入期时间，根据产品类型选择合理的价格，做好渠道网络布点、咨询、服务准备。

（2）成长期。

产品的成长期是指银行产品通过试销打开销路，转入全面推广和扩大销售的阶段。这一阶段的特点为：产品基本定型，销售量逐渐增加，产生规模经济效益，利润增加；竞争者进入市场，激烈竞争开始。这一阶段银行可以增加人、财、物的投入，增设服务网点来维系客户，吸引新客户，同时，宣传、树立银行形象，创立名牌效应，使产品、银行形象渗入到客户心中，并扩大细分市场的范围，改善服务质量，使之更适应市场需求和业务的需要，并提高产品的竞争力。

（3）成熟期。

产品的成熟期是银行产品销售已经达到了饱和状态的时期。这一阶段的特征为：银行产品被广泛接受，市场呈饱和状态，产品供应过剩，销量逐渐下降，仿制产品不断出现，市场竞争加剧，这时，消费者为使自己的利益最大化而特别重视服务质量和商业银行的信誉。这一阶段银行的主要目标是保住现有市场份额并使利润最大化，可采取如下策略：①通过产品组合或改进产品性能，吸引更多不同层次的客户。例如，商业银行利用电子技术，将传统业务改进为网上银行、手机银行等电子银行产品。②通过减价保持和增加市场占有率。③综合运用营销策略增加销量。

（4）衰退期。

产品的衰退期是银行产品已不受欢迎并趋于淘汰的时期。这一时期的特征为：大量的替代产品充斥市场，销量下降；产品价格下降，利润迅速减少，甚至出现亏损； 竞争者转移经营目标，竞争减弱。这一时期的银行产品已经不再适合市场需求，产品竞争力不断减弱，银行应注重减少费用，尽量扩大利润空间。可视具体情况采取以下策略：维持策略，银行继续运用过去的策略，维持原有市场份额，直到产品退出市场。收缩策略，银行减少该产品的推广费用，将资源集中在最有利的市场。转移策略，银行把产品转移到有潜力的其他地区或细分市场上销售。淘汰策略，推出新产品替代旧产品。

4．银行产品创新策略

任何一款银行产品都具有一定的生命周期，最终会退出市场，虽然有些银行产品的生命周期相当长，如传统的储蓄存款就历经上百年至今尚存，但也有不少银行产品由于某些因素的影响而迅速地进入衰退期。近些年，随着投资证券化、银行业务电子化的趋势日益明显，以金融衍生品为代表的新型金融工具、金融产品层出不穷，同时，金融同业竞争程度加深，产品同质化现象极为突出，银行要提高其竞争能力，以便在众多的金融机构中脱颖而出，其根本途径就是金融产品创新。

银行产品创新，也称商业银行新产品开发，是指商业银行为满足客户新的需求，并能够给客户带来新的利益和满足的产品开发行为。商业银行产品创新并不一定是指绝对的全新产品，而是只要银行产品中的任何一个层次发生了变化或更新，使产品增加了新的功能或服务，并能给客户带来新的利益与满足，就可以称之为银行新产品。

一般而言，商业银行新产品可概括为以下五类。①全新型新产品：银行利用新原理与新技术开发的前所未有的产品，如 1998 年 8 月，华夏银行将计算机指纹自动识别技术与银行的储蓄业务结合，采用最新的计算机视觉理论与图像分析算法、模糊逻辑算法，借助神经网络原理在北京的营业网点推出指纹储蓄服务。②改进型新产品：银行对原有产品的结构、功能或形式上进行改造形成的新产品。③换代型新产品：银行利用最新的科学技术对原有产品进行革新形成的新产品，如银行卡的“升级换代”。④模仿型新产品：银行以市场上现有的其他产品为模板，结合本行具体情况加以改进、调整、补充推出的新产品，如 1972 年美国马萨诸塞州的一家互助储蓄银行获准开办“可转让支付命令”。⑤组合型新产品：银行将现有的两个或两个以上产品组合与变动推出的新产品。在现阶段，我国商业银行在组合产品创新方面的空间还很大，可通过与保险、证券行业合作，扩大业务范围、增加产品品种、拓展市场，通过全面合作，实现优势互补，满足客户的全方位需求，提供更加完善的服务。

一种银行产品能被称为新产品，并被客户所接受，必须具备以下几个特点：针对性、优越性、易用性、适应性和营利性。银行新产品的开发和创新是一项艰巨而又复杂的任务，需要大量的资金支持，为了降低开发新产品失败的风险，必须采用科学的方法，并按照一定的程序进行。一般来讲，银行新产品开发与创新的整个过程可以分为以下五个步骤：新产品的构思阶段，对新产品构思的筛选阶段，新产品概念的形成、测试与分析阶段，新产品的开发与试销阶段，新产品的商品化阶段及新产品的评价与监测阶段。

案例

中关村银行发布三大新产品，精准解决科技型中小微企业痛点

融资难、融资贵是创业者、创业团队普遍面临的问题，而究其背后更深层的原因，则是科技型中小微企业所面临的融资不确定性大，个性化、精准化综合金融服务水平有限，以及基于金融支持的创新生态协同效应缺乏这三大痛点。中关村银行从上述痛点着手，聚焦新时代、新金融，在依法合规的前提下，以符合科技创新企业成长规律、满足创业者实际需求为出发点设计产品。

“创业通”产品面向入驻创业园、孵化器、加速器、众创空间的创新创业企业，为首次融资的创业企业最高提供 300 万元贷款，3～5 个工作日完成快速审批，还款方式灵活多样，且不要求企业盈利。

“加速通”产品为高成长型科技企业提供便捷化融资，最高提供 500 万元贷款，3～5 个工作日完成快速审批，还款方式灵活多样。

“认股权贷款”是为由知名创业投资机构投资的企业提供的债权融资工具，旨在降低企业融资成本，为企业建立资金蓄水池和警戒线，发挥“疫苗”的作用，保护创业者的独特性和创造性，帮助企业以更高的估值融到下一轮股权融资。

中关村银行坚守特色定位，坚持差异化发展。将自身业务发展与实施创新驱动发展战略等国家战略紧密结合，创新开展以认股权贷款为主的投贷联动业务；积极实践普惠金融，发力智慧金融和场景金融，促进消费升级和传统产业转型升级；同时集中精力发展金融科技，坚持利用科技手段提升服务效率、有效防控金融风险。未来，中关村银行将继续探寻金融服务实体经济的高效路径，以持牌金融机构为核心，以投资、科技作为引领和支撑，连接各类资源平台，打造中关村银行科技金融生态圈和创新创业生态圈，为创业者和创业企业提供更多定制化综合金融服务，发现、培育和服务更多的独角兽企业和瞪羚企业，陪伴其共同成长。

（二）定价营销策略

银行产品的定价直接影响其整体经营状况，尤其是自 2015 年 10 月 24 日起，央行取消对商业银行和农村合作金融机构等的存款利率浮动上限，至此，我国的利率市场化基本已完成，无论是贷款还是存款利率管制都已经取消，金融机构都有了利率的自主定价权，如何合理定价对于银行来说就尤为重要。产品定价与客户的需求、银行的盈利之间密切相关，而定价需要寻找三者最佳的平衡点，可以说，产品定价策略的制订和动态调整从侧面反映了银行管理者的水平和艺术。

（三）分销策略

银行分销策略就是银行把金融产品和服务提供给客户的手段和途径。在市场竞争日益激烈的今天，科学地选择合理、恰当的分销渠道，在一定程度上决定着商业银行的生存和发展。在科技手段不断创新的今天，银行的分销渠道策略类型多样，归纳起来，主要包括以下几种。

1. 直接分销策略与间接分销策略

这是根据银行产品的销售是否利用中间商来划分的。所谓直接分销策略，也称零阶渠道策略，是指银行直接把产品提供给客户，不需要借助中间商完成产品的销售。传统的银行大量采用的是直接分销渠道策略，银行的直接分销渠道主要包括分支机构、面对面推销、直复营销、电子分销渠道（电话银行、网上银行、手机银行、自助银行）等。所谓间接分销策略，是指商业银行通过中间商把金融产品销售给客户的各种手段和途径。例如，商业银行通过大型超市的销售终端（POS）向客户提供电子支付服务。

2. 单渠道分销策略与多渠道分销策略

这是根据分销渠道类型的多少来划分的。单渠道分销策略是指银行只是简单地通过一个渠道实现金融产品的销售。多渠道分销策略则是指银行通过不同的销售渠道将相同的金融产品销售给不同的市场或不同的客户的策略。

3. 结合产品生命周期的分销策略

这种策略是根据金融产品所处的不同生命周期阶段而采取不同的分销渠道。例如，在产品导入期，当务之急是迅速打开市场，银行应以自销或独家营销为主，尽快占领市场；在产品成长期应该选择有能力、有经验的中间商进行分销，提高销售量，扩大市场份额；在产品成熟期应该拓宽分销渠道，寻找更多的中间商，进一步扩展业务活动的范围；在产品的衰退期则可选择声望高的中间商分销产品，以获取产品最后的经济效益。

4. 组合分销渠道策略

分销渠道的组合一般有两种形式：垂直型分销渠道组合与水平型分销渠道组合。垂直型分销渠道组合即分销渠道的纵向联合，由商业银行、批发商和零售商组成，进行专业化管理和集中计划的营销网络。水平型分销渠道组合，是由同一层次的两个或多个相互无关联的营销组织，组成联合体开展营销活动。在时间上，这种联合可以是短期的，也可以是长久的。这种模式旨在通过联合营销，降低成员的经营风险，还可以充分利用各自优势共同开发市场。

（四）促销策略

银行向市场推出新产品或新服务时，必须考虑如何向目标客户介绍、宣传和推广，以便客户知晓、了解、产生兴趣，并最终购买，这就是银行的促销策略。

1．广告促销策略

银行在促销中使用的广告属于狭义的广告，即经济广告，这是银行向客户传递经济信息的一种促销方式。银行的广告宣传一般有两个目标：强调银行整体形象的长期目标和宣传银行产品的短期目标。

银行广告促销的策略程序一般要注意四个方面：策划、定位、效率、创意，其中策划是银行广告的核心，应围绕着市场调查、以客户为中心设计广告，并适应客户心理变化，以达到最大限度吸引客户注意力的广告诉求。而定位就是要确定银行产品在同类市场中的位置，包括以客户利益和产品特点定位、以产品价格和品质定位、以产品和服务类别定位、以使用者定位、以文化形象定位、以竞争者定位。通过广告促销，要实现塑造银行个性的目标。

2．人员促销策略

营销人员是建立银行与客户之间联系的重要桥梁，这种直面营销的方式是现阶段银行的主要促销方式。银行人员促销一般遵循“公式化的推销”理论，主要过程分为以下步骤：寻找目标客户、促销前准备、接近目标客户，并向客户介绍产品和服务、处理异议并促成交易和后续服务。银行的人员促销包括柜台式促销、上门式促销、示范式促销、诱导式促销、针对性促销、差异式促销。

3．公共关系促销策略

除了广告促销和人员促销以外，进行公共宣传和与社会各界保持良好关系也是银行的一项重要营销活动。银行公共关系促销，是指银行运用各种传播手段与社会公众沟通，以达到树立良好银行形象，赢得社会公众的好感、理解、信任与支持，从而乐于接受银行产品和服务的目标。

银行在其营销活动中，面对的公众是多层次、多种类、多方面的，归纳起来，银行公共关系的对象主要有企业和居民、其他同类银行、新闻媒体以及内部员工等。①银行与企业和居民之间是客户关系。要建立良好的客户关系，就必须让客户充分了解银行的宗旨、信誉、产品、服务等，为客户提供多样化的产品和热情周到的服务，善于及时处理客户的投诉等。②银行与其他同类银行之间是竞争关系。有竞争才会有发展，银行要善于协调与竞争者的关系，尊重竞争对手，创造和睦相处、团结合作、共同发展的外部有利环境。③新闻媒体是银行宣传工作的重要载体，因此，银行要实现自己的宣传目标，就必须重视新闻媒体，与新闻媒体维持良好的关系，包括勤于并善于与新闻媒体接触，寻求建立长期稳定的合作关系，研究新闻媒体的特点，掌握新闻工作的规律，尊重新闻工作者等。④内部员工既是银行公共关系的对象，又是银行开展外部公共关系工作的依靠力量，因此，银行要重视对其员工的公关工作，培养集体凝聚力。尊重员工的个人价值，建立和运用激励机制，与员工保持适时的沟通等。

4. 营业推广策略

根据美国销售协会的定义，营业推广是用短期的诱因激发消费者购买，从而提高销售的效率。营业推广的方法是非规则性、非周期性的，如为了吸引客户进行的表演、展览、宣传等。它可以弥补以上几种促销方式的不足，因此越来越被银行所重视。

银行的营业推广一般包括营业过程中的营业推广、差异营业推广和业务宣传咨询，其中营业过程中的营业推广又分为临柜人员推广、客户经理推广和大堂导储。同时，营业推广的工具繁多，五花八门，包括赠品或赠券、赠送样品、专有权益、有奖销售、免费服务、促销型策略联盟和利用“意见领袖”等，银行应根据市场类型、客户心理、销售目标、产品特点、竞争环境以及各种营业推广的费用和效率等择而用之。

案例

光大银行：打出社交情感牌

如何让电子银行这种相对技术性的金融产品变得人性化？光大银行尝试通过社交网络发起一个约会活动，巧打社交情感牌，光大电子银行新一代的身份认证工具——阳光令牌也获得了充分的曝光。

光大银行于 2010 年在国内首次推出了阳光令牌，与光大银行以往的阳光网盾（USBKey）认证方式相比，其安全性、易用性大大提升。阳光令牌独立于计算机、手机等终端设备，不用安装就能使用。它能自动生成六位动态密码并每分钟变换一次，且可实现对网上银行、手机银行、电话银行、电子支付等电子渠道的统一身份认证。

“对于正在通过诸多密码和安全认证工具使用电子银行的人来说，阳光令牌就像一个‘金融身份证’”，光大银行市场部负责人说，“我们一直尝试将电子银行的便捷功能、即时服务、时尚网络等优势与像 SNS 这样的新型互联网应用相结合”。但是金融产品的特性相对技术化，如何拉近电子银行与用户的距离，让用户了解如此之多的产品卖点呢？

经常使用电子银行的白领们，大多不是忙于工作就是沉迷网络社交，却很少有时间和朋友约会。“1 天见一次同事，7 天见一次老板，30 天见一次房东，你却多久没见过 TA？光大银行阳光令牌‘阳光约会吧’活动火热进行中，和 TA 约个会吧，让冬日充满阳光，更有机会去香港约会！”广告吸引了大量的网络用户发起约会。

光大银行通过植入阳光令牌帮助大家完成网上约会，使之成为增进彼此情感的桥梁，将银行产品变得人性化。用户接受约会邀请后，需要通过网站上虚拟的阳光令牌获得密码，并通过输入密码查看邀请内容、留言等。这一环节与现实中借助阳光令牌登录电子银行的过程是一致的，因此不仅让产品获得了充分曝光，还让用户在线上互动中形成了对阳光令牌的切实使用体验。活动还设置了抽奖环节鼓励用户邀请更多好友加入活动。

光大银行市场部负责人在谈到为何选择社交媒体作为沟通渠道时谈道：“作为国内一家富于创新精神的银行，光大银行一直在尝试创新的营销方式。我们在选择社交媒体的时候有四点考虑：①大规模的用户群体。②真实有效的人际互动关系。③滚雪球的传播效应。④成熟的商业营销经验。我们愿意通过社交媒体这种贴近网民、平等沟通的交流平台与客户保持实时沟通，以及提供更好的客户服务。”

任务二 银行人员营销技巧

一、银行营销岗位及职责

在银行的营销活动中，营销人员是连接银行与客户的桥梁，其营销工作的质量直接决定着银行营销的成败。而就目前我国银行机构的设置来看，一般营业网点的营销人员主要是柜面营销人员和客户经理，这两支队伍的数量与质量反映了一家银行的软实力，是其核心竞争力的基本构成要素。

（一）柜面营销岗位及职责

临柜服务人员主要在银行的各营业网点向前来办理业务的客户提供服务，他们主要提供标准化的规范服务，可以说，临柜人员的服务素养、面貌风气展现了银行的外在形象。一般认为，柜面营销人员包括大堂经理、银行柜员（主要指普通柜员）和理财顾问等。

1．大堂经理的岗位职责

大堂经理是银行业改善金融服务、提高服务质量的一个重要环节。银行的网点种类、产品功能、业务布局等各不相同，客户需要办理的业务也不尽相同，加之客户的相关金融知识差异很大，就需要银行提供服务介绍、服务引导、客户意见处理、矛盾化解的专门岗位，大堂经理便充当了这一角色。

大堂经理的岗位职责主要包括：①服务管理。严格按照规定，协助网点负责人对本网点的优质服务情况进行管理和督导，及时纠正违反规范化服务标准的现象。②迎送客户。热情、文明地对进出网点的客户迎来送往，从客户进门时起，大堂经理应主动迎接客户，询问客户需求，对客户进行相应的业务引导。③业务咨询。热情、诚恳、耐心、准确地解答客户的业务咨询。④差别服务。识别高、低端客户，为优质客户提供贵宾服务，为一般客户提供基础服务。⑤产品推介。根据客户需求，主动客观地向客户推介、营销本行先进、方便、快捷的金融产品和交易方式、方法，为其当好理财参谋。⑥收集信息。利用大堂服务阵地，广泛收集市场信息和客户信息，充分挖掘重点客户资源，记录重点客户服务信息，用适当的方式与重点客户建立长期稳定的关系。⑦调解争议。快速妥善地处理客户提出的批评性意见，避免客户与柜员发生直接争执，化解矛盾，减少客户投诉，对客户意见和有效投诉的处理结果应在规定时间内及时回复。⑧维持秩序。保持整洁的卫生环境，负责网点设施的摆放和维护，维持正常的营业秩序，提醒客户遵守“一米线”，根据柜面客户排队现象，及时进行疏导，减少客户等候时间；密切关注营业场所动态，发现异常情况及时报告，维护银行和客户的资金及人身安全。

2．银行柜员的岗位职责

窗口柜面服务是银行为客户办理业务的主要方式，银行柜员承担了具体办理各项业务的工作。银行柜员的业务能力和服务能力向客户展现了银行的专业形象和品牌特色，是一种无形的营销。

银行柜员主要从事的各类柜台业务包括：①对公、对私柜面业务，做好储蓄会计核算等基础业务，确保分管工作正常有序开展。②正确保管与使用各类业务公章、办迄章、本柜印章等。③当日账务的核对、结账，确保所记录的流水账日终（日中）轧账试算平衡，账款、账证相符。④收集大客户的资金信息，及时汇报给支行负责人，与客户建立沟通联系，关注客户的资金往来。⑤积极开展优质服务工作，为客户提供差别化服务。⑥接受客户咨询，并适时向客户介绍宣传银行产品等。

3. 理财顾问的岗位职责

理财顾问是适应客户理财需求，拓展银行中间业务的主要人员。理财顾问营销的理财产品，包括银行理财产品和银行代理理财产品。

理财顾问的岗位职责包括：①向客户提供专业的投资理财建议和筹划，帮助客户的资产组合达到最优化。②按照客户需求，向客户提供或推荐组合型的负债、资产、中间业务产品。③根据客户的贡献度，为客户提供相应的优先、优惠和附加值服务。④为客户提供国家经济、金融有关法律、法规、政策的咨询服务等。

（二）客户经理岗位及职责

银行客户经理是在银行内从事市场分析、客户关系管理、营销服务方案策划与实施，并直接服务于客户的专业技术人员，客户经理既是了解客户信息、客户需求的市场调查人员，又是产品和服务的推销人员，同时又是客户关系的维护人员。

银行的经营策略不同，客户经理的职责也不尽相同。有些银行的客户经理仅提供前期客户的开发工作而不为客户提供具体的服务，有些银行则仅负责为现有客户提供服务不开发新客户。不过，我们大多数时候指的客户经理是既要开发客户，又要为客户提供服务的全方位客户经理。优秀的银行客户经理，必须有较强的公关能力、系统的营销策略和强烈的服务意识，能够积极调动商业银行的各项资源为客户提供全方位、一体化的服务。

由于各家银行的规模大小和管理机制、岗位设置等存在差异，因而客户经理的具体职责也有所差异。一般来讲，银行客户经理的主要岗位职责包括：①加强市场研究分析，掌握市场变化，为领导决策提供翔实的参考依据。②负责对各支行上报的重点项目进度跟踪、落实，按季进行通报。③在银行从事个人客户开发、客户管理和维护、产品销售、市场拓展等工作。④在银行网点识别并引导客户、挖掘优质客户资源、推介销售金融产品、提供业务咨询和服务。⑤组织（或参与）银行某一金融产品或产品线的创新设计、生产营销、管理服务和应用实施工作。⑥建立并维护客户关系，通过各种渠道主动寻找客户，调查客户需求，与客户建立业务联系，定期拜访客户，维系与客户的良好关系。⑦售前和售后的协调工作。⑧与合作银行各相关机构建立并保持良好的合作关系。⑨参与与银行业务有关的会议与谈判以及事务协调。⑩搜集客户的各种信息，包括财务信息、管理资源信息、行业和产品市场信息等，对搜集到的资料进行整理，建立客户档案及时向产品开发部门提供建议。⑪草拟、签订相关的合同、协议等工作。⑫配合或组织公司其他部门及成员完成银行产品项目的接入和实施。

二、银行营销技巧

营销是一门科学，又是一门艺术，更是实践活动。对于银行而言，成功的营销会使客户满意，提升银行的品牌形象，进而获取更高的利润。而优质的服务来源于高超的技巧，要进行成功的营销，银行的营销人员必须掌握一定的营销技巧，提高营销活动的成功概率，实现高效率的营销。

（一）银行柜面营销技巧

柜面不仅是为客户提供各种金融服务的地点，而且是客户了解银行、体验银行服务的窗口。因为柜面直接接触客户，所以柜面营销更为直接有效。而且柜面营销具有成本低、效率高、开展方便的优势，对于银行来说，是市场拓展的主要方式之一。

1．迎宾接待

银行的大堂经理对客户要实现站立服务、来迎有声，为客户提供良好的瞬间服务。柜面营销人员要注意基本的服务礼仪，保持微笑，注意微笑与眼睛的结合、与语言的结合、与身体的结合。留意客户的言行举止，初步分析客户的消费心理。

2．业务推荐与办理

在与客户交流的过程中，要进行有效提问，积极倾听客户的疑问与困难，抓住核心问题，并直接进行解答。在介绍与推荐业务时，切忌盲目向客户推介服务或产品，探询客户的需求要主动询问客户感兴趣的话题，主动问一些开放性问题获得信息，从客户的表情和动作判断，或者是从他主动表达的话语中快速分析。在没有摸清楚客户的真实需求前，切勿随意给客户推介某种服务或产品，否则会造成客户的反感和厌恶。同时，要注意把握适当的时机和礼仪：零干扰（不要进行强迫服务，影响客户）、掌握分寸（时间适当，语言适当），业务介绍的重点：人无我有（同类产品中别人没有我有）、人有我优（同样的产品，我的质量最好）、人有我新（介绍我行的创新之处等）。

在与客户的交流中，要巧用雅语，禁用俗语。对于客户的不满，要保持平静、不去打岔，专心于客户所关心的事情，耐心地听完对方的全部叙述后再做出回答，表现出对对方情感的理解，知道在什么时候请求别人的帮助。面对激动的客户时，先别急于解决问题，而应先抚平客户的情绪，然后再来解决客户的问题。

总之，在与客户的交流沟通中，要找到适合自己的沟通语言。由于每个人的性格特点和讲话方式不同，营销话术也应有所不同，同样的话由不同的人表达出来的效果是不一样的。因此，柜面营销人员要找到适合自己的话术，最直接的方法就是把别人的有效营销话术结合自身的特点，转化成适合自己的语言。

3．客户投诉处理

面对客户的投诉，首先应向客户真诚地致歉，然后专注地倾听客户诉说，准确领会客户意思，把握问题的关键所在，探寻合理的解决之道，尝试当场解答疑难问题。当事件升级时应当缓处理，并适当跟进核查。

（二）银行客户经理营销技巧

银行客户经理以自身良好的业务素质，为客户提供多层次、全方位的金融服务，满足客户的需求，能够赢得客户的信赖，争取到优质的客户，从而改善、优化客户队伍，为商业银行的长远发展奠定基础。优秀的客户经理能够完整理解自己的角色，形成锐利的营销风格和完美的操作技巧，创造顶尖的营销业绩和幸福的个人生活。

1. 积极的心态

心态决定一切，积极的心态通向成功的人生，消极的心态会走向失败的人生。对于市场营销而言，多数都是从被拒绝开始的，而客户经理从事的市场营销工作又是人世间最难的两件事：把自己的观念灌输给别人、让别人把自己的钱自愿地从腰包里掏出来送给你，艰难程度可想而知，这就需要客户经理用积极的心态去面对工作、面对拒绝，对于营销，没有失败，只有放弃，良好的心态是成功的一半。

2. 准客户市场开发

银行的客户经理需要走出银行，主动拓展客户、服务客户与维护客户，而这一切是建立在找准客户的基础上的。准客户是客户经理的宝贵资产，寻找符合条件的准客户是客户经理最重要的工作。所谓准客户是指有经济能力、闲散资金、投资需求、比较容易接近、有投资决定权等特征的客户。准客户开发的方法一般包括：缘故关系法、转介绍法、电话行销法、收集名单和资料、问卷调查法、交叉销售法、目标市场法、职团开拓法等。要根据自己的特点定制适合自己的“猎‘人’计划”来寻找准客户：①从认识的人中发掘。②从生意往来人员、行业协会等寻找。③从产品周期中寻找。④利用客户的名单或同质市场。⑤从报纸、资讯、潮流中寻找。⑥了解产品服务和技术支持人员。⑦与1米距离的人交流。⑧借助专业人士的帮助。⑨通过电话、信封、邮件等。⑩交叉销售联盟等。

同时，客户经理一般需要编织客户关系网，功能健全的客户关系网络会给成员带来许多益处，对于银行客户经理而言，要组建自己的客户关系网络，首先要做一个研究成功者的模仿者，多参与一些社会组织，如工商联、行业协会等，结交良师益友，担当起协助他人的重要角色，成为对别人感兴趣的内向性格者，而不要成为让别人感兴趣的外向性格者。客户关系网络组建之后，要发挥网络的效用，切忌只晒网不打鱼，如生日、周年纪念日，寄出一张贺卡、电子贺卡，请求帮助和主动帮助别人，把网络变成生活中的一部分。

3. 访问客户前的准备工作

对于客户经理来说，在选好目标客户之后，就要拜访目标客户。在正式接触客户之前，客户经理需要为正式营销面谈而做一些事前准备工作，以减少接触时犯错误的机会。准备工作包括：①客户物质资料准备。首先要收集客户的基本资料，对于个人类客户，收集的资料包括但不限于客户的经济、健康、家庭、工作、社交、爱好、文化、追求、理想、个性等，对于企业类客户，收集的资料包括但不限于客户的基本信息、行业、产品、近几年的生产经营状况、与其他企业的业务关系、资信状况、高管人员的简历及决策者的素质等。②客户资料分析。客户经理在收集了各种客户信息之后，需要对资料进行系统的整理、分析、判断与保管，包括采用比较有效的表格文件进行记录，对主要资料、数据牢记于心。③营销资料的准备，包括银行的宣传资料、可能涉及的产品或服务的宣传、介绍与特色等。④工具的准备。与客户正式进行沟通之前，客户经理需要准备适当的营销工具，如得体的衣着、设计合理新颖的名片等。此外，在正式拜访客户之前，需要进行必要的电话沟通，以表示对客户的尊重，以免冒昧拜访引起客户的反感。

4. 接触面谈技巧

与客户的直接沟通和交流是营销过程中不可缺少的环节，也是最真实有效的营销活动，客户经理与客户的接触需要注意仪容、仪表，合理使用语言、表情和动作，注重展示自己的综合素质。

第一，建立与客户的信任度。二八定律表明：购买行为 80%受人情绪影响，80%的购买是因为信任销售人员，而不是公司的产品和价格，老客户会反复购买。没有对销售人员的信任就没有营销，所以，客户经理要从服饰、举止、交谈、资料等方面入手，从细节入手，给客户创造良好的第一印象。

第二，面谈中重要的技能——寒暄。适当时机的寒暄可以放松彼此第一次接触的紧张情绪，解除客户的戒备心，建立初步的信任关系。寒暄时，客户经理尽量多听少说，择机采用开放式发问、封闭式发问或想象式发问，适时赞美客户，通过情绪同步、生理状态同步、语言同步等展现自身的亲和力。但是寒暄时切忌话太多、背离主题、心太急、急功近利、人太直、争执辩解。

第三，寻找投资需求点。行为心理学表明人的行为动机有两个：①解决问题。②获得快乐。客户经理在寻找客户投资需求时，要站在客户的角度思考，我们的产品、服务能给客户解决什么样的问题？产品、服务能给客户带来什么样的快乐？客户头脑中的问题有哪些是最希望得到解决的？我们能够帮助客户什么？以此为起点寻求客户需求点。

第四，人性营销的沟通技巧。在与客户的沟通中，要多采用认同语型、赞美语型、转移语型、反问语型。

第五，连环发问技巧。客户经理其实是上门的医师，通过寒暄、询问，了解客户的背景资料，通过认同赞美建立对方的信赖度，通过连环发问检查、探测病因，客户经理要做到像记者一样准备问题，像律师一样引导问题，像侦探一样发现问题。

5. 说明成交技巧

客户经理要从客户的需求出发，诚信对待客户，为客户推介适当的金融产品或服务，而要促成最终交易的实现，则要求客户经理在介绍产品或服务时也要掌握一定的技巧。

第一，展示说明框架。说明框架应该包括两个部分：核心部分和准备部分，其中准备部分是客户经理应该掌握的内容，主要用于答疑，核心部分是重点，围绕着客户的利益，对客户带来的好处，用于展示。

第二，展示说明的技巧和方法。在对产品或服务进行展示说明时，要注意客户经理只是客户参与展示的教练、指导员，客户才是核心，要设法让客户一起参与展示说明，让其感官、身体一起动起来。展示过程中多用笔少用手，多与客户进行目光交流，多肯定对方，多用展示资料、图片、语言、举例，比喻应生活化，谈及费用时，化大为小，让数字有意义。展示说明的方式可根据需要适时采用口谈、笔算、看图说话、项目计划书、现场演示、实物展示、多媒体展示、老客户证言、相册、图片、报刊、影视等。

第三，说明公式。采用公式“利益+特色+费用+证明”进行说明，即介绍利益，强调特色，化小费用，物超所值，辅以证明，铁证如山。同时，可以引入“先生，还有什么要求吗？”“您还有什么不清楚的地方吗？假如没有问题的话，有关资料现在就填一下，可以吗？”之类的促成语言。若说明中遇到了客户的拒绝，无法促成本次交易，不要急于求成，要为下次继续沟通做好铺垫。

第四，快速促成交易。客户经理要在展示说明后，帮助及鼓励客户做出投资决定，并协助其完成手续。快速促成的方法包括假设成交法、次要成交法、二择一法、正反对比法、威胁法、利诱法、利益说明法等，同时，要注意观察客户的表情变化、动作变化和客户提出的问题，这些都有可能成为促成的信号。

6. 客户维护技巧

客户会由小到大、由少到多地逐步成长、发展和积累，银行与客户之间的沟通是一个连续的、经常性的过程，因而，客户经理在营销中对客户关系要进行持久的关注和耐心的呵护，要注意客户的培养，使之最终成为自己终身的客户。

（1）发掘客户的潜在需求。客户经理在与客户的交往中，应对客户的需求表示肯定，不漏痕迹地加以赞扬和鼓励，激发客户实现需求的欲望。

（2）扩大客户的选择自由。客户经理在向客户推介产品或服务时，应该以客户为中心，尊重客户的意愿，可以提出建议和意见，但不可强迫客户选择。若本银行的产品和服务确实无法满足客户的需求，可以为客户推荐同行业其他银行的合适产品，以赢得客户的尊重。

（3）保持客户的长期满意。银行可以在现有产品和服务的基础上，通过各种方式满足客户提出的要求，包括如实告知产品的不足，主动发现客户的新需求并不断改进产品和服务，不断进行产品创新等。

（4）锁定忠诚客户。银行的大多数利润来源于现有客户群而非潜在消费者，客户将资金投资于某一家银行是因为信任这家银行的产品或服务，而银行要保持住现有的客户群、维持住这种信任，就要采取措施赢得客户的忠诚，通常，需要坚持四点原则：①表明诚意，与客户建立忠诚的关系需要长期的沟通和积累。②忠诚度的提高是一个渐进的过程，与银行的适当维护有关。③没有永恒的忠诚，但通过适当的服务能提高客户的忠诚。④提高客户忠诚度需要实现双方的互惠共赢。

项目小结

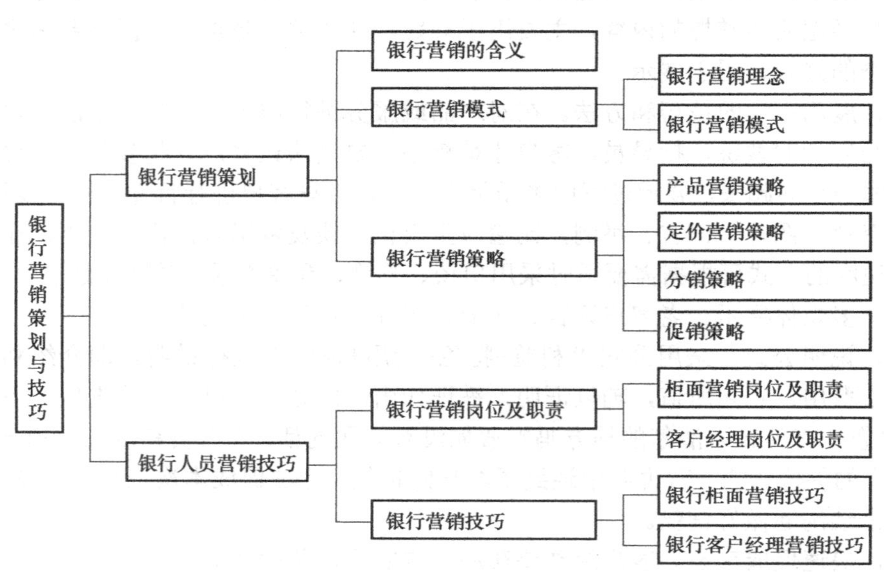

同步练习

一、单项选择题

1. (　　) 是银行营销的起点，也是商业银行制订和实施其他营销策略的基础和前提。

A. 产品策略　　B. 市场环境分析
C. 市场细分策略　　D. 市场定位策略

2. 银行的促销方式不含 (　　)。

A. 广告　　B. 人员促销
C. 公共宣传和公共关系　　D. 销售联盟

3. 商业银行的产品组合策略中的产品线专业型策略强调的是 (　　)。

A. 产品组合的广度和关联性　　B. 产品组合的广度和深度
C. 产品组合的深度和关联度　　D. 产品组合的宽度

4. 下列 (　　) 是银行客户经理在给客户推荐产品时不必熟知及详细解释的知识。

A. 产品的特点　　B. 产品的风险
C. 产品的有效　　D. 产品的设计过程

5. 陌生拜访时，针对不同的客户应有不同的时间安排，如 (　　) 最忙的是月初和月末，不宜接触。

A. 医生　　B. 教师　　C. 会计师　　D. 公务员

6. 银行的促销方式不包括 (　　)。

A. 广告　　B. 人员促销
C. 公共宣传和公共关系　　D. 销售联盟

7. 给完全陌生的客户打电话时，最好不要 (　　)。

A. 过多的寒暄　　B. 直接进入主题
C. 提出见面要求　　D. 简短

8. 银行的产品组合一般不包括 (　　)。

A. 产品组合的宽度　　B. 产品组合的深度
C. 产品组合的相关度　　D. 产品组合的长度

二、多项选择题

1. 银行在进行营销决策前首先对 (　　) 进行调查分析。

A. 客户需求　　B. 竞争对手实力
C. 金融市场变化　　D. 宏观经济环境

2. 营销的“4P”原则包括 (　　)。

A. 促销　　B. 产品　　C. 渠道　　D. 价格

3. 下列营销观念中，错误的是 (　　)。

A. 满足和创造客户需求　　B. 营销即为销售
C. 营销是建立品牌的艺术　　D. 通过降价来增加销量

4. 商业银行在制订产品和服务价格时，为了应对和防止竞争，其价格可以 (　　)

其竞争者。

A. 不确定　　B. 等于　　C. 低于　　D. 高于

5. 下列属于客户维护策略的是（　　）。

A. 帮客户省钱　　B. 让客户心情愉快

C. 为客户提供额外价值　　D. 超越客户期望

6. 银行产品的生命周期包括（　　）。

A. 导入期　　B. 成长期　　C. 成熟期　　D. 衰退期

三、简答题

1. 简述银行营销的概念及特征。
2. 银行客户经理的岗位职责有哪些？
3. 影响银行产品定价的因素有哪些？
4. 在目前的经济环境下，你认为银行应如何提高其产品竞争力？
5. 品牌对银行有什么重要意义？

实训项目

【实训目的】

1. 熟悉银行产品及相关资料的搜集渠道。
2. 了解目前市场上银行销售的产品及其营销方式。
3. 了解银行的营销岗位。
4. 掌握银行产品营销的基本技巧。

【实训内容】

1. 寻找我国目前市场上的银行及其产品资料，列出5家银行的名称及其产品信息，并标明资料来源。

2. 找出一家你感兴趣的商业银行，简要介绍其品牌文化（口述）。

3. 列出3家本地的商业银行，寻找其相应的本市（县）位置。

4. 以一家银行为例，寻找该银行的某一金融产品，熟悉相关资料，并尝试对该产品进行模拟营销。

【实训方式】

1. 通过各种财经网站及银行官方网站搜集资料。
2. 利用课余时间，组织一次社会调查，走访本地的商业银行。
3. 以小组等形式，进行银行产品模拟营销。

【实训报告】

说明搜集到的银行与银行对应的产品信息，本地商业银行及其位置，一家本地商业银行及其产品介绍，说明实训体会与收获。

项目七 证券营销策划与技巧

学习目标

知识目标

- 了解证券公司客户经理的岗位职责
- 掌握证券经纪业务的概念、基本要素及确立
- 熟悉证券经纪业务营销的策划程序

能力目标

- 能够以客户经理的身份对证券公司的产品或服务进行初步的营销
- 能够对证券公司的经纪业务进行营销策划
- 能够对证券公司的经纪业务进行简单的营销

素质目标

- 树立正确的证券营销理念
- 初步掌握证券营销技巧

项目引例

e海通财的移动互联网之路

移动互联网技术的发展，以及移动智能终端的普及，使得移动端成为很多行业的必争之地，券商行业也不例外。传统的券商不得不放下"身段"拥抱移动互联网，然而券商的移动互联网转型却是几家欢喜几家愁，海通证券旗下移动应用平台e海通财算是转型中的佼佼者。

e海通财是海通证券于2014年推出的移动互联网应用平台，曾创下一年独揽500多万用户的神话。e海通财是如何做到的？

产品和服务策略：以人为本

从一开始，e海通财设计理念的核心便是以人性化为中心，致力于为用户提供舒适、便捷、安全的一站式综合金融服务体验，这种理念渗透到e海通财产品和服务的每一个细节里。

在这种理念下，e海通财拥有业界最多的交易品种，覆盖A股、B股、沪港通、新三板、融资融券、OTC柜台市场等业务需求，其中像沪港通、分级基金分析合并等交易品种多为业内首创。在线商城更是囊括银行理财、债券、贵金属、公募基金、私募基金等市面上大部分理财产品。

资讯方面，e 海通财也十分全面和专业，既有资讯的全面性和及时性，也不乏独家的深度分析。将股票、债券、基金、期货等市场动态一网打尽，并且，e 海通财还创新性地推出新三板、商品期货、海外指数等行情资讯。

利用技术上的优势，e 海通财还实现便捷化的 7×24 小时随时随地服务，通过刷脸，3 分钟即可完成在线开户。提供便捷性的同时，e 海通财也不忘优化体验，使界面更简洁和美观，功能上更富于逻辑性，贴合用户习惯。

在人性化的思维下，e 海通财还引入智能化概念。依托于海通证券强大的大数据采集与分析能力，e 海通财将用户需求与信息技术进行深度整合，在实现精准匹配的前提下，实现产品服务的多元化。例如，智能选股、智能提示、产品预约、股价预警、在线客服等功能和特色服务。私人定制式的服务让金融变得有细节、有温度。

有趣有料的营销：跨界和话题互动

在这个“眼球经济”的时代，光有产品和服务是不够的，企业还必须学会“吆喝”。e 海通财是其中率先玩起跨界和话题互动营销的平台，不仅让投资理财变得有趣有料，在品牌打造上亦取得了良好成效。

例如，2016 年欧洲杯期间，e 海通财十分接地气地上线了“燃情欧洲杯”主题活动，用户可以通过 e 海通财 APP 进行欧洲杯各场赛事竞猜并且可获得抽奖机会，活动设置了两份豪华欧洲双人游大礼，万份精美礼品，以及若干份话费和流量。活动期间，推荐好友在 e 海通财成功开户、分享活动还可获得额外的抽奖机会。e 海通财还适时推出了高收益专项理财。据了解，本次活动覆盖人群达 1 200 万，e 海通财用了简单有效的新形式大大地加强了新老用户的黏度。

当然，e 海通财的跨界并不生拉硬拽，而是一种有机整合，即通过跨界和话题互动来构建金融的场景化生活。在 e 海通财看来，欧洲杯球迷的年龄构成和收入构成均比较符合自身的目标群体，通过欧洲杯的传播，e 海通财能更容易获得目标用户的好感，进而实现新用户转化，以及与用户的良性互动，增强用户黏度。

出色的产品和优质的服务，再加上恰到好处的营销策略，是 e 海通财的成功之道。这个券商移动互联网化的成功样本，或将成为行业表率，推动整个行业移动互联网化，让更多用户享受更好的产品和更优质的服务。

引例分析：在低迷的市场情况下，海通证券的表现如此亮眼，e 海通财发挥的作用不可忽视。海通证券从客户的角度出发，在强大的平台建设技术支持下，配合开展了众多具有针对性的营销活动，成功地开发了客户，实现了利润的增长。那么，在证券公司的经营活动中，应该如何针对其业务进行适当的营销？营销技巧都有哪些？本章我们就针对证券营销与策划，进行系统的介绍。

任务一　证券公司客户经理营销

随着资本市场的发展，法规、制度的健全，证券公司之间的竞争越来越激烈，营销工作在证券公司经营活动中的作用也越来越重要。如果说资本市场的发展初期是卖方市场，由证券公司说了算，那么现在的资本市场已成为买方市场，证券公司之间的竞争已出现，并日益激烈。从一级发行市场到二级交易市场，以及新兴业务市场（如企业并购、理财活动、投资咨询等）都存在着争客户、争业务、抢市场的激战，这种竞争除了靠证券公司的实力外，营销策略、营销手段也起着十分重要的作用。因此，增强营销意识，加强营销策略研究是证券公司在竞争中立于不败之地的重要因素。

一、客户经理岗位职责

对于证券公司而言，最基本的一线营销人员就是客户经理，因此，证券公司的营销活动要成功地推进，客户经理的影响是十分重要的。所谓证券公司客户经理，是指接受证券公司的聘用，从事客户招揽和客户服务等活动的证券公司营销人员，其基本的岗位职责包括以下几个方面：

（1）进驻银行等各类渠道网点，开发网点的存量客户，同时协助网点开发新客户。

（2）维护好销售渠道关系，及时、有效地回应渠道的咨询和反馈，建立良好的渠道合作关系，协助开发各类渠道。

（3）维护好客户关系，为客户提供基础资讯、个性服务，传递公司观点，及时、有效地回应客户的投资咨询和业务反馈。

（4）组织营销活动，执行渠道营销拓展计划，塑造公司品牌。

（5）推广、销售公司有关理财产品、基金等其他金融产品，完成销售任务目标。

（6）收集市场信息和客户建议，参加公司组织的各类培训，尽快掌握专业知识和营销技巧。

（7）对日常营销工作和客户服务工作做好记录，制订工作计划，完成公司的考核任务。

（8）法律、行政法规和证监会规定证券经纪人可以从事的其他活动。

简单来说，证券客户经理的岗位职责就是开发客户，拓展渠道，维护客户，传递信息，收集信息，完成任务。

二、客户经理营销技巧

随着证券市场的开放、浮动佣金制的实施、券商竞争的加剧，证券行业的利润空间越来越小，所以，这些既能够开发新客户，又能够为客户提供服务的客户经理，对证券公司而言是十分重要的，而直接与客户接触的客户经理的营销活动，就在一定程度上决定了证券公司未来的发展。作为证券公司客户经理，可以从以下几个方面提高营销技巧。

第一，培养营销习惯。作为一名营销人员，最基础的工作是培养自己良好的营销习惯，这是一切后续工作的基础。营销习惯培养的方法有：①熟背话术。话术是经验的总结，是走向成功的捷径，熟练掌握了基本的营销话术，可以帮助客户经理树立专业性的形象。②加大客户拜访量。客户是客户经理业绩来源的基础，要坚持广泛撒网，坚持每天拜访量在 60 人次以上，接触大量不同需求的客户，锻炼自己的营销能力。③留存潜在电话数，每天至少留存 5 个潜在电话。营销“漏斗”原理告诉我们，根据概率，开拓二十七名准客户后才有一个客户成为你真正的客户，正像一个口大底小的漏斗，该漏斗的壁部布满了大大小小的孔眼，象征着巨大的流失率。当你在漏斗底部促成一个客户后，没有意识到漏斗上方出现的巨大缺口，业绩的低谷肯定就在不远处等着你，所以，要不断往你的漏斗里填充沙子。④及时写工作日志。工作日志是每日工作的总结，同时也是明日工作的计划和解决问题的平台。

第二，培养学习习惯。证券投资行业会随着经济大环境、国家政策、国际形势等因素的变化而变化，这就需要客户经理对行业变化进行及时的了解与学习。如每天在上班前浏览证券行业网站，关注自己的股票池里面是否有相关信息公布，给客户做出一天或者近期的操作计划，同时也要介绍一下周边股市的情况，大的机构是如何看待目前市场的，盘中一直关注股票池的异动情况，近期的投资策划与个股研究报告，收盘做功课，总结今日盘面的特点，每天强迫自己写一份投资建议书送给客户等。

第三，注意专业形象。良好的专业形象会给客户留下好的印象，客户经理要注意自身基本的精神面貌：开朗乐观、不拘谨、不扭捏；表里如一、襟怀坦白；充满青春活力与热情、具有强烈的进取心；富于一团火一样的感染力，使周围的人能够从你身上得到启发和激励；使人们因为你的存在而兴奋、活泼；精力充沛，头脑敏捷，始终如一，不能因为疲劳、挫折而影响情绪。另外，可以通过得体的衣着、规范的言谈举止来提升自我的专业形象。

第四，客户经理销售“六步曲”。证券客户经理在营销时应遵循六个步骤：寻找目标客户、掌握客户和产品的信息、与客户的前期沟通、与客户的正式接触、销售的促成、售后服务和客户维护。

1. 寻找目标客户

客户经理可以通过拓展熟识人群法，同缘人群拓展法，连锁介绍法，事件、缘由开门法，信息资料挖掘法，直接陌生接触法等寻找目标客户，运用 MAN 法则锁定目标客户；M——MONEY，代表“金钱”，所选择的对象必须有一定的购买能力；A——AUTHORITY，代表购买“决定权”，该对象对购买行为有决定、建议或反对的权力；N——NEED，代表“需求”，该对象有这方面（投资）的需求。

2. 掌握客户和产品的信息

俗话说，知己知彼，百战不殆。“知己”才能把握机会，这就要求客户经理熟悉自己所在的证券公司的基本信息、公司产品的基本信息、特征等。同时，掌握客户八大资料：基本资料，教育背景，家庭背景，事业背景，社交背景，性格、爱好和修养，生活境遇和经历，其他重要的信息。

3. 与客户的前期沟通

事无备则困，客户经理在与客户进行前期沟通前，首先应该制订合适的访问计划。访问计划制订的目的在于明确沟通要点，同时，可按照计划准备好所需的资料和相关工具，进行营销模拟。计划制订之后，可通过电话、信件（电子邮件）、托人等方式对客户进行约访，如选择电话约访，先寒暄致意，自我介绍，确定客户是否方便通话，随后道明来意，提出约访要求，之后再次确认约会细节，感谢客户。例如，采用信件约访，则要注意文字清晰简洁、重点突出、措辞生动，能激发客户的兴趣和好奇心，同时留下自己的联系方式，附带祝福语，一旦选择给客户邮寄信件的方式，切记不要打印，而要手写。若是托人约访，需要找准所托的人，所托之人与客户的关系越紧密，约访成功率就越高，同时要注意，不要涉及过多的隐私，托人约访要看情况而定，不能太过功利性。

4. 与客户的正式接触

在与客户正式接触前，客户经理同样要做好全面的准备工作，与客户会面前再次确认约见的时间、地点等。在与客户正式接触交流时，会遇到三种购买氛围：积极的购买氛围，客户积极地倾向于购买；中性的购买氛围，客户既不积极也不消极地对待购买；消极的购买氛围，客户采取封闭的心态。客户经理要引导客户进入积极的购买氛围，可通过合适的开场白和寒暄、套近乎，转移话锋、诱发兴趣，引导客户述说、认真倾听，有的放矢，介绍产品等几个步骤来引导。当客户没有明显的需求时，客户经理可以通过问答的方式引发客户对现状的不满，客户有了不满就有了新的需求，即可用公司现有的服务来满足客户的需求。同时，在与客户接触时，切记祸从口出，尽量避免批评性话语、主观性议题、专业性术语、夸大不实之词、攻击性话语、质疑性话题、枯燥性话题、不雅、禁忌之言等话语。

5. 销售的促成

在与客户进行沟通交流时，客户经理要时时关注客户情绪的变化：客户情绪略带陌生感和紧张感，客户经理要通过寒暄逐步消除隔阂和紧张情绪；客户的紧张感小时，逐渐产生谈话兴趣，对客户经理产生期待，客户经理要做的是激起客户的需求；客户被激起欲望，客户经理此时需要做的是恰如其分地介绍产品；客户内心开始对自己以往的经历和客户经理介绍的产品进行比较，此时客户经理通过建立各种联系刺激客户的购买欲望；客户已经处于购买心理支配下，客户经理要善于捕捉成交信号，使用恰当的方法将客户的购买心理转化为现实的购买行为；客户做出了购买行为，客户经理需要再一次强调产品的特色和能够带来的收益，巩固销售行为，强化客户的满足感。可以采取直接请求法、双选促成法、投石问路法、循循善诱法、现场演绎法、优惠诱导法、最后时限法、建议尝试法、欲擒故纵法、快刀斩麻法等来促成交易。

6. 售后服务和客户维护

合作达成之后，对于证券公司客户经理而言，更重要的是巩固销售行为，维护与客户之间的关系，发展忠诚客户，这就需要客户经理把客户当成朋友，随时保持联系，并及时关注客户购买的产品，为客户不断提供新的资讯和产品服务，在维持客户的前提下，重视客户的反馈和投诉，处理好矛盾和意外事件。

对于客户经理而言，优质的服务是维持客户关系的关键，在客户关系维护阶段，客户经理提供的服务应包括但不限于：比客户原来的营业部更关心客户，告诉客户被套牢的原因，提示客户明显的买卖讯号，分享自身的操作心得，剪贴客户喜好的板块讯息，经常性的短消息群发，收集网上报告整理邮寄，邀请客户参加小型座谈会（投资讲座等），审慎制作投资建议书，帮助客户整理资料，拜访客户，“神秘礼物”，讲自己其他客户的投资收益等。

案例

明者因时而变，知者随事而制——一个真实营销案例的感悟

每天早上8:00，小张都会准时坐上26路公交车上班，这个时间段车上的人特别多。有一天，小张一上公交车就接到了一个老客户的电话，这个客户从早间财经新闻开始，直问到前一天大盘的走势、成交量情况、外盘情况以及他买的基金的情况，还有他的股票应该如何操作等，小张耐心地一一回答。

在接电话的过程中小张发现有不少乘客，目光一直朝这边看，而且身体也不由自主地往小张站的方向移动。在对方挂了电话之后小张灵机一动，并没有马上把手机放回口袋里，而是继续装作打电话的样子跟对方说："噢，你还想介绍你的朋友给我啊，这样吧，你可以直接跟你的朋友说让他来××证券找小张，或者让他打我的办公电话12345678，是12345678，您记好了，无论基金还是股票都可以找我。"

说完小张把手机装到口袋里，朝周围的人笑了笑，看到有人拿出手机偷偷记电话号码，小张知道今天这些人中肯定会有给自己打电话的。果然不出所料，一上午小张就接到了两个电话，都是在公交车上记下电话的乘客。小张把他们约到公司面谈，后来这两个客户还给小张介绍了很多亲戚朋友。他们说因为看到小张在挤公交的时候都能那么耐心回答客户的疑问，觉得小张很敬业，值得信任。

从这一次营销成功后，小张就开始有意试验，只要坐公交车，都会拿出电话假装给客户打电话，自己讲一段投资内参或者分析报告，然后说上联系方式，就像第一次一样。小张曾尝试坐不同时段、不同路线的公交车，运用同样的方法，经常会有意外收获。26路公交车上有越来越多的乘客知道，这一站会有个××证券的客户经理小张，每天早上会给大家讲解股市。

这个案例中，小张那看似寻常的日常维护客户行为，却给他创造了一套自己独到的开发客户的方法和技巧。试想，在与客户沟通的时刻，他不能对股市产品头头是道，没有耐心处理客户的麻烦询问，没有细心观察到周围人的行为变化，没有根据变化有意识地埋下营销伏笔，没有及时把握机会营销自己，不能在尝试成功之后一遍遍总结经验并复制下去，怎会有如此丰厚的收获？

机会只偏爱那些有准备的人。正如这位优秀经纪人曾朴实地说过，"有时候引起客户兴趣的关键不是产品本身，而是提供服务的客户经理是否专业。"

任务二　证券经纪业务营销

一、证券经纪业务概述

证券经纪业务是证券公司最基本的一项业务，也是多数证券公司主要的利润来源，成功的经纪业务营销，既可以提高证券公司的利润，又可以塑造证券公司良好的品牌形象，因此，证券经纪业务的营销工作，对证券公司来说有着十分重要的意义。

（一）证券经纪业务的含义

证券经纪业务是指证券公司通过其设立的证券营业部，代理客户买卖证券的业务。在证券经纪业务中，证券公司不赚取买卖差价，只收取一定比例的佣金作为业务收入。证券经纪业务一般可分为柜台代理买卖和证券交易所代理买卖两种，从我国证券经纪业务的实际内容来看，柜台代理买卖比较少。

（二）证券经纪业务的要素

在证券经纪业务中，包含的要素有以下 4 个：

1．委托人

委托人即证券经纪商的客户，指依国家法律法规的规定可以进行证券买卖的自然人和法人。随着我国证券市场的对外开放，我国证券市场的投资者不仅仅是境内的自然人和法人，还包括境外的自然人和法人，但是境外的自然人和法人的投资资格和范围有一定的限制。

2．证券交易所

证券交易所是依据国家有关法律，经政府证券主管机关批准设立的集中进行证券交易的有形场所。证券交易所本身不持有证券，也不进行证券的买卖，更不能决定证券交易的价格，它只为交易双方的成交创造、提供条件，并对双方进行监督。在证券交易所交易的情况下，进场参加交易的机构是固定的，即证券交易所会员。在我国，证券交易所接纳的会员分为普通会员和特别会员。普通会员应当是经有关部门批准设立并具有法人地位的境内证券公司。境外证券经营机构设立的驻华代表处，经申请可以成为证券交易所的特别会员。

3．证券经纪商

证券经纪商即券商，是接受客户委托、代客买卖证券并收取佣金的中间人，与客户是委托代理关系，券商必须遵照客户的委托指令进行证券买卖，并尽可能以最有利的价格使委托指令得以执行，但并不承担交易中的价格风险。在整个证券经纪业务中，券商一方面充当证券买卖的媒介，连接着买卖双方，另一方面为客户提供信息服务，上市公司的详细资料、公司和行业的研究报告、经济前景的预测分析和展望研究、有关股票市场变动态势的商情报告、有关资产组合的评价和推荐等。在我国，由于证券交易方式的特殊性、交易规则的严密性、操作程序的复杂性，投资者不能直接进入证券交易所买卖证券，而只能通过具有法人资格的证券经纪商进入交易所进行交易，具有法人资格的证券经纪商是指在证券交易中代理买卖证券，从事经纪业务的证券公司。

4．证券交易对象

证券交易对象是委托合同中的标的物，即委托的事项或交易的对象。证券经纪商的经纪业务是为客户寻找其所指定的证券，即证券经纪业务的对象是特定价格的证券。而客户则是经纪业务的服务对象，是委托关系中的委托人。经纪关系一经确立，经纪商就应按照委托合同中的有关条款，在受托的权限范围内寻找交易对象或办理委托事项。

（三）证券经纪业务的特点

证券行业作为服务性行业，它既有一般服务性行业所具有的普遍特性，又因其行业的特殊性而具有自身的特性，总体而言，证券经纪业务有以下四个特征。

1．业务对象的广泛性

就我国而言，所有上市交易的股票、债券、基金、权证等金融工具都是证券经纪业务的对象，因此，证券经纪业务的对象具有广泛性。

2．证券经纪商的中介性

在证券经纪业务中，客户与证券经纪商之间是一种委托代理关系，证券经纪商所从事的一切证券买卖活动都是在客户的有效指令下进行的，其充当的是证券买卖双方的代理人，发挥着沟通买卖双方，按一定的要求和规则迅速、准确地执行指令并代办手续，同时尽量使买卖双方按自己意愿成交的媒介作用，因此具有中介性的特点。

3．客户指令的权威性

在证券经纪业务中，客户是委托人，证券经纪商是受托人。证券经纪商要严格按照委托人的要求办理委托事务，这是证券经纪商对委托人的首要义务。证券经纪商必须严格地按照委托人指定的证券、数量、价格和有效时间买卖证券，不能擅自改变委托人的意愿。无故违反委托人的指示使委托人遭受损失，证券经纪商应依法承担赔偿责任。

4．客户资料的保密性

在证券经纪业务中，委托人的资料关系到其投资决策的实施和投资盈利的实现，关系到委托人的切身利益，证券经纪商有义务为客户保密，应该保密的客户资料包括客户开户的基本情况（如姓名、住址、身份证号、股东账户和资金账户等）、客户委托的有关事项（如买卖证券的种类、时间、数量、价格等）和客户股东账户中的资产（如库存证券种类和数量、资金账户中的资金余额）等，如果因证券经纪商泄露客户资料而造成客户损失，证券经纪商应依法承担赔偿责任。

案例

财富证券经纪业务积极“触网”

在竞争激烈的证券市场中，财富证券不但逆浪前行，还不断赶超。其中，尤其是证券经纪业务的创新转型最令人瞩目。

创新转型主动“触网”

财富证券的主动“触网”并非简单的互联网引流，还包括不断的制度和技术创新。2014年伊始，财富证券就率先组建网络金融团队，通过先进的互联网技术与经纪业务需求相融合，打造标准化互联网金融平台。

2015年年初，财富证券在国内率先推出“互联网金融创客俱乐部”，力推轻型证券营业部，在国内率先推出个性化二维码展业。据财富证券相关人士介绍，该公司展业的二维码包含了三个信息：①介绍人是谁，即所谓的经纪关系。②落地的营业部是哪家。③佣金设置。

力推投顾服务

针对互联网客户黏性不高、活跃度不足的弱点，财富证券通过大数据平台，针对空户客户激活、开户中断客户续办、两融小贷客户激活、客户端新业务通知等业务，通过短信、微信公众号、移动APP等手段提醒客户，并与投顾服务紧密结合，通过移动APP为客户提供24小时不间断的解盘服务。

已上线的“财富聚财”投顾服务客户端，主要包括组合、观点、解盘、消息互动、投顾个人页等功能。

财富证券全力推行投顾服务。将全部投顾分成一个个团队，每个团队中不同的投顾出任不同的角色。

财富证券相关负责人介绍，该公司还在继续扩大理财顾问队伍，缩小员工服务半径，促进二次业务开发和产品销售，持续优化服务平台和丰富服务手段。

（四）证券经纪关系的确立

投资者首先要开立证券账户，然后与证券经纪商建立特定的经纪关系，成为其客户。一般而言，这一关系的建立包括以下三个过程：

第一，讲解业务规则、协议内容和揭示风险。签署《风险揭示书》和《客户须知》，告知客户从事证券投资风险种类：宏观经济风险、政策风险、上市公司经营风险、技术风险、不可抗力因素导致的风险、其他风险等。

第二，签订《证券交易委托代理协议书》和《客户交易结算资金第三方存管协议》。客户与证券经纪商签订《证券交易委托代理协议书》，与其指定的存管银行、证券经纪商签订《客户交易结算资金第三方存管协议》(简称三方存管)，其中《证券交易委托代理协议书》是保障双方权益的基本法律文书。

第三，开立资金账户与建立第三方存管关系。资金账户是指客户在证券公司开立的专门用于证券交易结算的账户，即客户证券资金台账。证券公司通过该账户对客户的证券买卖交易、证券交易资金支取进行前端控制，对客户证券交易结算资金进行清算交收和计付利息等。资金账户应与客户开立的各类证券账户、在存管银行开立的结算账户名称一致、名实相符。目前，按照《中华人民共和国证券法》的规定，证券公司客户的交易结算资金应当存放在商业银行，以每个客户的名义单独立户管理，中国证监会也明确要求证券公司在2007年全面实施“客户交易结算资金第三方存管”。

二、证券经纪业务营销策划

证券公司经纪业务营销是以证券类金融产品为载体的金融服务营销，是市场营销管理与证券经纪业务相结合的产物，其内容主要包括客户招揽和客户服务。

（一）客户招揽

客户招揽是证券公司通过营销渠道，采取多种促销方式，与客户建立关系并促成交易的过程，是证券经纪业务营销的第一个环节。客户招揽包括目标市场选择、营销渠道选择、客户关系建立和客户促成等内容。

1．目标市场选择

目标市场选择是招揽客户的前提和基础，只有确定了产品和服务的目标市场，才能有针对性地去策划适当的营销活动。

（1）市场细分。

目标市场选择的第一步是市场细分，市场细分的目的在于通过区分客户群体及其需求来指导证券公司的业务经营。其依据包括地理因素、人口因素等直接细分依据，也包括投资者行为因素和心理因素等间接细分依据。①按照地理因素细分，是指按照客户所处的地理位置、地理条件来确定细分市场。地理因素的具体变量主要有国家、地区、乡村城市规模、交通通信条件、气候、地形地貌、人口密度等，客户所处的地理位置不同，其相应的经济水平、技术条件以及投资观念不尽相同，因而其需求和对证券市场的反应也会不同，证券经纪业务营销采用的方法和手段也就有很大的差别。②按照人口因素细分，主要的人口因素变量包括年龄、性别、家庭规模、家庭收入、职业、教育程度、国籍、家庭生命周期、宗教、民族、社会阶层等。如以年龄因素进行市场细分，年轻人虽然收入来源有限，但其投资意愿普遍较强，随着他们的逐渐成长将可能成为证券公司未来的客户主体，中年人往往有稳定的收入来源和一定数额的闲置资金，是证券公司和证券经纪业务营销人员的现实客户主体。③按照行为因素细分，是根据投资者的投资动机、投资偏好、交易行为、持仓结构等行为特征来细分客户，然后根据不同的行为特征所对应的不同需求，为其提供差异化的服务。行为因素的具体变量为追求的利益、购买渠道、购买时机、使用状况、使用率、忠诚度等。

（2）确定目标市场。

对市场进行了有效的细分之后，下一步的工作是确定目标市场。所谓目标市场，是指具有共同需求或特征的投资者的集合，证券公司从自身的实际出发，选择目标市场的设定可以是一个细分市场，也可能是一系列细分市场。根据所选择的细分市场数目和范围，可以将目标市场选择策略分为：①无差异市场营销策略，即不考虑各细分市场的差异性，仅强调它们的共性，而将它们视为一个统一的整体市场，在此情况下，营销人员可以设计单一的营销组合直接面对整个市场。②集中性市场营销策略，又称“密集性策略”，这种策略追求的是在一个或几个较小的细分市场上取得较高的市场占有率，包括地区集中策略、品种集中策略和客户集中策略。③差异性市场营销策略，又称“多重细分市场策略”，是指证券公司根据不同的目标市场采取不同的营销策略，甚至设计不同的产品来满足不同目标市场上的不同需求。采用该种营销策略的公司往往是实力较强的证券公司，它们追求的是较高的市场占有率。

2．营销渠道选择

营销渠道是促使产品或服务顺利地被使用或者被消费的一整套相互依存的组织，它由各种营销中介机构组成，也称“分销渠道”。证券公司营销渠道包括直接营销渠道和间接营销渠道。目前，我国证券公司的营销渠道基本上是直接销售渠道，包括证券公司营业部、网络证券营销和证券公司内部营销人员。证券公司也可以委托证券经纪人开展证券经纪业务营销活动，证券经纪人为自然人，且只能接受一家证券公司的委托开展经纪业务营销活动，证券经纪人具有直接营销渠道的性质。

3. 客户关系建立

证券公司在确定了目标市场后，要对客户进行招揽，首先要与客户建立关系。证券公司与客户建立关系的形式多种多样，可以通过广告宣传、营销人员营销等。

（1）寻找潜在客户。

要建立成功的客户关系，证券公司首先要寻找和挖掘客户。证券公司的客户根据客户与证券经纪业务营销人员的关系来划分，可分为三种主要类型：直接关系型、间接关系型和陌生关系型。对于直接关系型客户，可以采取缘故法建立关系，即利用证券公司营销人员个人的生活与工作经历所建立的人际关系进行客户开发；针对间接关系型客户，可采取介绍法，通过现有客户介绍新客户的方法；针对陌生关系型客户，一般采用陌生拜访法，证券公司营销人员通过主动自我介绍与陌生人认识、交流，把陌生人发展成为潜在客户的方法，这种方法是营销人员在开发客户中运用最多的一种方法。

（2）客户沟通。

确定目标客户之后，就进入到客户关系建立的关键环节——客户沟通。一般而言，客户的购买决策分为认知阶段、情感阶段和最终行为阶段，而购买行为是客户决策过程的最后阶段。在客户认知阶段，证券公司营销人员需要将公司的产品或服务介绍给客户，让客户对产品或服务有一个感性的认识；在客户情感阶段，营销人员应使得客户有一个态度的转变，认可或支持公司的产品或服务；在客户的最终行为阶段，营销人员应当促使与客户达成合作，而这些都是在与客户的沟通过程中发生的，这就需要证券经纪营销人员在沟通过程中，根据客户的语言、行为等对客户的决策进行把握。

（3）了解客户与客户分析。

对证券经纪业务营销而言，要实现成功的客户关系确立，重点在于对客户进行分析，尤其是对其投资的风险偏好分析，这是产品和服务营销的基础，也是监管部门的要求。由于证券投资具有很强的专业性和风险性，证券监督管理机构要求证券公司向客户销售金融产品，或者以客户买入金融产品为目的提供投资顾问、融资融券、资产管理、柜台交易等金融服务，应当制订投资者适当性制度，向客户销售适当的金融产品或提供适当的金融服务。

按照《证券公司投资者适当性制度指引》的规定，证券公司应该了解的客户基本信息，包括客户的姓名（或名称）、身份、住址、职业等，以及财务状况、投资知识、投资经验、投资目标、风险偏好和其他必要信息。

一般而言，根据客户的风险偏好，结合客户的资产状况，可将客户分为保守型、稳健型和积极型。保守型客户的首要目标是保护本金不受损失和保持资产流动性，追求稳定；稳健型客户的投资目的主要是在风险较小的情况下获得一定的收益，虽然愿意承受一定的风险，但在进行投资决定时，会对将要面临的风险进行认真分析；积极型客户通常专注于投资的长期增值，并愿意为此承受较大的风险，一般具有较高的风险承受能力。

4. 客户促成

客户促成是客户招揽的最后一个环节，也是证券经纪业务营销的关键环节。促成即指营销人员与客户进行充分沟通后达成合作共识，认同并购买营销人员所推介的证券公司产品或服务。在证券经纪业务中，客户促成的表现形式为客户选择该证券公司作为其证券交易的经纪商并接受该证券公司的服务。

（二）客户服务

从营销学的角度来看，服务也是一种产品，与一般有形的产品相比较，服务的提供或消费不导致所有权的转移和交换。本节所指的服务既包括证券公司经纪业务活动中为客户提供的服务产品，也包括证券经纪营销人员在开展营销活动时为客户提供的各种服务活动。

1．证券公司经纪业务客户服务

现代营销学的产品观不再单纯是某种具体的物品或某项具体的服务，而是内涵和外延统一的整体。证券公司经纪业务客户服务的三个主要层次：①核心服务。证券公司在开展经纪业务时，为客户提供的核心服务是证券交易通道，满足的是客户完成证券交易的核心需求。目前证券公司的交易通道包括证券营业网点柜台服务、网上交易通道、电话委托自助式交易通道、手机软件交易通道等服务。②有形服务。有形商品以物质形态存在，可以自我展示，而服务产品以行为方式存在，客户对于证券公司所提供的有形服务产品可以通过服务工具、设备、员工信息资料等感知到。对证券公司而言，有形服务主要表现为证券交易设备、设施、公司网点的地址、环境布置、网络、手机软件等。③附加服务。证券公司为了提高竞争力，根据客户需求提供的有形或无形服务。对于证券经纪业务而言，其附加服务主要包括证券投资咨询服务和理财顾问服务。前者是指证券公司依托公司或其他证券公司、证券研究机构的研究分析成果，利用公司网络平台、电子邮件，手机短信、电话咨询及投资刊物等方式，向客户提供研究报告及投资咨询服务。理财顾问服务是指证券公司向客户提供财务分析与规划、投资建议、个人投资产品推介等综合性理财专业化服务。

2．证券经纪业务营销人员客户服务内容

证券经纪业务营销人员是证券公司客户服务的实施主体，他们所提供的客户服务是在所属证券公司的客户服务体系下进行的，主要包括售前服务、售中服务和售后服务。

（1）售前服务。这是营销人员在客户招揽过程中提供的各项服务，主要包括向客户介绍证券基础知识、证券投资信息和投资者风险教育等证券专业资讯服务。

（2）售中服务。售中服务是指客户形成购买决策、实施购买行为时营销人员提供的服务。在开展证券经纪业务营销时，营销人员的售中服务主要体现在客户办理开户手续或购买证券产品、签订相关投资协议过程中为客户提供的服务，如对客户进行开户指导、提示相关注意事项、向客户揭示投资产品风险、向客户解释协议条款等。

（3）售后服务。售后服务是指客户在证券公司开立证券账户（或购买证券产品、签订投资协议）后，营销人员为客户提供的服务，如客户关系维护。

3．证券公司客户的服务方式

证券公司向客户提供服务的方式有多种，目前通常使用以下几种：电话服务中心、邮寄服务、电子信箱与手机短信服务、“一对一”专人服务、媒体和宣传手册的应用、讲座、推介会和座谈会等。

4．客户关系管理与客户服务

发展和维护客户关系的过程受很多影响因素，高水平的客户服务是证券公司获得竞争

优势的一种手段，因此，为了维护长期可持续的客户关系，证券公司需要了解其服务质量的水平。服务质量的评价因素主要包括：①过程质量是指在给客户提供服务的过程中传递的质量，且往往在客户享受服务的过程中进行判断，在金融服务领域，这种过程可能是指过程或服务传递的任何一种形式或技术，也可能是营销人员的交流方式及其他行为方式。②输出质量是在服务结束之后的判断，即客户从证券公司得到的服务内容，或者是交流完成后客户的感受。③物理质量是指产品或服务的使用或支持功能，服务产品的物理质量通常用物理质量评级指标来替代，如客户在证券公司营业网点感受到的装修情况、设施布置、舒适度等。④相互接触质量是指客户和服务提供之间的相互接触，不管通过哪一种方式进行接触，都需要证券公司与客户进行有效的沟通。⑤合作质量是指客户对证券公司的整体印象和感受。上述因素在客户对证券公司形成整体印象的过程中都有一定的影响，只不过针对不同的客户，每一个因素的影响程度不同。

在客户关系维护中，如果客户对他们与证券公司之间的关系感到不满意，并进行投诉，对于证券公司而言，最重要的是要适当处理客户投诉，以便恢复客户的信任。一般客户投诉的目的是希望他们的问题得到重视和解决、损失得到补偿或得到更好的服务等。客户投诉的根本原因是没有得到预期的服务，即使证券公司提供的产品已达到标准，服务已达到良好水平，但只要与客户自身的期望有差距，投诉就有可能产生。一般而言，客户的投诉分为有效投诉和无效投诉，有效投诉是指由于证券公司及其营销人员的原因导致客户利益受损或客户对证券公司的产品或服务不满意，无效投诉是指由于客户自身原因导致客户利益受损或客户对证券公司产品或服务的误解而引起的投诉。对于有效投诉，证券公司或其营销人员应该负责，并按照相关法律法规承担相应的责任。对于无效投诉，证券公司及其营销人员也必须对客户进行适当的解释、沟通，让客户了解相应的情况，化解客户的抱怨情绪。

案例

让客户离不开我们——兴业证券漳州营业部网上经纪业务推广纪实

在网上经纪业务推广前期，兴业证券漳州营业部就提出了“让客户离不开我们”的口号。而要“让客户离不开我们”，唯一能做到的就是服务、服务、再服务。

多方合作联手服务

网上经纪业务推广初期，券商遇到的困难有三个：一是上网费用；二是技术障碍；三是安全因素。

与电信部门联手：在2000年初推广网上经纪业务时，上网费用仍是每小时4元，如果一个投资者每月上网交易、看行情120个小时，则需480元的上网费，居高不下的上网费用极大地阻碍了网上经纪业务的发展。此时，营业部积极与电信部门展开合作，采用集团购买等形式，大大降低了客户的上网费用，为客户争取到了极其优惠的上网条件（上网费用降低了70%以上）。此举在当地引起了轰动，在短短的两三个月时间内，就开发了400多户网上经纪客户。在此基础上，营业部对上网交易量达到一定标准的客户实行赠送电话卡等优惠。由于费用不高，委托速度较快，又可以在现场进行交易，此举吸引了大批的投资者。

阻碍网上经纪业务发展的另一大障碍是技术问题。网上经纪开户，下载、安装软件，设置行情、交易数据等原本很简单的操作流程，在一些普通客户那里却成了技术难题，很多客户在开完户后从未上网做过交易。为此，营业部与电信部门属下的八达信息台达成协议：首先是组织双方人员进行培训，八达信息台的工作人员和营业部的工作人员第一次坐在一起学习计算机知识和证券知识；之后由八达信息台十名技术人员和营业部十名客户经理配对组成十个客户开发和服务小组，对照电信部门上网客户名单和营业部大中户名单，挨家挨户登门推广网上业务，并负责客户开户、上网设备维护等工作。这使三者的利益得到了统一：客户得到了方便，营业部客户不断增加，电信部门的市场占有率不断提升。

与网络安全部门合作：营业部在公司的大力支持下，联合漳州市公安局计算机安全管理部门，召集全市各金融单位、网吧等单位及当地媒体，召开了“漳州市网上金融业务安全研讨会”，同时通过新闻宣传报道、印发宣传材料等手段，对网上经纪业务的可靠性、安全性进行了有力的宣传。因为宣传得力，网上经纪业务的安全性很快得到了广大客户的认可。

加强学习提供专业化服务

随着券商营业部的不断增多及外资的进入，越来越多的市场主体加入证券蛋糕的争夺之中，证券市场进入了微利时代。特别是浮动佣金制实施以后，券商之间的竞争已不仅仅是从坐商向行商的营销转变，能否持续为投资者提供高质量的专业化服务已成为决定胜负的主要因素。为此，漳州营业部根据变化的竞争形势，适时调整了营销策略。

为配合公司系统新的“全员营销”客户经理制的实施，在营业部总经理的主持下，营业部先后举行了八期“全员营销、绩效团队建设”培训，取得了积极有效的成果，建立起一支战斗力强大的专业化营销团队。

为更有效地指导现场交易客户和非现场交易客户的操作，营业部坚持每天召开经纪晨会，整合咨询部、客户经理的力量，对当天发生的政策消息进行研讨、对前一天的盘面走势进行分析、对当天的走势进行预测，并设立荐股跟踪与模拟账户，由专人进行各类资讯的收集与整理，并上挂计算机平台。同时通过电子邮件、传真或电话联络等方式给非现场客户提供晨会视点、大盘分析、行情前瞻、个股推荐与跟踪、新股定位、热点透视、投资建议、理财报告等专业化服务水平，增强专业化服务力度，以此不断加强客户与营业部之间的亲和力。

在注重员工培训和提高的同时，营业部还提出了培训客户、提高客户操作理念和操作技巧的思路。为此，营业部与专业报纸合作开办股民学校，对广大客户，特别是平常难于到营业部接受现场指导的客户进行培训，并赠送大量专业书籍给营业部的非现场交易客户。

制订措施，实行全员限时服务

营业部设置了专门的咨询电话，对一些常见问题，一般通过电话现场指导，帮助客户即时解决；电话里不能解决的，约好客户上门加以解决。同时，营业部还实行了客户首问负责制及一揽子服务措施，做到对客户的求助，谁接待，谁负责到底。不管碰到什么问题，决不允许部门之间、员工之间互相推诿。为更好地服务客户，营业部成立了以咨询部为主要力量的网上经纪业务推广小组，主动加强与网上经纪客户的联络，做好非现场服务。

为了全面提高员工的综合素质，从根本上提高服务水平：①加强业务培训、礼仪培训和市场营销能力培训。②实行轮岗制度，让每位员工熟悉各个岗位的业务流程和内容。③定期进行全员业务考试，并将考试成绩与奖金挂钩。

营业部长期坚持的各项服务，已经深入人心，同时也让客户产生了信赖感，碰到自己解决不了的问题，首先想到的就是找公司的经纪人。几年来，经常有客户慕名而至，转到兴业证券漳州营业部。营业部的网上经纪客户除了市区以外，还遍布全市八个县区及各乡镇。有一部分客户搬到外地或长期出差到厦门、龙岩、上海、北京等地，仍然使用营业部的网上经纪业务系统，兴业证券漳州营业部网上经纪的优质服务，已经得到了广大网上经纪客户的认可。

佣金市场化以后，漳州营业部并没有在网上交易佣金上做文章，而是以更优质的服务来体现客户和营业部的价值。实践证明，无论是现场交易还是非现场交易，专业化、个性化、差异化的服务，才是证券经纪业务最有力的生存、发展手段。

三、证券经纪营销技巧

对证券公司而言，要做好证券经纪业务营销，除了进行合理有效的策划外，还需要营销人员掌握一定的营销技巧。

（一）客户培育

培育所遵守的规则不是客户能为营销人员提供什么好处，而是营销人员能为客户做些什么，体现了对待客户的一种持续的、主动的态度。俗话说，一个人做一次好事并不难，难的是一辈子都做好事，这种持续主动的态度和处理方式正是培育客户、与客户建立良好合作关系的要旨。

一般来讲，目标客户的开拓方法包括缘故法、转介绍法、咨询法、直接拜访法、随机观察法、资料收集法、信函开拓法、社团开拓法、目标市场开拓法等。对于证券经纪业务而言，转介绍法往往是获取有效客户的一种有效途径，而转介绍法的重点在于寻找营销人员自身的影响力中心，建立口碑，利用他人的影响力，持续推荐客户。影响力中心应该是认同证券投资、认同证券经纪人行业、交往广泛、有亲和力、易接触、热情、愿意帮助别人、有职业优势。

延伸阅读

准客户开拓方法

缘故法是营销初期的最好选择，先列出所有缘故的名单，分清先后次序，然后进行全面拜访，在拜访的过程中，尤其是面对拒绝时，要树立健康的心态。

转介绍法主要在于建立口碑，利用他人的影响力，持续推荐客户，转介绍法比其他方法更容易获取有牵制的准客户，而且通过转介绍法接触的客户一般可信度强，销售成功机会较高，同时，可以获得再次转介绍。

咨询法是指在社区、办公区、商业区、银行等区域摆台接受咨询。

直接拜访法是指直接到写字楼、单位或家庭做陌生拜访，适合社会关系少或希望锻炼自己心理素质的员工。

随机观察法，平时生活中随时关注身边的陌生人，随机应变，主动认识，从而发展成为客户。

资料收集法，主要是平时关注各种新闻、报刊，搜集企业通讯录等，收集一些单位或个人的信息并及时联络，包括现有资料的表层挖掘和现有资料的延伸挖掘。

信函开拓法，通过E-mail、短信等形式联络客户，发送一些投资思路、建议、资讯或期刊、贺卡、慰问信等，引起客户兴趣。

社团开拓法，参加各种社团组织与社会活动（如俱乐部、会所活动、学习班、沙龙、旅行团、车友会、会展、论坛、行业协会等），在活动中与不同的人建立良好关系。

目标市场开拓法，通过组织团队，统一对某一区域进行宣传和客户开拓。实施步骤包括：①选定某个区域（商业区、办公区或生活区）为目标市场。②以小组为单位对目标市场进行调查。③制订宣传和拓展的策略与实施步骤。④小组内分工。⑤准备相应的宣传资料和器材。⑥按制订的策略实施。

有了初始的目标客户资料之后，营销人员应该建立客户卡，对收集到的客户资料进行整理与分析，筛选与过滤不合适的对象，确定准客户。在确定准客户的过程中，要在客户需求与客户经济的潜力之间寻求平衡，避免在大众客户市场过度服务和在高端客户市场服务不足。确定了目标客户之后，营销人员要坚持以下几个基本原则：①诚实原则。长期而言，诚实是吸引客户的最佳策略，在与客户的沟通过程中，只有以诚相待，才能赢得客户的信任，进而才可能建立长期的关系。②淘金原则。开发客户就像淘黄金，沙子越多黄金就越多。③好处原则。在营销的过程中，只有提供好处，才能吸引客户。营销人员要做的是找到客户痛点，或引导客户感受痛点，只有感受到痛点，客户才会采取行动。④权威原则。在证券投资行业，权威性越强，对客户的吸引力越大，对客户而言，证券经纪营销人员是专业化投资人员，客户很大程度上依赖于营销人员，因而，在选择合作对象时，权威性是客户重要的选择依据，这就要求营销人员在积极主动的同时保持权威性。

（二）开户

开户，即将准客户转变为客户的过程，这一过程的成功关键在于对客户提供的服务质量。对于证券经纪业务营销人员而言，重点在于与准客户的沟通（沟通技巧可参见项目六银行营销技巧），在与客户的沟通中，营销人员要坚持“四个五”原则：①制造准客户感兴趣的五个话题，如股市发展的状况（成功的见证）、各种投资的比较、本证券公司的优势、自己成功荐股的案例、投资建议书等。②为自己准备的五个反问句，如您认为如何？您觉得怎么样？能不能请教您一个问题？您知道为什么吗？不晓得您……？③向自己提五个问题，如客户为什么要开户？客户在业务办理过程中最在意什么事项？客户最需要的服务时什么？客户为什么选择我们营业部开户？客户为什么在我的手上开户？④消除客户的五大戒心，如担心业务办理时间太长，担心被骗、怀疑被利用，资金的安全，信息的保密程度，担心业务办理很麻烦等。要一切从客户的需求出发，以客户为中心，关注客户的需求和风险承受能力，防止错误销售。

（三）客户维护

对于证券公司而言，服务或产品的销售并不是一锤子买卖，开户之后，更重要的是要对客户进行维护。

所谓客户维护，是客户服务加上情感投资，真正的客户服务是根据客户本人的喜好使他获得满足，最终使客户感觉到他被重视，把这种好感铭刻在心里，成为忠实客户。证券公司会依据客户在证券公司或证券公司某一营业网点的交易量和市值对客户进行分类，如图 7-1 所示。

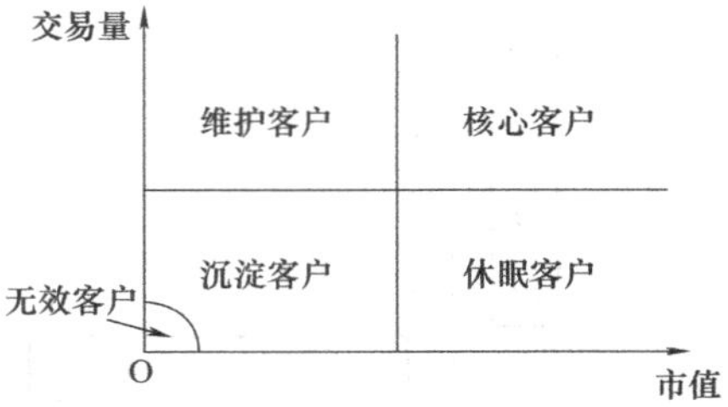

图 7-1　证券公司/营业部客户细分

1．核心客户

对于核心客户，服务重点是建立战略伙伴关系，具体的服务包括：①咨询服务，提供专家级的及时咨询服务，按时提供投资策略报告，客户自选的专项课题研究等。②特殊信息服务，与研究、投行部门的信息共享。③投资品种的特别服务，如国债、B 股、开放式基金、企业债券等优惠分销或战略投资机会。④资金服务，全国各大城市间的头寸调整。⑤其他个性化服务，各种交流聚会活动（如与券商高层、上市公司高层经常聚会），客户需要的紧急支援服务等。同时，一定要做好客户档案的更新填写工作。

2．维护客户

对于维护客户，服务的重点在于与其保持密切联系，具体的服务包括：①咨询服务，专人提供及时咨询服务，按月就宏观、行业研究对客户做简要说明。②信息服务，重要信息由营业部员工口头传达、网上服务、电话服务等。③投资服务，根据客户要求，制订投资计划或理财计划。④其他个性化服务，如赞美、及时解决难题、小礼品等。

3．休眠客户

休眠客户可能拥有巨大的潜力，因此，服务此类客户的重点在于分析其休眠原因，适时进行激活，提供的服务包括：①咨询服务，主动提供各种咨询服务，主动传授投资知识、理念并教会各种工具（计算机、网络、手机、电话委托等）的使用方法。②信息服务，主动提供各项增值信息服务、电话回访（尤其是刚开户的新客户）、网络服务。③情感服务，邀请参加专场投资报告会，寄送问候卡、研究报告、公司内部刊物等。

4．沉淀客户

对于沉淀类客户，证券公司首先应剔除其中的无效客户，对剩余客户进行：①咨询服务，通过网络和电话中心，营业部现场股评，咨询柜台。②信息服务，营业部大众化的信息服务。③情感服务，寄送宣传单，短信问候服务。因为此类客户对于证券公司来说价值不高，所以可以适当降低关注度。

项目小结

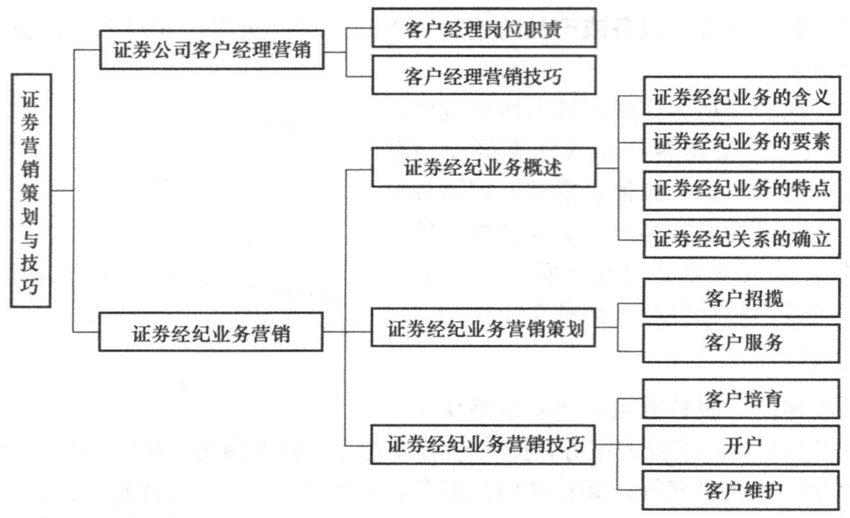

同步练习

一、单项选择题

1. 以下关于证券经纪商的说法，不正确的是（　　）。

A. 指接受客户委托、代客买卖证券并以此收取佣金的中间人

B. 与客户是委托代理关系

C. 必须遵照客户发出的委托指令进行证券买卖

D. 承担交易中的价格风险

2. 在客户（　　），营销人员需要将公司及其产品和服务灌输到客户头脑中。

A. 认知阶段　　B. 情感阶段　　C. 犹豫阶段　　D. 最终行为阶段

3. 专注于投资的长期增值，并愿意为此承受较大风险的客户类型是（　　）。

A. 保守型　　B. 稳健型　　C. 积极型　　D. 风险厌恶型

4. 根据投资者的投资动机、投资偏好、交易行为、持仓结构等行为特征来细分客户，然后根据不同的行为特征所对应的不同需求，为其提供差异化服务的市场细分依据是（　　）。

A. 地理因素　　B. 人口因素　　C. 心理因素　　D. 行为因素

5. 不考虑各细分市场的差异性，仅强调它们的共性，而将它们视为一个统一的整体市场的目标市场选择策略是（　　）。

A. 无差异市场营销策略　　B. 集中性市场营销策略

C. 地区集中营销策略　　D. 差异性市场营销策略

6. 根据客户不同的需求特征将整体市场划分成若干个不同群体的过程是（　　）。

A. 客户招揽　　B. 市场细分
C. 证券市场细分　　D. 市场选择

7. 我国证券公司的营销渠道基本上是（　　）。
A. 直接销售渠道　　B. 间接销售渠道
C. 一级渠道　　D. 零级渠道

8. 证券公司经纪业务的核心服务是（　　）。
A. 证券交易通道服务　　B. 证券投资咨询服务
C. 理财顾问服务　　D. 公司营业网点的选址

二、多项选择题

1. 在证券经纪关系中，证券经纪商是（　　）。
A. 授权人　　B. 受托人　　C. 委托人　　D. 代理人

2. 证券经纪商的中介性表现在（　　）。
A. 不以自己的资金进行证券买卖　　B. 不承担交易中证券价格涨跌的风险
C. 充当证券买方和卖方的代理人　　D. 尽量使买卖双方按自己的意愿成交

3. 比照一般产品的层次，证券公司经纪业务的服务也可以分为（　　）几个层次。
A. 有形服务　　B. 核心服务　　C. 特别服务　　D. 附加服务

4. 证券公司客户服务的方式包括（　　）。
A. 电话服务中心　　B. “一对一”专人服务
C. 讲座、推介会和座谈会　　D. 电子邮箱与手机短信服务

5. 证券投资者一般可分为（　　）。
A. 个人投资者　　B. 机构投资者
C. 直接投资者　　D. 间接投资者

6. 证券经纪业务中，客户的保密资料包括（　　）。
A. 客户开户的基本情况　　B. 客户股东账户中的库存证券种类和数量
C. 客户资金账户中的资金余额　　D. 客户的资金账号

三、简答题

1. 简述证券公司客户经理的岗位职责。
2. 什么是证券公司经纪业务？有哪些特征？
3. 简述证券公司经纪业务营销策划流程。
4. 你认为证券营销与银行营销之间有什么区别？

实训项目

【实训目的】

熟悉证券产品及相关资料的搜集渠道。

1. 了解目前市场上证券经纪业务销售的产品及其营销方式。
2. 了解证券公司的营销岗位。
3. 掌握证券营销的基本技巧。

【实训内容】

1. 寻找我国目前市场上的证券公司，列出3家证券公司的名称，并简要介绍其经纪业务概况，同时，标明资料来源。

2. 列出2家本地的证券公司，寻找其在本市（县）相应的位置。

3. 实地考察某一证券公司，观察该公司营销人员的营销活动，对其营销方式进行简要的介绍和分析。

4. 以一家证券公司为例，熟悉该证券公司的经纪业务概况，并尝试为该公司进行模拟营销。

【实训方式】

1. 通过各种证券、财经网站及证券公司官方网站搜集资料。

2. 利用课余时间，组织一次社会调查，走访本地的证券公司。

3. 以小组等形式，进行证券公司营销人员营销过程的介绍与分析，证券经纪业务模拟营销。

【实训报告】

说明搜集到的证券公司，与证券公司对应的经纪业务信息，本地证券公司及其位置，证券公司营销人员营销活动介绍与分析，实训体会与收获。

项目八 保险营销策划与技巧

学习目标

知识目标

- 能够解释保险营销的含义。
- 能够分析保险营销策略。
- 能够处理保险营销流程中的各种问题。

能力目标

- 掌握保险的含义和特点。
- 熟悉保险营销的渠道模式。
- 掌握保险营销流程及推销技巧。

素质目标

- 全面认知保险营销业务，掌握保险销售技巧，培养专业销售能力。
- 培养严谨的工作作风、百折不挠的进取精神以及良好的沟通能力。

项目引例

保险营销需要用心

刚刚进入保险领域的小邱四处碰壁，前 2 个月连一份保单都没有签成。“客户考虑买保险，是一个很漫长的过程。马上掏钱买保险，人人都会犹豫。”小邱说，她的第一个客户是以前的同事，在签保单的时候一直下不了决心。为了让客户放心，小邱连夜制作出一张与其他保险公司产品的对比表，告诉客户自己公司的保险产品的优势，如何能最大限度地保障客户的利益，最终签下了过万元的保单，这也是小邱入行推销出的第一份保单。从此开始，她慢慢变得得心应手，并且只用了半年时间就出色地完成了全年的任务，获得当年的公司年度“十大杰出新人奖”。小邱认为，每一个保险代理人在刚入行的时候都有波动期，“不适应的时候关键是如何调整心态，一定不能封闭自己，要积极地向同事和主管请教”。小邱说，公司的早会她每日必到，把会上每个人的营销经验和心得都记下来，用这种气氛感染、激励自己。“推销保险最重要就是树立自信心，做保险一定会受到冷遇、遭到拒绝，但是即使如此也要从容面对，保持一颗平和的心。”

保险业具有很大的成长空间。小邱认为，为了能更好地帮助客户，一个好的代理人必须要了解法律、医疗健康等各个方面的知识，小邱每次拜访客户，都会准备好小礼物送给客户，以消除陌生感。客户在其他方面有任何问题，小邱也尽量提供帮助。由于小邱曾经做过房地产销售，对楼市比较熟悉，客户在购楼时有疑问都会向她请教，她都尽量帮忙解决，一来二去，客户要买保险的时候马上就会想到她。“不是做成单的才要联络，每一个客户都要尊重和维护。”小邱认为做保险最重要的就是人脉，她逢年过节都会给每一位客户寄贺卡。有一次，她的一位客户打电话和她说，信箱里面的节日卡片都是她寄的，觉得很感动，以后一定会把小邱推荐给自己的朋友。小邱觉得做代理人就是要赢得这样一份认同感，“很多人对保险都有误解，不愿接触保险。但是，通过细心经营客户关系，让客户了解这个行业，只有对方认同你，他才能听你要说什么。有了认同感，签单只是具体的需求和时间问题了。”

引例分析：保险营销并不是简单的销售保险产品，而是一个满足客户风险保障需求的复杂过程，其中需要太多的艺术和技巧。

任务一　保险营销策划

一、保险营销的含义、特点

20世纪以来，商品经济得到很大发展，飞速的生产发展使消费者的需求日益多样化和复杂化，市场也逐渐从卖方市场过渡到买方市场。因此，企业要控制市场、实现其经营目标，必须对市场进行全面的、系统的调查和研究，依据市场销售原则，运用现代先进技术预测市场的需求变化，制订有效的生产计划和销售计划，为市场提供切实可需的商品，才能从中获取最大利润。

保险属于服务业，作为服务产品当然也需要进行产品的营销。保险营销是保险公司为实现其经营目标，满足人们对人身风险保障的需求，依据市场环境，利用各种营销技术和策略与保险营销对象进行沟通并达到说服保险营销对象投保目的的运作过程。保险营销包括对保险市场的开发、费率的合理制订、保险营销渠道的选择、相关信息的收集整理、保险产品的推广以及相应的售后服务等一系列活动。只有拥有良好的营销体系，保险公司才能扩大其业务量，在扩大规模的同时增加收益。保险营销不再以个险销售为主要活动，而开始成为一个体系，它确立了公司经营目标下的总体销售战略，建立了比较完善的销售组织，衍生出更细化的销售部门和相关辅助部门，并借助各种辅助系统促进最终的销售。保险营销也逐渐形成了一种理念：以客户为中心，以整合营销活动为手段，以客户最终满意为活动目标，兼顾客户、公司和社会三者的利益。

保险营销是与保险市场有关的人的活动，其主要作用是识别和鉴定目前尚未被满足的市场需求，估计并确定其需求量的大小，选择保险公司能够最好地为其服务的目标市场，以决定适当的产品服务计划。它和常说的保险推销有着本质的区别，保险推销只是整个营销过程的一个阶段。与其相比，保险营销有以下特点：

（1）保险营销具有比保险推销更广泛的内涵。保险营销不仅包括后者，还包括保险市场研究、预测、售后服务等其他内容。

（2）保险营销更注重保险公司在整个保险市场上的长远利益，它不仅仅是单纯的销售活动，还非常注重公司的形象，为公司今后的发展做出预测和决策；而保险推销则偏重于眼前的短期利益，是一种短期行为。

（3）保险营销始终以客户的最终利益为目标导向，为不断满足客户的需求而开展活动；而保险推销则把重点放在保险产品上，是为了进行现期销售产品而进行的活动，二者的活动重点有很大的区别。

（4）保险营销是一种整体营销行为，从开始调查，探测保险市场上的需求到进行相应的险种设计、险种安排，直至最后对投保人销售和售后服务，这是一整套的营销活动，是一系列的方法；而保险推销则主要是采用各种短期的促销手段来推销保险产品，其进行活动的时空范围都相对窄一些。

（5）保险营销在不断满足客户需要的过程中通过对投保人提供全方位的服务而获取收益，其利润最大化的方式是通过取得投保人的满意而达成的；保险推销只是通过直接销售获得收入来源，继而获得利润。

（6）保险营销还具有保险推销所不可比拟的广泛的功能，主要包括：

1）它能充分识别保险市场上尚未满足的各种投保需求和潜在需求，并能准确估计这些需求量的大小。

2）它能准确描述保险市场的现状，确定其公司所处的市场营销环境，并据此做出相应的生产计划或进行战略调整。

3）它能收集有关保险市场的信息，开发设计新的险种以增加其吸引力，扩大业务量并满足客户需求。

4）它能对公司的内部环境和外部环境做出准确分析，并协调其经营目标，保持公司的稳定经营，并逐年增加收益。

5）它能运用先进技术或数理模型对其经营活动做出准确的预测和决策，以保证其产品的顺畅销售，收入的稳定增长。

6）它在进行公司的整体营销活动中可以组织各种策略组合，如险种搭配策略、销售渠道策略、费率差异策略、售后服务优化策略等。

7）它能及时分析保险市场的变化以及竞争对手的情况，对公司情况进行准确定位，保证自身在激烈竞争中的稳固地位。

保险推销则主要是增加保单的销售量来保证保险公司的稳定经营。

二、保险营销渠道

保险产品从保险公司最初的产品开发，到最终投保人手里的过程、途径称为保险营销的渠道。有效、畅通的保险营销渠道是保单产品顺利销售的保证，因此，保险公司在进行保险营销时务必要保证其渠道的畅通无阻和广泛有效。

（一）保险营销的传统渠道

1．直接渠道

保险营销的直接渠道，是指保险公司将保单这种产品直接销售给最终投保人，期间不需要任何中间环节。直接渠道以保险买卖双方的直接交流为特点，一般在以下几种情况中较为常见：①保险产品的功能单一，只面向特定的投保人，保险公司根据客户的特殊需要而提供该类产品。②保险产品的功能过于复杂，需要保险公司细致的指导、详细的解说和优良的售后服务，这也需要投保人直接和公司进行联系。

直接营销渠道是保险公司通过邮寄、报纸、杂志、广播电视、电话或互联网等方式直接与客户联系而形成的，不需要任何中间人。在这种直接渠道下，保险公司可以节省中间人的费用支出，但要相应地增加广告费用等的支出。若是针对某一特定险种，则有利于投保人的集中投保，可一次性进行大量销售，节省成本支出。但一般由于保险公司的业务量庞大、保单品种繁多，这种直接营销渠道不利于保险公司的规模经济效益，所以只对特殊险种采取此方式。

延伸阅读

电话营销

电话营销又称电话行销，是指通过使用电话、传真等通信技术，来实现有计划、有组织，并且高效率地扩大客户群体、提高客户满意度、维护客户关系等市场行为的一种营销手段与营销模式，是直接营销的一种，起源于美国，后来逐渐发展到日本、印度、新加坡等亚洲国家，20 世纪 90 年代初进入我国，并得到了迅猛发展。2002 年，友邦保险等具有外资背景的保险企业首次将电话营销应用于保险行业，开始了保险电话营销的征程。2003 年，招商信诺、中美大都会等也都相继涉足电话营销领域，这个阶段标志着电话营销正式进入中国保险市场。之后，随着平安保险、大地保险、天平保险等公司获得保险电话营销牌照后，中国保险行业的电话营销业务真正开始起航了。

从我国保险电话营销的发展历程来看，我国保险电话营销最初应用于寿险产品，随着保险市场的日益成熟及客户需求的多样化，早期依靠公司外勤直接展业的财险公司也纷纷开始发展电话营销业务，至此，电话营销在我国保险行业得到了普遍的应用。

保险公司开展电话营销业务，一般分为四个阶段：①呼叫中心建设解决了保险电销的基础设备问题。②保监会申请通过可以使电话营销活动符合政策规定并有效保障保险公司和消费者的权益。③运营流程设计对于保险电话营销业务的顺利开展意义重大，流程的好坏关系到电话营销业务开展的效率及成果。④人员管理包括组织结构设计、人员招聘、人员培训、绩效及稳定性管理等多方面，稳定高效的团队对于保险电话营销有着十分重要的作用。

2. 间接渠道

间接渠道是指保险公司通过若干中间环节将保单销售给最终投保人。具体的渠道中间环节各公司有所不同，可以是一个，也可以是多个；可以是代表保险公司利益的中介组织机构，也可以是代表投保人利益的中介组织机构，间接渠道又可根据中间环节的不同分为不同的类型。

（1）保险代理人制度。

在这种间接渠道下，保险公司首先通过代理合同明确代理人，并授权代理人在保险公司的授权范围内进行代理保险产品的销售。代理人向客户出立暂保单、代收保险费及理算赔款等。客户直接与代理人发生联系，而不必通过保险公司进行交易和理赔等活动。在发达国家，保险代理人制度很发达，保险代理人的佣金也很高，可达保费收入的30%～40%。保险代理人制度的建立，对于保险公司降低销售成本、分散风险、提高保单销售量、增加公司利润等有着重要的意义。保险代理人进行保单的专业销售，有助于保险公司保单行销效率的提高，同时，代理人与客户紧密接触，还能将保单的不足之处和客户需求及时反馈给保险公司，提高了公司的经营效率。

（2）保险经纪人制度。

保险经纪人和保险代理人有很大不同，保险经纪人是代表投保人的利益，为其寻找合适的保险人后，代表投保人拟定保险合同，完成保险行为，并收取佣金。而保险代理人是代表保险公司的利益，帮助公司进行保单的销售。保险经纪人是西方发达国家保险公司销售保单的重要形式。由于保险经纪人具有良好的在保险条件、保险费率厘定及保险市场行情等方面的专业知识和丰富经验，因此，能为投保人提供专业化的服务，既节省了保险公司相对于其内部较高直销人员工资的支出，又使保险经纪人获得了一定的收入，具有较好的社会效益。

（3）营销员制度。

营销员是保险公司向社会招聘的并经其培训合格的专门从事保险推销业务的人员。这类营销员虽然由保险公司招聘并由其管理，但他们不属于保险公司的正式员工，其收入包括底薪和按所收保费的一定比例的提成。他们是介于保险人和投保人之间的中介人。营销员制度方便了人身保保险公司的营销活动，具有很大的灵活性和机动性。

我国保险市场的保险代理人制度和保险经纪人制度都不是很发达。因为保险代理人和保险经纪人都需经有关机构的批准，对其从业人员有较高的要求，对各组织机构的硬性要求也比较严格，而我国保险业的发展时间较短，人才缺乏，所以在这方面有很大的欠缺。我国加入WTO后，给我国保险业的发展带来了巨大的压力，要求我们必须尽快完善这些制度，客观上刺激了我国保险间接行销渠道的发展。

在世界范围内，保险代理公司等保险中介已经有上百年的历史，而我国的保险中介实际上是自1992年美国友邦进入后才大规模引入的。我国的保险公司要努力培养专业人才，国家政策也要给予适当倾斜，以增强国内保险公司的竞争力，健全保险代理制度和佣金制度，加强代理人员的管理和培训，完善相关的法律法规制度。

（二）保险营销的创新渠道

保险消费者的需求日益复杂和竞争日益激烈，这要求在传统的营销渠道和模式基础之上进行整合和创新。新的消费观念、营销观念和电子、网络技术的发展，为营销渠道创新提供了市场基础和技术基础。保险营销渠道创新主要包括两个方面。

1. 营销渠道一体化

传统的营销渠道存在一定的弊端：员工直销方式中，虽然员工的忠诚度高，但分销成本高，分销业绩较差；代理人分销和经纪人分销，虽然形式灵活，但存在一定的道德风险。“一体化”渠道为解决这些问题提供了思路。

营销渠道一体化包括：①纵向一体化是指供应商、生产企业、渠道企业组成的渠道系统。②横向一体化是指由两个或两个以上具有相同渠道职能的企业联系起来的渠道系统。

这两种渠道系统既可以是资本一体型的，也可以是管理一体型或契约型的。目前，保险营销渠道的一体化发展最为迅速的，莫过于银行与保险公司的融合，通常包括以下几种形式：

（1）银行、邮政与保险公司合作，并通过其分支机构为保险公司销售特定的保险产品。

（2）银行与保险公司相互结合，优势互补，合资成立新的金融机构，销售保险产品。

（3）银行收购保险公司，利用银行的资金和网络，通过收购的保险公司开展业务。

（4）保险公司收购银行，利用保险公司的专业优势和银行的网络优势销售保险产品。

2．网络营销

网络营销是保险公司利用现代网络信息资源开展保险营销活动的一种模式，是随着世界互联网技术的迅速发展而逐步发展起来的新营销渠道。目前，世界知名的国际大型保险公司均已实现网上营销。网络营销将从整体上改变现行营销体制，创建更快捷、有效的营销服务体系。保险公司利用网络营销将给其自身带来巨大利益：

（1）降低营销成本。保险公司通过引进电子系统，可以大大降低其在保单印刷、保管、中介开支及其相关的密集劳动的成本，因此也相应地降低了保险费率的报价。对于大型保险公司来说，还可以得到资源共享的优势，降低了信息成本。

（2）增大销售数量。由于互联网提供的方便、快捷、准确的服务，网络营销能增强对投保人的吸引力。在传统的营销渠道中，投保人不得不在保单的查询、签订等方面花费大量时间，而现在可以随时随地获得及时、方便的服务，能增强其购买意愿。而且保险公司由此降低的成本开支也相应地降低了保单的定价，这更能刺激投保人的购单行为。

（3）有利于保险公司的经营控制。通过互联网技术，网络营销可以向保险公司提供及时准确的销售业绩情况，便于营销部门进行保单的管理，也有利于财务部门的账务处理工作。客户可以直接和公司进行联系，增强了保险公司对市场的掌握和熟悉程度，便于公司整体经营状况的改进。

网络营销带来的巨大优势不仅体现在保险公司获得的利益上，而且还体现在能给投保人带来切实利益，为整个社会带来福利。

（1）投保人在新的保单购买方式下可以自由选择各类保险产品，轻松享受保险公司的24小时服务。在传统营销渠道中，投保人若想投保，必须先和保险公司或其代理人联系，获得保险公司提供服务的信息，经仔细研究后才开始签订保险合同，这是一个复杂且耗时、耗力的活动。而网络营销服务的提供，使客户可以随时随地在网上获取任何所需信息，足不出户便能获得保险公司提供的投保理财的专业化服务。

（2）客户可以在网上进行多家保险公司的比较，获得不同公司的全面服务信息，选择最优保单种类和最低价格，实现最优选择。

（3）网络营销面向全社会，能增强保险公司的宣传力度，增强人们的保险保障意识，鼓励人们进行有效的风险管理，提高整个社会的安全意识，有利于国家社会的稳定发展。

我国的保险营销中间渠道发展比较落后，而网络营销却能开辟新的营销渠道，这对我国保险营销的发展有着重要的意义。网络营销拓展了销售的新空间，我们可以利用这个空间，弥补传统销售渠道的局限，大力挖掘保险市场的潜力。目前保险业的服务对象多为大中城市的中高收入阶层，而这个市场的客户一般都是互联网的用户，网络营销对于这样一个市场的挖掘具有明显的优势。

网络营销虽然有诸多优势，但目前互联网还存在着网络有可能出现泄露信息等现象。此外，如何防止一些不法分子通过网络来进行非法经营和网上诈骗等活动，这也对保险网上营销提出了巨大挑战。

三、保险营销策略

（一）商品组合策略

保险商品组合是指保险公司根据保险市场需求、保险资料、公司的经营能力和市场竞争等因素，确定商品保障机制的组合方式。保险商品的组合关系保险公司险种开发的计划与保险资源利用，关系保险公司经济效益和发展前途，必须予以足够的重视。保险商品组合以满足客户需求为基础，以提供基本安全保障为主体，以提高保险公司效益为目的，并且要有利于保险商品促销。

保险商品组合包括广度、深度、密度（关联性）三个因素。确定保险商品组合就要有效选择其广度、深度和密度。保险商品组合广度是指保险公司有多少不同的保险商品和保险商品线。保险商品线是指保险商品大类或商品系列，如保险、信用保险等类别，其中任何一类都包含若干保险险种。保险公司经营的保险商品线越多，保险商品组合广度就越宽。保险商品组合深度是指保险公司经营的每种保险商品线内所包含的保险险种的多少，如果保险公司经营的险种多，保险商品线广，就说明其保险商品组合深度深，相反，则保险商品组合深度浅。保险商品组合密度又称为保险商品组合关联性，是指各保险商品线在最终销售渠道、销售方式和其他方面的密切程度。例如，家庭财产保险与保险组合的密度较强。

保险商品组合广度、深度和密度不同，可以形成保险公司营销的特色。如果某保险公司合理扩展保险商品组合的广度，增加保险商品系列，就可以使其在更大的市场领域内发挥作用，承保更多的风险，提高市场份额。如果某保险公司注重挖掘保险商品组合深度，围绕某一类保险商品去开发更多的险种，就可以满足不同的保险需求，吸引更多的客户。如果某保险公司保险商品组合的密度高，就可以使用更强的营销力量去占领保险市场。

保险公司在对保险组合做出决策时，首先要对保险商品组合进行分析，分析内容如下：①可能由目前的主要险种改制而成的未来的主要保险商品。②目前主要险种状况。③可能成为主要盈利的险种。④过去效益最好、销量最大但销路逐渐萎缩的险种。⑤销路尚未完全失去，仍可继续经营的险种。⑥已经失去销路，或销路未打开就衰退的险种。

1. 扩大保险商品组合策略

扩大保险商品组合有三种途径：①增加保险商品组合的广度，即增加新的险种系列。②加强保险商品组合的深度，即增加险种系列的数量。③保险商品的广度、深度并行开发。扩大保险商品组合可以使保险公司充分利用人力、物力、财力，发挥保险营销人员的潜力；可以增加保险公司经营的理性，同时满足客户的多样化需求。扩大保险商品组合有两种策略可供选择：①保险商品系列化策略，即在基本相同的保障责任上附加一些险种，扩充保险责任范围。②增加保险商品线的策略，即在原有的保险商品线基础上增加关联性大的保险商品线。如保险可细分为人寿保险、健康保险等相关的保险商品线。人寿保险又可细分为死亡保险、生存保险等相关的保险商品线。

2．缩减保险商品组合策略

这是指保险公司缩减保险商品组合的广度和深度，即减少一些利润低、无竞争力的险种。这是在保险市场处于饱和、竞争激烈、保险客户交付保费能力下降的情况下，保险公司为了更有效地进行保险销售，或者为了集中精力进行专业化经营，取消某些市场占有率低、经营亏损、保险客户需求不强烈的保险商品而采取的策略。缩减保险商品组合策略可以使保险营销人员集中精力推销保险需求高的保险商品，提高保险推销效率和服务质量；可以减轻环境威胁，提高保险公司经济效益；还可以完善保险商品的设计，使之更适合消费者的需求。

3．关联性小的保险商品组合策略

随着保险市场需求的发展和保险公司之间竞争的加剧，越来越多的保险公司将财产保险与保险进行组合，使新组合的保险险种更能满足消费者的需求。例如，有的保险公司将驾驶员意外伤害保险与机动车辆保险相组合，形成具有特色的新险种。从保险业的发展来看，财产保险与保险的组合，适应了保险市场的需求变化，受到广大消费者的欢迎。

（二）品牌策略

保险商品是一种特殊的商品，作为商品，就应该有自己的品牌。保险企业商品品牌的市场知名度和拥有的品牌忠诚者数量，决定着企业保险商品的竞争力、市场占有率、企业规模和经济效益。知名度高、美誉度高是品牌成功的表现。如果某保险公司的品牌在相当数量的消费者心目中形成了稳固的良好印象，在市场上享有相当的知名度和美誉度，就变成通常所说的名牌。要在众多的同类产品中凸显自己，必须形象突出，让人们知道你与众不同，这就必须创出自己的品牌并不断创新以维系在人们心目中的地位，即你的“不可替代性”。

1．品牌宣传

品牌战的第一步是宣传，宣传不是无中生有，而是宣传实在的东西，但要富有亲切的感染力。这包括保险消费观念的宣传、险种宣传、服务方面的宣传、理赔信誉方面的宣传等。总之，宣传是一面旗帜，贯穿产品提供的始终。

对于很多中国人而言，人们的保险观念比较淡薄，因此，国内保险公司不失时机地加大宣传力度，是树立形象的有效手段，如遇到特殊的自然灾害，有的保险公司及时理赔，受到了当事人的好评。同样受损失，被保险人的遭遇大不一样，公司可抓住这一点大做文章，从而在其他省、市扩大影响。另外，通过电视、广播、互联网专题节目，印发精美的宣传手册、宣传单，开办咨询交流活动等灵活多样的手法，可将触角深入社会生活的各个角落。从更长远的角度看，注重大中小学生的保险基础知识教育乃是百年大计。

2．全面客户服务

保险业是服务业，属于服务业中投入和消费明显时空分离的类型，服务态度、服务质量是竞争的重点。一方面，以“真诚”为核心，想人之所想，急人之所急，只有最了解客户期望的公司，才能提供最受欢迎的服务。对代理人和推销员采取有效的激励措施，使他们自觉地肩负起维护公司形象、真诚为客户服务的责任；建立详细的客户档案，包括家庭结构、经济状况、兴趣爱好、健康情况以及子女教育情况等；建立定期拜访制度，和客户交朋友，密切与客户之间的关系，及时了解并反馈情况，让客户在满足需要的同时增加对公司的信赖。另一方面，以

“便利”为核心，开展多种服务方式，如电话咨询、网上查询、信函往来等以方便不同的客户。

3．做好理赔，重信誉

一位保险界名人说过：“我们唯一的资产就是我们的承诺，履行承诺。否则，我们的信誉就会受到影响。”这里的履行承诺，指的是及时、准确、科学地执行保险合同。中国国内的保险公司保费收入低与客户抱怨“理赔难”大有关系。保险业内确实存在一些严重的“重展业，轻承保；重保费，轻管理”的现象，这种短视行为严重影响了保险公司的形象，这会对保险业的长期发展留下隐患。对此，各保险公司应改变传统的“单兵作战”，注重合作，拿出解决方案，如建立一个特设的理赔协作组织。

（三）广告策略

广告是保险公司支付一定费用，通过大众媒介向目标客户传递公司保险商品和服务信息，并说服其购买的活动。广告是保险促销组合中的一个重要方面，是寻找保险对象的有效手段，是保险营销过程中的一种巨大的加速力。

保险广告具有传递信息、沟通需求、激发需求、增加销售的作用，同时它还有介绍知识、引导人们投保以及鼓励中介机构经营保险的作用，它以告知客户保险商品信息、说明险种特色以及提高企业声誉为目标，对提高公司的知名度、塑造良好的企业形象以及企业的业务发展有着极大的促进作用。

1．保险广告媒体

广告媒体是指能在广告主与广告对象间起媒介作用，传递广告信息的物质基础。随着商品经济的发展和科技的进步，广告媒体发挥的作用越来越大，形式也越来越多。主要有印刷媒体（报纸、杂志等）、电子媒体（互联网、电视、广播等）、户外广告媒体（海报、气球等）、展示广告媒体（陈列广告媒体等）等。在众多的传统广告媒体中，影响最大的是我们通常所说的“四大广告媒体”，即报纸、杂志、电视、广播。

报纸最早被广告传播所选择。报纸广告具有传播范围广、速度快、版面设计简便灵活、保存性好、成本低的特点。但报纸时效性短，而且印刷不够精美，难以形象生动地表现广告内容。

杂志是仅次于报纸的印刷媒体。杂志的读者特定，针对性强；读者阅读有效时间长，精读率高；而且杂志精美醒目，吸引力强。但杂志传播慢、周期长、灵活性差、费用较高，保险企业只能有选择地使用。

电视是视听两用媒体，传播信息的速度比任何媒体都快。电视传播保险广告信息覆盖面广、收视率高，集视听于一体，感染力强，电视观众的平均购买力也比较高，而且电视广告也具有一定的强制性，人们不得不看。因此，电视广告是目前保险业最常选用的媒体，但它的广告信息消失快、不易保存而且费用很高，因此要策划得当，力求创作出富有感染力以及能给观众留下美好印象的广告。

广播广告也具有传播速度快、覆盖面广的特点，而且广播广告制作简单、时效性强、成本低廉，如果使用得当，不仅可帮助普及保险知识，而且可以宣传公司信誉，树立良好的企业形象。

延伸阅读

互联网广告

互联网广告就是利用网站上的广告横幅、文本链接、多媒体等方法，在互联网刊登或发布广告，通过网络传递到互联网用户的一种高科技广告运作方式。与传统的四大传播媒体（报纸、杂志、电视、广播）广告及备受垂青的户外广告相比，互联网广告具有得天独厚的优势，是实施现代营销媒体战略的重要部分。互联网是一个全新的广告媒体，速度快、效果理想，是中小企业发展壮大的很好途径，对于广泛开展国际业务的公司更是如此。

互联网广告可以追踪、研究用户的偏好，这是互联网相对传统媒体的优势，也是其精准营销的基础。这几乎是互联网的天然优势——通过深入了解用户行为和喜好，按照每个用户的行为特点、地域、兴趣爱好等挑选最匹配的广告信息。从广告形式上来看，互联网广告可以分为搜索广告、展示类广告、分类广告、引导广告、电子邮件广告五大类。

传统广告发展至今已经形成了一套固定的体系，而对于互联网广告这一新的广告形式，发展得还不很充分。许多广告主认为，强制就意味着接受，侵犯即意味着影响。但一般情况下这样只会让受众更加反感。互联网侵犯广告（强制广告、强制注册、弹出页广告）使得一些企业收到适得其反的效果。如何在尊重用户的前提下，更好地传播广告所展示的创意以吸引用户，从而转化为购买行为，最终使企业受益，这是广告制作者和企业的一个重要课题。

纸质媒体具有特殊的权威性，电视广播媒体具有特殊的说服力。互联网给人的信服程度远不如其他媒介，尤其是现在的网站种类繁多，难辨真假。企业在选择互联网广告服务时更要慎重。这也是互联网广告投放的一大劣势。

2．广告媒体选择策略

在实务操作中，正确选择广告媒体的目的，在于以最广泛、最准确、最节约成本的媒体传播形式，把保险信息传递给公众，发挥保险广告宣传作用，实现保险广告目标。广告媒体的选择策略有以下四点：

（1）根据保险信息的特点选择媒体。保险公司是一个信誉企业，它为客户提供的服务是各种险种。保险广告所传递的主要是有关保险公司信誉、财力、服务、险种方面的信息。对公司信誉性信息的传递，应选择覆盖全国的大众传播媒体；对险种的宣传，可以选择地方性的印刷媒体。

（2）根据保险公众接受媒体的习惯选择媒体。保险企业所面临的公众，不管是法人组织还是个人，接受信息的其实都是人。人们具有不同性别、年龄、职业、收入和文化程度，其兴趣、爱好、生活习惯也各有不同，对媒体的接受习惯也不同。如老年人爱静，爱听广播、看报纸；青年人好动，喜欢上网，看电视、电影及青年杂志；年轻女性爱看画报、逛街。保险公司可针对公众接受媒体的习惯，选择公众易于接受的媒体。

（3）根据传播时间选择媒体。广告媒体传播信息的时间也会影响广告效果。如电视，在“黄金时间”（即每晚 7:00～10:00）收视率高，广告效果好；报纸月初见报优于月底。因此，根据信息传播时间选择媒体，有利于发挥保险广告的作用。

（4）根据保险公司的支付能力选择媒体。利用广告媒体传播保险信息的费用是很高的。一般来说，媒体覆盖面广、黄金时间播出的广告费用高，地方性媒体或非黄金时间播出的广告费用低。保险公司可根据自己的需要和支付能力选择媒体。

（四）公关策略

保险公共关系是保险公司的一项十分重要的管理职能，它有助于树立保险公司的良好形象，赢得公众的理解和支持，帮助保险企业实现营销目标。我国保险企业近年来开展了多种形式的公关促销活动，既宣传了保险，又密切了保险企业同外部组织和公众的关系，同时，更树立了保险企业良好的自身形象。我国目前主要采用保险新闻活动、保险赞助活动、保险庆典活动、保险联谊活动、保险竞赛活动等公共活动来促销。

保险公关促销有利于树立良好的保险企业形象，能有效协调保险企业的内部关系。在保险营销中，何时以及如何使用公共关系是营销管理者需要做出的决策。具体来说，这些决策包括以下几方面。

1. 确定公共关系的营销目标

对于任何一个企业来说，公共关系的营销目标可以包括：

（1）提高企业的知名度。利用媒体宣传企业，吸引外界的注意，进而形成公众对企业的良好态度和企业自身的良好形象。

（2）建立信誉。通过媒体宣传，参与各项社会公益活动，达到在公众心目中建立信任的目标。

（3）激励保险销售人员、经纪人和代理人。企业的公共关系涉及外部公关和内部公关两个方面。内部公关的目的是要激发保险销售人员、经纪人和代理人的工作积极性和热情，使他们端正工作态度，积极为保户服务，使企业形象保持内外一致。

（4）降低促销成本。利用公共关系往往比直接销售、广告等的费用低廉。

2. 选择公共关系的信息与工具

当企业确定了公共关系的目标之后，企业可以选择那些有典型性和代表性的事件、活动编排成故事或新闻等形式，并利用媒体向外界传播。例如，新华人寿保险公司在成立之初，为了提高企业的知名度，以关心人们的身体健康、保护生命为主题，在报刊、电视等媒体中大加宣传，从而使其知名度大幅度提高。

3. 实施公关方案

当一项公关计划已经制订后，接下来最重要的问题就是如何实施，达到企业运用公关的目的。在实施公关方案时，首先应取得新闻机构的支持，其次应争取获得企业内部员工的支持，因为没有新闻机构的支持，企业公关活动的影响力和覆盖面就会受到很大的限制；而离开了企业内部员工的支持，其公关活动也会缺乏一致性、协调性和长期性。

4. 评估公关活动的效果

评估一项公关活动主要看其对消费者认知、理解和态度转变的影响程度。如果通过该项公关活动，消费者知道并了解了该企业及某险种，或改变了对保险商品和某个企业的态度，或增加了保险销售量等，则说明该项活动是有成效的。

（五）人员促销策略

保险人员促销是保险企业及其代理机构派出促销人员直接接触可能的购买者，帮助和说服他们购买保险商品的过程。促销人员通过人员接触，起到联系公司与客户的纽带作用。促销人员既是公司的象征，又是公司提供有关客户的情报信息的反馈者。在我国，保险人员促销方式出现得较晚，但却以它那独具魅力的表现，赢得了人们的广泛赞誉，于是各家保险公司纷纷采纳，竞相跟进。特别是在外资保险机构进入我国保险市场以后，这种促销方式显示出无与伦比的活力。

尽管人员促销费用支出大，优秀促销员难觅，但与其他促销方式相比，保险人员促销方式有明显的优点：

（1）营销人员可以面对面地向客户介绍商品，随时随地解答客户的问题，详细介绍有关条款，引发他们的购买欲望。

（2）营销人员可以以自己真诚的微笑、亲切的话语、优雅的举止，表现出对客户的关心，从而减少广告或其他促销方式给人们造成的一种距离感。

（3）通过人员促销，客户可直接获得有关保险企业和保险产品的详细信息，推销人员可以直接了解潜在客户的购买意图和态度，便于及时调整自己的推销策略。

（4）人员促销有益于使客户与推销员由纯粹的买卖关系逐步发展成为具有浓厚感情色彩的友谊协作关系，便于建立长期关系，这是其他促销手段难以替代的。

（5）人员促销还具有信息反馈快的特点。非人员促销如广告和宣传，信息反馈速度较慢，远不如人员促销获得的信息真实、详尽且有利于保险企业及时、准确地调整销售策略。

（6）营销人员可以帮助客户排疑解难，完成上门服务、代填表格、代办索赔等有关事宜。从一定意义上说，保险促销人员肩负的责任重大。主要表现在：他们是企业的“侦察兵”，负责市场信息的收集；他们是企业的“外交官”，负责开发客户，维系客户关系；他们是企业的“使者”，有助于传递企业形象，树立企业信誉。

保险人员促销是信息传递的过程，促销人员的主要任务有：

（1）及时向保险企业提供保险市场的需求变化及竞争态势等信息，起到帮助企业决策层改善经营管理决策的作用；把保险企业及其险种信息传递给新、老及潜在的客户。

（2）善于发现新客户，针对潜在客户的需求状况、购买特点及经济状况进行调查研究，从中发展和培养自己的客户。

（3）要有精明的推销技巧，如接近客户、推销险种、答复质疑、洽谈交易等技巧。这些技巧是推销员的业务知识、文化修养等的综合表现，也是人员促销成功的关键。

（4）促销人员是企业做好保前、保后服务的重要力量。保前要向客户提供有关保险企业和险种的资料，回答客户的质疑，保后要善于帮助客户熟悉险种的特点，解决一般问题，尽可能向客户提供满意的保后服务。

保险人员促销就是促销人员直接面对面向客户推销保险商品。通常采用的形式主要有：

（1）推销员对单一客户，即一个或两个推销员通过直接登门拜访和电话等与某个客户进行交谈，以推销产品。

（2）推销员对采购小组，即一个或两个推销员向一个采购小组介绍并推销产品。

（3）推销小组对采购小组，即一组推销人员（包括推销经理、推销员、推销工程师等）向一个采购小组推销产品。

（4）会议推销，是由企业主管和推销人员同买方举行洽谈会，共同探讨双方有关交易事项。

（5）研讨会推销，即通过研讨会形式，比如，企业技术人员向买方技术人员介绍某项最新技术，让客户了解本企业的最新研究成果，并促使其购买本企业的产品。

任务二　保险营销流程与技巧

营销员要想顺利地推销保险产品，不仅要有工作热情，更重要的是要了解和掌握保险推销的基本流程，熟练运用推销技巧，这样才能收到事半功倍的效果，提高自己的销售业绩。本任务关注保险的基本营销流程和推销艺术。

一、开拓准客户

（一）准客户的界定

准客户是指具备投保条件、将来有可能购买保险的人。要成功地销售保险产品，必须不断地获取一些可以接近的新人，这就是准客户的开拓。

在保险营销活动中，准客户的开拓具有十分重要的意义。保险营销人员要创造良好的营销业绩，就要有源源不断的准客户和持续发展的客户群，否则再好的营销技巧也无用武之地。因此，准客户是保险营销人员的宝贵资产，准客户开拓是保险营销的基础。据调查，在 1 年或 6 个月内被淘汰的从事保险的销售人员中，在销售保险的过程中感到最困难的地方就是“准客户的开拓”，并且这一项目的比率超出其他项目的 3 倍。无法有效地开拓准客户，是导致很多营销人员失败的原因。也就是说，准客户的开拓过程如果失败，就会导致保险销售业务的失败。如果营销人员希望在这个行业继续生存，希望自己成功，首先要在准客户的开拓上尽最大的努力，而且活动要持续开展。

（二）准客户的条件

一般的准客户需要符合以下 5 个条件。

1．有良好特质

准客户必须具有对家人的爱心、责任感，做事有条理、有计划，并愿意接受新观念，如此，他会比较愿意倾听营销人员说明保险的具体规划。

2．可以接近

接近准客户需要很多技巧、训练以及耐心。有很多人很难接近，如果营销人员觉得接触某人是一个艰难的过程，那么很可能其他的竞争者也会面临相同的情形。因此，营销人员不能轻易放弃那些较难接近的人，那些人恰恰有可能成为最好的客户。

3．有保险需求

要相信准客户一定有保险需求，而营销人员可以充分地满足其需求。如果营销人员本身无法从准客户中发现需求，严格来说，他是无法销售的。销售的真正意义在于发现客户潜在的需求，提醒客户切身的需求，并通过销售方式满足他的需求。

4. 有能力缴纳保费

营销人员都有过这样的经验，准客户对保险商品有需求，但却没有购买能力。当然也有一些人，嘴里说没有钱，但在了解了需求之后，就买了保险。根据统计，如果营销人员知道准客户的收入概况，会比不知道销售得更好。因此，在选定准客户时，对于其缴纳保费的能力要有充分的考虑。

5. 符合公司投保规定

准客户要通过公司规定的体检标准。对于最近做过心脏手术的人，与其加入保险，不如选择投资商品或年金。准客户的投保资格与他的年龄、健康状况、财务状况有关。营销人员需先了解这些规定，然后再有针对性地进行营销。

案例

有钱人应不应该成为准客户

谢某是一个比较“有思想”的业务员，看到其他伙伴们接触到大客户，签下大单，心里既佩服又羡慕。于是他一心琢磨要挖掘出一个大客户，签一个大单，可以好好享受一整年。一个偶然的机会，谢某看到报纸上的“中国财富排行榜”，顿时豁然开朗，迅速记下前10名的名单，并做好了下一步的接洽准备。谢某心想，只要其中任何一位成了我的客户，我就可以逍遥四五年了。于是谢某开始了他的准客户开发计划：第一步信函联系，结果数以百计的信全部石沉大海；第二步电话交流，不管什么时间，一律被秘书挡驾；第三步陌生拜访，总裁不是正在开会、宴请、剪彩、授奖，就是不在国内。总之，谢某费尽心思，也没能见到任何一位。时间随着努力在不断流逝，周围的同事们无论大单、小单也都有收获，而半年的时间过去了，谢某却一无所获，这对一贯自信的他打击颇大。针对谢某的准客户开发计划，公司的主管和同事也存在不同意见，有人认为谢某志向远大，目前只是火候未到，还应继续；有人认为谢某好高骛远，把这些富豪列为准客户是不切实际的做法。

根据准客户应具备的条件，谢某的准客户开发计划不切合实际。因为他所圈定的准客户是很难有接洽机会的。他不应该把眼光只放在有钱的大客户上。

（三）准客户开拓的来源

1. 缘故市场

“缘故”即有缘相识的故友、熟人。一般来说，“缘故”包括亲戚、同学、同乡、同好（即有共同爱好的人）、同事、邻居。

缘故开拓具有明显的优势。首先，易接近。因为是故友，约见不会遭到拒绝，对于保险营销人员的讲解宣传也会认真倾听。其次，较易成功，它比陌生拜访的成功率高出许多，同样的努力会有不一样的收获，尤其是那些做人成功、交友真诚、有较好人际关系的保险营销人员，成功率最高。

另外，非常重要的一点是，可以从熟人和朋友那里得到新的准客户介绍。这种准客户开拓法叫作“无限连锁介绍法”。因为每天洽谈的准客户会介绍其他的准客户，所以，可以将它比喻为一个没有间断的锁链。随着使用无限连锁介绍法，准客户名册内容的增加速度会比面谈的速度还要快。准客户越多，销售的机会也越多，最终成功的概率也会随着升高。

2．陌生市场

陌生市场是效率最低的准客户开发来源。但是，若除了利用其他各种方法得到准客户外，还有再扩大准客户的必要时，也是可以开发这个陌生群体的。陌生拜访是对初涉营销的人员心理和意志的磨炼，但是由于费时且收效不显著，一般极少采用。

这种方法除了可以提升与人交往的技巧外，还可以磨炼各种应对技巧。但是，要牢记陌生拜访不是主要的开拓方法，它只是一种辅助手段而已。重要的是，通过陌生拜访可以得到准客户，也可以介绍其他新的准客户。

3．现有市场

营销人员开展保险业务达到某一程度后，会得到一些特殊的朋友——保户，即现有市场。经营现有市场对营销人员有实质利益，同时现有市场保户可以成为介绍新的准客户的最佳来源。

根据调查研究发现，有能力的营销人员都会说服保户，使其自然地增购保障。但也有一些营销人员，因没有做好事后管理与服务而失去保户。很多人只热衷于开发新的准客户，却忘记了经营自己的现有保户，也忘记了给他们提供持续的服务。

4．推荐介绍

推荐介绍是指由“缘故”、既有的保户和准客户介绍的客户。在准客户的开拓工作中，仅靠营销人员一个人的力量是非常有限的。所以，签订保单之后，一定要从保户那里得到介绍，这样更容易扩大准客户群，业绩与收入也会随之提升。

根据不同接近方法的销售效果排序，推荐介绍的销售效果是最好的，但是却有近2/3的保户，营销人员从来都没有向他们要求推荐介绍。另外，根据调查发现，在10位客户中，大约有6位愿意代为介绍，所以，有许多业务人员白白错失了机会。因此，业务员必须养成请客户代为介绍的习惯。每次拜访客户时，营销人员一定要从中得到3～4个人的名字。

根据有经验的营销人员的说法，要求推荐介绍的一个最佳时机，是在准客户完成要保书签署之后，因为准客户在这个时候能够最清楚地认识到保险的价值。要求推荐介绍的另一个最佳时机是递送保单的时候。此时，准客户较安心，也比任何时候都可以轻松地谈话。即使之前已有过推荐介绍，但这时重新请求会更好。

5．影响力中心

一般人认为，在同一个地区居住很久的人，一定会比最近搬来的人认识更多的人，同时也有更多销售保险的机会。但是，对于这个问题的研究结果显示，事实并非如此。人脉很广、很有名气并且在一座城市居住很久，并不能代表成功的机会大。而要记住的一点是，营销人员要彻底做好准客户的判定工作，与其问“我认识多少人”，倒不如问“我认识什么样的人”，这样开拓准客户才有效率。营销人员如果结识处于影响力中心的人，会显著提高自己的销售业绩。

一般来说，高保险金额者、友情深厚的保户、职场社团的主管或干部、民意代表、律师、医生、药剂师、教师、不动产中介业者、各种代理商、管理地方事务等各阶层的人，都有可能成为影响力中心。有能力的营销人员非常善于利用影响力中心进行准客户的开拓，提升自己的销售业绩。

6．名册筛选

开拓准客户的另一种方法是看各种团体的名册。营销人员事先必须有所规划，而不是单纯地、无预期地拜访。例如，收集同乡会名册，并假设在其中找到了两位保户，他们是保险营销人员进入其团体的潜在关键人物。营销人员可以拿着名片，去找那两位保户。如果营销人员能够谨慎地处理这些事情，则可以获得团体的完整信息。这是非常聪明的准客户开拓方法。如果能够根据得到的团体名册特性找出适合的准客户开拓方法，就可以逐渐扩大准客户群。

7．其他渠道

（1）直接信函。在美国，直接信函方式是目前准客户开发中使用最普遍的一种方法。因为它可以避免陌生拜访时客户的冷淡反应，可以给营销人员持续提供新的准客户。

（2）电话。利用电话开发准客户，可以节省许多交通费、时间和精力。电话已发展到了可以判定准客户和开发准客户的惊人地步。当然，电话并不适用于销售保险，它只适用于销售电话约访。

二、约访

约访是保险营销中必要的工作环节，最常见的方式是电话约访。

（一）电话约访的益处

电话是营销人员在销售过程中必须使用的工具，是销售过程的开端。营销人员在电话中的音调、语气、措辞、态度都会影响客户对你的印象，在短短的几分钟内，如何进行适当的表达是成功的关键。电话约访的好处有：节省时间，节省交通费，避免体力消耗，消除恐惧，容易和准客户接触，尊重准客户的行程，事先让准客户了解面谈目的，这些都是作为营销人员要具备的基本礼节。

（二）约访前的准备

为了有效地通过电话接近准客户，营销人员要事先做好准备。首先要做好有关事物的相关准备，然后再做好对自身的准备。

1．与事物相关的准备

（1）准客户卡。选好要打电话的准客户卡。

（2）足够数量的准客户。至少准备 20 位以上。

（3）办公室。在舒适又安静的地方（办公室）打电话。

（4）办公桌。桌上摆好电话使用指南、日历、活动计划表等所需的物品。

2. 自身的准备

（1）做充分的练习。把实际要沟通的内容，事先与同事演练几次。

（2）消除紧张情绪。调适成一种与客户面对面交谈的心情。

（3）要具备自信心和热情。通话时要有自信心和热情，这样会给准客户留下专业的印象，可以为客户提供最佳的服务。

（4）要微笑。边按电话号码边微笑，使声音保持在一种热忱而愉快的状态。

3. 打电话的名单

（1）朋友、亲戚、熟人。

（2）他人的推荐介绍。

（3）现有保户。

（4）已预先用信函拜访的准客户。

（5）陌生拜访者（完全不认识的人）。

三、面谈

面谈就是营销人员通过电话与准客户接触后的正式面对面的会见访谈。由于营销人员不是被准客户主动邀请的客人，而且保险产品是无形的，看不见，摸不着，无法引起准客户的购买欲。因此，面谈的目的是让准客户认识保险对家庭的必要性，以唤醒准客户的需求心理，使其有欲望进一步获得财务需求分析服务。营销人员可以借此向准客户搜集分析的基本资料，以便在日后为准客户提供分析结果的解决方案。在拜访客户时，客户与业务人员之间一般会保持相当程度的距离，如果不尽快缩短彼此间的距离，就无法向前迈进，也没办法成交。所以，必须谨慎地进行接触。营销人员要努力消除客户的不安和防御心，与客户保持良好的关系，让面谈顺利进行。在销售商品之前，先懂得推销自己，营销人员要以自己的人品、热诚和信心，建立准客户对自己的信赖感。

（一）面谈前的准备

在面谈约定的前一天或当天早上再一次打电话确认，大部分准客户不太重视与营销人员之间的约定，有时会在约定时间内开会、出差或拒绝拜访，所以，最好事先打电话再次进行确认，这对彼此双方都好。

当营销人员在拜访准客户时，客户会根据下列四项来评断营销人员：对这个人是否有好感？这个人对于自己的工作是否很热诚而且有信心？这个人是否有能力满足我的需求？这个人是否诚实，他会优先考虑我的利益吗？如果准客户对这四个问题的回答都是肯定的，就会进行面谈。如果对其中有一项持否定的态度，准客户就不会同意面谈，即使勉强去做也不会销售成功。这四个问题即外表、能力、态度和信赖感。

在面谈时应当注意：着装得体、符合面谈的场合；准时赴约；注意倾听；避谈客户忌讳的话题（宗教、信仰、风俗习惯）；时间掌控在半小时之内（销售的黄金原则）；选择合适的面谈环境；避免与客户发生争论。

延伸阅读

原一平的笑

原一平当实习推销员时，又小又瘦，横看竖看，实在缺乏吸引力。但他苦练微笑，并且获得成功，被日本人誉为“价值百万美元的笑”。

原一平为什么练习微笑呢？因为他总结出笑容在推销活动中有九大作用：笑容是传达爱意给对方的捷径；笑具有传染性，你的笑容可以引起对方微笑并使对方愉快；可以轻易地消除二人之间严重的隔阂，使对方打开心扉；笑容是建立信赖关系的第一步，它会创造心灵之友；笑容可以激发工作热情，创造工作成绩；笑容可以消除自己的自卑感，弥补自己的不足；如能将各种笑容勤加练习，了如指掌，就能洞察对方的心灵；笑容有益健康，增强活动能力。原一平认为，婴儿般天真无邪的笑容最具魅力。于是，他就花费了很长时间练习微笑，直到他在镜中出现与婴儿相差不多的笑容时才罢休。他练习的步骤是：检查自己的笑容有多少种（原一平认为自己有含义不同的39种笑容），列出各种笑容要表达的心情与意义，然后再对着镜子反复练习，直到镜中出现所需要的笑容为止。

要想成功推销自己，必须练就一两招绝技。如果太普通，注定无法触动和吸引消费者。从事销售行业的推销员不必追求面面俱到，也不必因为自己仪表的不完美而自卑，关键是找出自己认为最有希望的“突破口”，淋漓尽致地表现个性的魅力。

（二）面谈的内容

1. 营造轻松的气氛

和准客户初次见面时，首先要营造良好的气氛，不要拘泥在固定的话题上。为了找出让对方感兴趣的话题可以广泛交谈，如果轻松的话题能让彼此开怀大笑，就会让彼此之间达成共识，也能降低客户的防备心理。

（1）如果是被介绍的准客户，就谈论与介绍者相关的或与客户职业相关的话题。

（2）过于平凡的主题或夸大吹捧对方的言辞不是很妥当。

（3）尽可能在很轻松的情况下，自然地将话题过渡到保险上。

（4）如果一直都很轻松，就会显得没有信心，而且气氛会很尴尬。

（5）对方知道我们是来谈保险规划的，因此不必太犹豫。

（6）一开始就拿出资料会让客户感到有压力。

2. 公司介绍及自我介绍

（1）公司介绍。

1）提出本公司的差异性和可信赖性。

2）关于公司的信赖度，可以谈及历史、规模及权威财务评价等。

3）说明营销员的品质服务和一般的差异性。

4）介绍本公司的服务网。

（2）自我介绍。

向客户自我介绍之前，注意通过观察准客户周围的琐碎事情来找出话题。自我介绍时，要很慎重并且要有信心，这时要先营造气氛以避免客户直接拒绝。如果是熟人，可以先简单说明事情的缘由。神情不要慌张，以免看起来像是在找借口。

3．说明拜访的目的及保险的重要性

拜访会占用客户的时间，营销员应该考虑到客户的立场，当结束自我介绍和公司介绍后，要马上清楚地说明拜访目的及保险的重要性。保险的必要性大体分为两种：①遭受到不幸事故时（死亡、残障、慢性疾病等），保险可解决经济层面的困难。②就算没有遭遇意外，投保保险可以获得内心的安定感。每个准客户所处的状况不同，对保险的需求也有所不同。对家长来说，面临养育子女的经济责任；未婚人士要向父母尽孝；生意人的收入可能不稳定，债权及债务关系也比较复杂；专业人士有固定的生活水准，比较重视身体机能和专业人士的名望。

（三）面谈时的要领

1．注意面谈时的礼仪

（1）打招呼。有礼貌、有自信地进入准客户的办公室，轻轻关上门，对着准客户走过去，到了适当的距离，便微笑着清楚地说出自己的名字，进行自我介绍。

（2）声音清晰。营销员要用清楚的声音，让准客户听明白你的来意。面对新的客户还有一点很重要，那就是说话的技巧。平凡的一句话，若使用说话技巧，会更具有说服力。

2．掌握面谈的四个步骤

面谈的制胜法则有四个步骤：

（1）让对方放松心情。

（2）让对方感兴趣。

（3）说服对方。

（4）结束面谈。

陌生人之间第一次见面是最尴尬的，大部分营销员第一次接触客户的反应都是如此。但在面谈的最后阶段，还是有很多客户被完全说服。这是因为表现出反感情绪的客户，事实上是因为害怕才会有此反应。大部分人都是对自己关心的问题才感兴趣，如存款、子女的教育、房屋贷款等。营销员在拜访准客户之前，很少有准客户对保险有兴趣。

3．对客户多发问

在面谈中最重要的是先了解客户内心的想法和客户所处的现状。因此，要适时提出问题。大部分业务人员失败的主要原因是只顾着说话，客户虽然会聆听这些话，但不会轻易卸下心理防备，反而想赶快结束谈话而草率地应付。

4．触动客户的感情

保险其实是一种爱的表现。因此，如果没有动真情，就很难成功地完成销售任务。但打动对方不是一件容易的事，而且谈这类话题也会让人不自在，有时不小心就会伤到客户的感情，因此要多加留意。

5．举出实例说明

大部分客户对于自己将来可能遇到的不幸状况（死亡或残障等）不喜欢多谈，也不愿进一步想。为了避免准客户产生反感，并让他去联想，多举些实例会非常有效。例如，各种统计资料、报纸或杂志上刊登的事例、保险金支付事例等。

6．不要反驳不同意见

为了避免彼此间的交谈变成争论，当准客户提出相反的意见，如用“是不错，但是我没有钱……”来拒绝时，如果营销员反驳，如果说“你不可能没钱”之类的话，准客户的态度就会马上冷淡下来。要先对准客户表示认同，然后再陈述自己的意见，例如，“啊！是吗？不过我认为……”

四、说明

对准客户进行说明主要分为三个部分：①对家庭生命周期和保险功能的说明，以唤起客户需要。②对保险产品进行说明，让客户选择合适的险种。③对保险产品建议书的说明，要针对客户的实际情况设计合适的保险产品建议书，并进行详细说明。

（一）生命周期和家庭的三大事件

生命周期随着时间和环境而改变。这是因为主要影响生命周期的自然条件（寿命、生育）还有社会条件（就学、就业、结婚、退休）都会改变，原本属于自然条件的生育，它的时期和次数也随着社会习俗而改变。甚至某些国家准许安乐死，以人的力量控制死亡，那么人的生命周期也不得不改变。

因为生命周期受到自然与社会条件的限制，所以，在不同的时代和社会就会出现不同的生命周期。依照生命周期，家庭的重大事件分为以下三类。

1．生命周期确定的事件

结婚；生小孩；子女的养育、升学、毕业、就业等；子女的结婚、独立搬出；父母的死亡；届满退休；购买住宅。

2．生命周期任意的事件

购买汽车、别墅等高档消费品；海外旅行等高额消费；打高尔夫球等健身休闲活动；进修、参加补习班等。

3．生命周期不确定的事件

灾害死亡，如车祸、天灾、药物中毒、火灾、他人的暴行等；疾病死亡，如流行性疾病等；发生意外导致残障、受伤；失业等。

（二）对保险产品的说明

营销员在充分了解准客户的保险需求后，就要设计合适的保险产品，并对准客户进行有效说明。对保险产品的说明主要包括以下内容。

1．客户需求

营销员在实际调查面谈中已经了解了客户的需求，此时要在此提及客户的需求，并把客户需求与产品特色和客户利益结合起来，以便让客户获得最大的满足。

2．产品特色

客户购买保险的理由是因为保险可以提供一定的保障。保险公司为了满足客户的需求，为客户提供了许多好处（切合实际的商品、最好的服务、多样商品的组合、简便的缴费方法、迅速的理赔、保单贷款等），因此，客户的需求与各种产品特色的结合是密不可分的。

3．客户利益

客户投保后所得到的实质利益是从购买商品、得到服务后才开始的。客户偶尔会问："我会得到什么益处？"但是，有些营销员仍然会向客户销售不太适合他的商品，这种做法要尽量避免。

（三）保险建议书的运用和说明

1．保险建议书的概念

营销员通过与准客户的多次面谈，能够收集准客户的多方面信息，并能对准客户的保险需求做出充分的了解和分析。在此基础上，营销员就可以设计一份周全的保险建议书。保险建议书就是根据不同客户的家庭、年龄、收入、财务状况、需要、消费习惯等具体情况，站在客户的立场考虑客户最需要的保险产品，并以科学的方法做出的完整规划。保险建议书一般有三个组成部分：客户的基本资料、客户能获得的具体利益和建议事项。

一份合格的保险建议书要让客户认为他选择了最有价值的商品，并能得到充分的保障与满足。设计保险建议书是推销流程中承上启下、至关重要的一环，是对保险这种无形产品提供包装和试用的机会。一份精美、专业、图文并茂的保险建议书，再配以业务员准确生动的讲解说明，能给客户带来比较直观的感觉，使客户更清晰地了解产品特色和保单利益，从而激发准客户的购买欲望。

2．保险建议书的制作原则

（1）尊重客户切实的经济风险。保险建议书是在客户的需求基础上产生的，客户需要意外险，保险建议书上如果提供的建议是养老险，那就是不合理的，同时要注意全面性。

（2）尊重客户需要的保障规模。保额与很多因素有关，如养老险保额与客户将来需要的养老金总额有关；医疗险与现在的医疗费用水平有关；保额也与客户的收入有关，如有千万家产的客户不会满足于 10 万元的保额；保额同时也受到保费的限制。除此之外，债务也是参考因素，若有 30 万元的房贷，保额最好超过 30 万元等。

（3）考虑客户能负担的保费额度。客户能拿多少钱买保险，是与客户的收入和负担有关的，一般为客户年收入的 10%～20%。

（4）保险建议书要简单、实用、通俗，客户能看得懂，容易接受。

3. 保险建议书的结构

保险建议书的结构一般包括：保险建议书的名称、公司简介、问候与开篇语、客户个人信息资料、保险建议书产品设计特色、保障利益说明、名词解释及备注、结束语、姓名与联系方式等。此外，还可以增加一些具有个人特色的内容。

（1）保险建议书的名称：这是指为客户提供的保险建议的名称，如“精彩人生”“幸福计划”等。

（2）问候与开篇语：正文开始要有对客户的问候，如“××先生您好！”开篇语是一段导言，起到与客户沟通理念的作用，其中也说明了该保险建议的目的、特色和保障对象等。

（3）保险建议书产品设计特色：对提供的产品进行分析、提炼特色，如“保费低、保障高”等。

（4）保障利益说明：这是最主要的部分，阐述所提供的保险建议可以为客户带来的利益。

如果是多页的保险建议书，姓名与联系方式每页都应写明，这样效果能好一些。

4. 保险建议书的说明技巧

保险建议书说明也是一门艺术，有很多技巧，但其原则应灵活运用，并且符合个人习惯，不要过于牵强。另外，要能站在对方的立场，描绘出一幅感性的画面。保险建议书是根据客户的需求制作出来的，一定要站在客户的立场，为他描述这份保险建议书能给他和他的家人带来什么保障。例如，买一份养老险，可以向客户描述年老时可以拥有什么样的生活。

（1）明快易懂，边说边写，数字功能化。产品条款是用比较生涩的语言写的，客户一时无法理解，我们的保险建议书用简单、通俗的语言表述，就能弥补产品难懂的问题，客户更易接受。数字功能化，也就是把抽象的数字描述成具体的内容，如教育险，可以向保户描述孩子多大时可以得到多少教育金，并顺利完成教育等。

（2）避免忌讳用语，采用模拟人称。很多人都有一些忌讳，人称一般不说“您”，而是用第三人称代替。

（3）关注客户的表现，与客户互动。不要只顾自己滔滔不绝地讲解，要注意观察客户的反应，适当提问。例如，“我这样说您了解了吗？”让客户真正参与其中，充分了解保险建议书的内容。

五、促成

经过一系列的推销工作之后，营销员要在条件成熟的情况下建议和引导客户投保，这就是促成签约的过程。营销员的所有努力，包括准客户的开拓、电话约访、面谈、说明等，目的都是为了让准客户填写投保单并缴付首期保费。可见，促成阶段是多么重要。营销员要正确判断投保信号，抓住成交时机，灵活而巧妙地运用成交方法和技巧，以获得一个圆满结局。

1. 捕获促成信号

科学家说过，人类的语言是可以欺骗人的。但人的肢体语言却很难欺骗人，因为肢体语言是一种下意识的反应，当客户的肢体语言显示放松的时候，这是一个强烈的购买信号。客户对寿险产品产生强烈兴趣时，也是客户了解欲望最强的时候，充分把握这一信号，适时促成，可以起到事半功倍的效果。客户担心购买寿险后的服务时，实际上对于购买该商品已经有了明确答案，我们要把握时机，消除客户顾虑。不管是谁，只要认为某种商品对他有用，想要购买时，都会犹豫，开始左右摇摆。这时候只要有人推他一把，他就会购买。否则，他就可能放弃。因此，当客户出现犹豫时，我们应加大促成力度，帮助客户下定决心。

2. 尝试签单

仅仅准确捕获信号还远远不够，我们还必须尝试要求签单。尝试签单应当具备的心理及态度是坚定信念，相信一切皆有可能。既然客户不会明确告诉我们他要投保了，那么就需要我们不断尝试，用一颗平常心去面对尝试，勇于接受结果。你要认同保险事业是一项值得你去从事的事业，你要认可保险公司能够为您带来更好的发展。你要认为给客户提供的产品是最适合他（她）的。不要自己给自己设限，要不断地去尝试。一般来说，要根据个人的情况尝试 3～5 次。

3. 促成动作

及时拿出投保单，请客户拿出身份证，请客户确认受益人，请客户告知健康状况，请客户确认并签名，收取保费、开出具暂收收据。

4. 完成签单

确认签名，确认保费，及时道贺，适时离开。

在成交的过程中，我们还应该注意以下问题：

（1）不要制造问题。

（2）注意引导，避免让客户产生过大的压力。

（3）不要流露出沾沾自喜的神情。

延伸阅读

促成的暗示信号

（1）当准客户询问“这个保险的保费是多少”时，就表示对方已经有了购买的意愿，只是在确认自己有没有这些钱。

（2）当准客户说“如果中途无法缴纳保费，该怎么办”时，就表示“我喜欢这个商品，想要购买。可是，为了慎重起见……”这是准客户已经做好决定的证据。

（3）“保费采用年缴的方式，应该会比较便宜吧？”

（4）“需要健康检查吗？”

（5）“这个计划应该是最适合我的吧？”

（6）“我的朋友说他也投保了类似的商品，听说很不错。”

（7）当准客户说“你真是非常热忱与专业”而开始思考时。

（8）准客户和妻子商量说：“你觉得这个怎么样？”

（9）“一个月 3 600 元，对不对？稍等一下……”开始按计算器计算。

（10）准客户对妻子说：“你再去泡一杯茶。”

（11）准客户说“嗯，我已经非常了解了”并注视建议书时。

除此之外，准客户已决定购买或正在决定中都会有购买信号出现。请切实掌握这些购买信号，不要错过。

六、交付保单

保险的销售，并不是在完成契约与收到第一次保费之后就结束了，实际上，这才是真正的开始。在经历前几个阶段的努力后，如果没有正确地交付保单，很可能会使辛苦完成的营销活动失败。另外，尽管业务员已将保单交给客户，但如果客户认识不到保单的真正价值，将来就有可能退保。因此，业务员在交付保单时要强调保单的重要价值，并按一定步骤交付给客户。

（一）交付保单前的准备工作

（1）仔细检视保单。保单内容包括生效日期、投保人姓名、被保险人姓名、性别、年龄、保险种类、保险金额、保险期限、保险费、缴费方式、附约等项目。不要等到交付保单时才发现错误、造成难堪。

（2）重要的信息要详尽记录在客户卡上。营销员依据保单所确认的资料，习惯性地记录这些信息，便于以后能够顺利进行拜访。

（3）利用亲自交付保单的机会来开拓准客户。事先列出有关准客户的亲戚、朋友、邻居、同事等信息的问题，并在保单上做个备忘录，借此可以避免忘记请求介绍、推荐准客户的事。

（4）事先将保单的内容记录在保险建议书上。

（5）将名片附于保单上。

（6）确认保单之后应尽早拜访客户。

（二）交付保单的步骤

1. 表达祝贺之意

祝贺客户已有了完善的保障，强调这项保障不是全靠金钱就可以买到，而必须在健康、财务等方面都符合要求，因此值得祝贺。

2. 再一次强调保险的目的

在此基础上，说明保单的保障内容及所满足的需求，让客户感到购买后有实质的帮助。

3. 说明主要条款

保单上记载密密麻麻的条文与数字，这些会使一般人难以理解，因此，业务员必须明明白白地予以解释，加强客户的信赖感。

（1）不幸身故时。除了说明只要契约继续有效，就可领取保单所载的保险金外，业务员还要提醒客户保险金的给付有不同的方式，可视自己的需要任意选择，而且不论利率如何波动，公司保证有一定的利率与给付金。

（2）合同期满时。不要忘记强调合同期满后的利益，要说明有些人寿保险不仅保障死亡事故，也有在生存时给付保险金的。有的保单可以作为退休后的收入来源。

(3) 无法缴付保费时。利用保单的解约金表来说明日益增加的解约金。接着，利用保单所附的缴清保险和展期保险表，说明有关缴清保险和展期保险。为了让客户了解这些内容，要注意所使用的用语必须是客户能理解的。

(4) 保费的缴纳方法。说明缴费相关条款，必须强调在应缴日前缴纳，也要解释宽限期的规定与目的，不要误导客户错认为可以延期缴费。不要忘记告诉客户年缴保费的优点，尽管客户选择其他的缴费方法，也可以在未来更改。

4. 为下一次的销售做准备

交付保单时客户心情轻松，对已购买的保障感到满意，也希望能了解尚未满足的需求。因此，业务员要再做一次全盘说明，并且将已解决的需求和未解决的需求分开标示。接着确定下一次财务安全规划的时间，因为客户在健康上符合规定。不论如何，必须在客户具有投保资格的期间内说服客户。

5. 销售服务价值

业务员必须向客户说明个人的服务，这是客户的权利。业务员必须将售后服务视为义务，并且放在心上，至少要对客户承诺一年一次的拜访，以便能重新检视原计划，如此，客户可以得到应有的服务，业务员本人也会有收获。

6. 获得介绍推荐

在交付保单前，要事先准备好请客户介绍准客户的话题。打听客户的兄弟姐妹是最佳话题，询问其同事或同行朋友也是个好方法。例如，客户从事建筑业，可以试着问："在您最熟识的建筑商当中的前 5 位是哪些人呢？"要谨记在心的是，所完成契约的后面还隐藏着广大的准客户。

7. 再次表达感谢之意

临走之际不要忘记再度向客户表示祝贺，对客户的选择与决定表示赞扬，为有机会为他提供服务而表示感谢，并特别为其向你介绍准客户而重申谢意。

七、售后服务

市场经济时代是竞争的时代，售后服务是企业竞争力的表现，服务也是对人性的尊重，是注意力，是承诺，是文化。保险产品成交后并不意味着销售就成功了，好的售后服务可以为企业树立良好的企业形象，为企业创造丰厚的利润；良好的售后服务可以提高客户对保险营销员的信赖感，增加续保率和加保率。相关研究表明，好的售后服务会使每个客户告诉 5 个人，如果保险营销员能有效地解决客户的问题，那么 100%的客户能成为忠实的永久性客户，这些客户都有加保的可能性，而保险营销员去开发新客户比维系旧客户要多花 5 倍的时间和成本。相比之下，不好的售后服务会使每个客户平均告诉 10 个人，1/5 的人会告诉 20 个人，一次不好的售后服务需要 12 次好的服务来修正。好的售后服务带来好的口传信息，能给企业和保险营销员本人带来一种良性循环。可以说，售后服务实际上是另一种销售，是保险产品的一部分，服务可以带动销售，带动成长，售后服务是保险公司和保险营销员的生存命脉。

项目小结

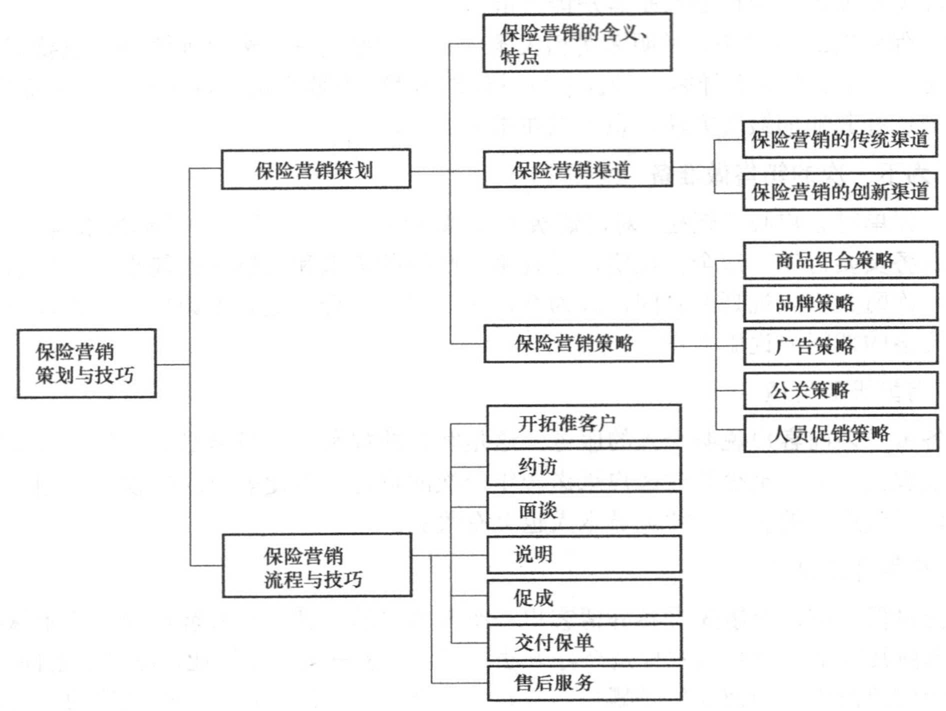

同步练习

一、单项选择题

1. 保险营销的目标导向是（　　）。
   A. 销售产品　　B. 交换过程
   C. 满足客户需求　　D. 实现企业利润
2. 保险间接营销渠道包括（　　）。
   A. 电话营销　　B. 邮件营销　　C. 网络营销　　D. 代理人营销
3. 以下属于保险直接营销渠道的是（　　）。
   A. 个人代理　　B. 保险经纪　　C. 网络营销　　D. 银行保险
4. 参与保险直接营销的业务人员隶属于（　　）。
   A. 中介机构　　B. 监管部门　　C. 政府部门　　D. 保险公司

二、多项选择题

1. 品牌策略的具体做法有（　　）。
   A. 品牌宣传　　B. 全面客户服务
   C. 做好理赔　　D. 重信誉
2. 保险营销中的公关决策包括（　　）。
   A. 确定公共关系的营销目标　　B. 选择公共关系的信息与工具

C. 实施公关方案　　　　　　　　D. 评估公关活动的效果

3. 准客户的来源主要有（　　）。

A. 缘故市场　　B. 陌生拜访　　C. 推荐介绍　　D. 影响力中心

4. 对保险产品的说明包括（　　）。

A. 客户需求　　B. 产品特色　　C. 客户利益　　D. 企业利益

三、简答题

1. 简述保险营销的定义和特点。
2. 保险有哪些营销渠道？
3. 简述网络营销的优缺点。
4. 简述保险营销的策略。
5. 保险营销流程与推销艺术有哪些？

实训项目

【实训目的】

理解保险营销的含义和意义，掌握保险营销的流程和技巧，能够处理保险营销过程中的异议。

【实训内容】

收集保险营销案例，以获取更多的保险营销知识和技巧。准备完成处理下述在保险营销过程中遇到的客户异议：

让我考虑一下。

我不信任保险推销员。

我不需要买保险，我们单位福利很好。

我和家人商量一下。

20 年后领回这笔钱，能不能买到一部脚踏车还是问题。

说得好听，到时候都不赔。

保险都是骗人的。

保险不吉利，不买没事，一买就出事。

我有朋友在保险公司。

保险公司倒闭了怎么办？

如果我买保险后，你辞职了怎么办？

我很忙，等过一段日子再说吧。

【实训方式】

1. 将学生分组，两人一组，每组自选保险营销的一个阶段进行模拟对话。
2. 其他同学观赏、点评分析。
3. 认真做好记录，注意营销技巧的运用。

【实训报告】

撰写实训报告，总结在营销过程中遇到客户异议处理的经验与技巧。

项目九　基金信托营销策划与技巧

学习目标

知识目标

- 了解基金营销的意义与原则
- 理解基金市场细分与目标定位
- 掌握基金营销的策略
- 了解信托营销的含义与特点
- 理解信托产品的市场定位
- 掌握信托营销的策略

能力目标

- 能够分析基金或信托产品营销的具体策略
- 能够针对某种基金或信托产品制订相关营销策略

素质目标

- 具备专业的基金信托营销策划能力

项目引例

ADMEN 数字营销类实战案例金奖——天弘基金工资宝整合营销案例

天弘基金始终坚定践行“普惠金融”,服务客户已超过3.75亿人。天弘基金官方APP——“天弘爱理财”先后上线了围绕父母、爱人等实际生活及需求场景的爱基金、孝基金，让用户感受理财的意义。天弘基金推出针对白领人群的“工资理财神器”——工资宝，进一步完善了天弘基金理财产品的场景化布局。

为了短期内提升工资宝产品的知名度，天弘基金通过多角度营销事件打造、多形态媒介策略执行，在目标人群中实现产品信息的迅速扩散，全面提升工资宝的美誉度，在目标群体中建立起“工资宝”与“轻松理财”之间的自然联想。

在传播环节中，天弘基金将年轻白领渴望加薪的诉求与网络热词“吃土”结合起来，提出“用薪理财、拒绝吃土”的营销口号。戴着“拒绝吃土”口罩的白领们手捧花盆蛋糕，在同一天现身北京三大核心商圈，引发网络热议。“吃土事件”迅速扩散，短期内吸引了大量用户的关注。此外，天弘基金深度沟通女性用户，与国内顶尖母婴社群——宝宝树合作，精准触达母亲这一对理财有高需求的目标群体，成功引起妈妈群体的共鸣。天弘基金还有针对性地携手拉勾网走入多家企业，近距离沟通白领人群，持续强化传播信息。一系列覆盖线上、线下，整合公关、数字互动、广告的营销战役，成功实现了工资宝信息在不同行业圈层的有效传播。

任务一 基金市场营销

一、基金市场营销的意义与原则

（一）基金市场营销的意义

基金市场营销是基金销售机构从市场和投资者需求出发所进行的基金产品设计、销售、售后服务等一系列活动的总称。

基金市场营销不是简单地等同于推销、销售或销售促进，而是包括了基金产品设计、价格制订、促销、市场定位等诸多活动。基金市场营销是围绕投资人需要而展开的，且市场营销的内涵是随着基金市场营销活动的实践而不断变化、发展的。

基金市场营销的意义在于以下几点。

1. 研究客户需求

不同的客户对于基金的需求是不同的，有的偏向于封闭型基金，有的偏向于开放型基金，有的偏向于成长型基金，有的偏向于收益型基金，因此研究客户的需求特征，才能为基金寻求到合适的投资人，才有利于基金的发展。

2. 让客户了解基金

基金营销机构通过各种渠道、促销手段以及信息披露等方法，可以使得客户对基金产品有比较深入的了解。例如，安排专业人员进行讲解，进行专业化的基金投资咨询服务，帮助投资者提高对基金的认识，选择符合自身投资需要的基金品种。

（二）基金市场营销的原则

证券投资基金属于金融服务行业，其市场营销不同于有形产品营销，有其特殊性，应遵循一定的原则。

1. 规范性原则

基金是面向广大投资者的金融理财产品，为了保护投资者的利益，监管部门从基金销售机构、基金营销人员、基金销售费用、基金销售宣传推介等多个角度制订了基金营销活动的监管规定。基金销售机构、销售人员在开展基金营销活动时，必须严格遵守这些规定。

2. 服务性原则

基金是一种金融产品，投资者购买基金时无法体验实物，产品的品质也体现为基金未来的收益和营销人员的持续服务。为了克服无形服务本身的困难，营销人员不但要向客户说明基金产品的本质，还必须以高质量的服务、客户的口耳相传、公司的品牌形象宣传等，增强企业的信誉，扩大客户基础。

3．专业性原则

基金是投资于股票、债券、货币市场工具等多种金融产品的组合投资工具，客观上要求营销人员广泛了解和掌握股票、债券、货币、保险等各种金融工具，在营销过程中将有关知识以服务的方式传递给投资者。与一般有形产品的营销相比，基金对营销人员的专业水平有更高的要求。

4．持续性原则

基金营销作为一种理财产品服务，不是一锤子买卖，更需要制度化、规范化的持续性服务。只有优质的、持续的营销服务才能不断扩大客户群体，扩大基金规模。

5．适用性原则

基金销售机构在销售基金和相关产品的过程中，应注重根据基金投资人的风险承受能力销售不同风险等级的产品，把合适的产品卖给合适的基金投资人。基金销售适用性原则反映了从投资人的需要和实际承受能力出发向投资人销售合适的产品，坚持投资人利益优先的原则，也是监管机构对基金销售的要求。

二、基金的市场细分与目标定位

基金管理公司必须充分了解投资者需求，并根据这些需求的特点，选择对自己最有吸引力的细分市场，为该市场提供量体裁衣式的基金产品和服务。确定目标市场与客户是基金营销部门的一项关键性工作。只有仔细地分析投资者，针对不同的市场与客户推出合适的基金产品，才能更有效地实现营销目标。在细分市场上，尽管基金面对的客户群体是缩小的，但客户的忠诚度却是增大的。

在确定目标市场与客户方面，基金销售机构面临的重要问题之一就是分析投资人的真实需求，包括投资人的投资规模、风险偏好，对基金流动性、安全性的要求等因素。机构投资者投资额高，投资目标比较明确，对信息的需求比较细致，通常要求专人服务，营销成本低，但服务成本较高。相反，个人投资者投资额低，投资目标比较模糊，只需要概括性的信息，一般不会要求专人服务，营销成本高，但服务成本低。根据投资人承受风险的能力细分客户，也是确定目标市场的重要内容。

（一）市场细分

开放式基金的潜在个人投资者，其行为特征、需求特点、影响购买决策的变量都是有差异的，如果不加以区别、拉长战线，只能是无的放矢、广种薄收。针对开放式基金的潜在个人客户群体，我们可以依据不同的细分变量加以归类：依据投资特征，我们可以把个人投资者分为投资意识强的股民群体、投资意识薄弱的大众群体；依据家庭年收入，分为中高收入阶层、低收入阶层；依据经常接触的金融机构，分为证券营业部群体、银行储户群体等。接下来还应该根据产品的特征或者投资者的行为特征对市场进一步细分，细分的变量包括地理因素（地区、城市）、人口因素（年龄、性别、收入、职业、教育背景等）、心理因素（社会阶层、生活方式、个性）、行为因素（投资的时机、追求的利益、投资频率、品牌忠诚度、知晓程度、对基金产品服务的态度）等。

（二）目标定位

基金管理公司的定位策略包括对基金产品的定位和对公司本身的市场定位。就产品定位而言，必须将开放式基金产品自身固有的特性、独特的优点、竞争优势与目标市场的特征、需求等结合起来考虑。例如，针对目标市场对基金产品业绩的需求，投资业绩记录良好的基金管理公司可以将自己的开放式基金定位于“提供良好的业绩”；针对目标市场对降低投资风险的需求，投资稳健、规范运作的基金管理公司可以定位于“稳健性”；针对目标市场对增值服务的需求，基金管理公司可以定位于“提供附加性服务”，针对目标市场对个性化需求的满足，基金管理公司可以定位于“提供卓越的选择性”。总之，我们可以在基金产品形象和与投资者沟通方式等方面寻求产品的差异化，并力求把这些差异定位到目标市场客户的心目中，转化为产品的持续性竞争优势。

案例

基金营销重视机构客户

A 股持续震荡，赚钱效应不佳，散户投资者权益类产品投资热情下降，公募基金发行遭遇寒冬。不过，一些大中型基金公司不断提高综合实力，吸引机构投资者成为新产品的认购主力。

基金争抢机构客户

在资产配置荒的大背景下，诸如银行、保险、券商、信托、财务公司以及社保基金等资金积极寻找稳健收益来源，公募基金凭借专业的投资研究能力和强大的产品设计能力频频获得机构资金的青睐。

“目前来看，机构投资者认购较多的还是偏债券类产品。”一位大型公募基金公司固定收益部的老总这样说。由于权益类市场风险大，当前现金管理类、保本类产品比较受机构欢迎。

基金业协会数据显示，个人投资者持有规模占比下降，而机构投资者持有资产占比上升，替代个人投资者获得公募基金市场的投资主体地位。其中，固定收益类产品和混合型基金是机构投资者持有比例较高的品类。

看重风险收益比

相比散户投资者，机构投资者对基金公司和产品的选择标准更为严格，包括公司综合实力、收益来源、风险收益比等。

在产品策略方面，机构投资者需要纯债券投资策略、绝对收益策略、保本策略、现金管理策略等固定收益策略，还需要权益类、量化对冲类、定增、大数据、FOF 类等多种具有风险收益属性的投资策略，来满足机构客户多样化和个性化的需求。

相比散户投资者较为垂青的高收益，机构投资者更愿意衡量风险收益比，更关心收益背后的风险代价。在选择产品之前，委托资金会做非常详细的尽职调查，考核公司背景、业务规模、长中短期业绩等，最重要的就是衡量公募基金如何获取收益，究竟是通过持有低评级债券、加大信用风险的暴露来获得高收益，还是严格控制信用风险但辅以资产配置轮动来实现？在这两者之间，机构往往倾向于选择承担风险较小的投资团队。

三、基金的营销策略

基金管理公司确定了自身所服务的细分市场和针对细分市场寻找到公司和产品的定位后，接着就是如何针对细分市场制订有效的营销组合策略了。

（一）产品策略

产品是满足投资者需求的手段。基金销售机构只有不断提供能够满足投资人需求的多样化的基金产品，才能不断扩大业务规模。基金产品策略包括基金产品的设计开发、基金品牌的管理和基金产品线的延伸。

1. 产品的设计开发

投资者需求的变化、国家政策法规以及证券市场的变动都会给基金产品的创新提供机会。基金管理公司可以在两方面着手准备：对内组建由市场销售人员等组成的产品开发小组，健全市场部门、投资部门和研究部门之间的信息沟通机制，扩大公司内部新产品开发的构思源泉；对外广开思路，与保险公司、信托投资公司以及商业银行结成战略联盟，共享产品开发研究平台，从中获取基金行业新产品的构思源泉和新的目标市场。

案例

众禄基金携手国泰基金定制首只公募产品

2014 年，一只混合型基金悄悄成立，尽管发售时间仅为一周，但是这只基金的成立规模却破天荒地达到 14.89 亿元，远高于市场中的同类新发基金。这是众禄基金携手国泰基金定制的首只公募产品，在资金紧张的大背景下，这只新产品实现了逆袭。

渠道与基金公司合作订制产品，大部分集中在专户或是固定收益产品，主要满足一小部分人群的需求。如今，定制已经延伸到公募基金领域，一些公司对于定制采取相当开放的态度，如淘宝、网络基金营销平台等，只要客户有需求，均可以谈合作，在现有法规的大框架之下，都可以申报产品。

有基金公司称，以往的产品设计大多数由市场部操刀，开放定制能够集思广益，一些业外人士的建议反而让人眼前一亮，这也是他们愿意尝试的主要原因。

2. 基金品牌的管理

基金产品的特性是易模仿性，因此当基金产品进入相对成熟期，在市场中占有了一定的市场份额，产品的差异性也就不那么突出了。此时就要通过基金的品牌管理达到稳固和扩大市场占有率的目的。基金的品牌主要由三部分构成：业绩、个性和能见度。

业绩是建立品牌的最重要的因素，为此，基金管理公司必须“做好本职工作”，给投资者较高的投资回报。同时，还要引导投资者在评价基金业绩时与基金的类型、投资策略和投资目标结合起来。例如，教育投资者限定在同类型基金之间进行业绩比较，而不是在不同类型基金之间进行比较。

个性也是基金品牌的重要组成部分。在建立基金品牌时，基金管理公司必须根据基金产品类别和价值定位，定义创新性的品牌个性，并在促销活动的各个环节彰显这一个性。基金管理公司还可以充分利用专业财经公关公司把握市场的“脉搏”，与投资者保持良好沟通，建立并维护自己特有的品牌形象。

保持基金产品和服务的能见度是建立品牌的第三个要素。这并不仅仅意味着广告，而是包括了基金管理公司与客户交流的一切方式，通过宣传和分销，形成基金产品在市场上的整体可见度。

延伸阅读

基金公司的品牌管理

品牌管理主要研究品牌管理组织、品牌架构、品牌延伸、品牌激活、品牌联盟、品牌内化等内容。

基金品牌的管理部门一般隶属于市场部或者行政部，且集中于企业总部，分支机构并不设置相关的专门岗位，主要从事销售支持工作。基金公司的品牌架构大多以公司品牌为主，个别基金公司针对专户理财、客户服务、某一类产品及公益慈善事业开发了子品牌。

3．基金产品线的延伸

在不断积累产品构思库（Idea Center）的同时，基金管理公司必须考虑设计自身的产品线框架，作为指导某个类型基金和单个基金具体设计的纲要。新产品的设计应当服从公司整体基金产品线的构造要求，必须能够对公司目前已有产品进行有效的扩张，或者弥补产品线的空白，或者对已有的市场客户提供更多的投资选择。例如，在基金管理公司搭建了开放式基金平台之后，就可以面向大众投资者开发债券基金、保本基金等新的基金品种，向同一目标市场营销新的产品。

案例

积极应对发行寒冬 基金营销主推定投

伴随着新基金发行遭遇持续寒流，基金定投市场悄然回暖。不少基金公司近期积极进行投资者教育和推展基金定投优惠活动，期望在发行低谷中引入新的客户和资金来源。而历史经验也表明，在市场处于底部区域的背景下，基金定投能够帮助投资者积攒廉价筹码，从而更好地分享未来的上涨收益。

基金大打“定投牌”

在A股市场缺乏系统性机会、债券市场面临深度调整的背景下，新基金发行进入“寒冬”。东方财富Choice数据显示，股票型和混合型产品的发行规模更是跌至“冰点”。在此背景下，部分基金公司开始寻求新的营销策略，而基金定投便在此时重回视野。

基金分析师表示，基金公司在此时大力推展基金定投，可以为其增加新的客户和资金来源。而基金公司为了吸引投资者进行定投，会进行前端费率打折优惠的活动，常见的费率优惠包括四折、六折和八折不等；后端费率则一般不打折。该分析师建议，投资者在具体投资中可根据计划的定投时长和费率打折情况，优选适合自己的申购模式。

震荡市凸显定投魅力

事实上，基金定投的价值源于华尔街流传的一句话：“要在市场中准确地踩点入市，比在空中接住一把飞刀更难。”如果采取分批买入法，就克服了只选择一个时点进行买进和沽出的缺陷，可以均衡成本，使自己在投资中掌握主动权。

上海证券在研报中指出，相比期望精准踩点“一夜暴富”，定投是更适合大多数投资者的策略，其价值值得重视。定投的主要特点是分批投入、分期投入、有规则地执行，可以帮助投资者在股市更高概率地获得较好收益。这主要体现在：①中国股市牛短熊长、短期波动很大，但大部分基金长期趋势总体向上，只要有足够长时间留在市场，大概率能实现资产增值；②定投帮助投资者在不同时期分批投入，平滑了市场风险，使投资者不至于在市场低位时不敢买入，高位时却投入过多。

历史经验表明，在震荡向上的市场行情中，定投的效果最好。例如，市场处于相对底部区域时，正是用定投积攒廉价份额、分享未来收益的好时机。

（二）定价策略

根据法律法规的规定，基金发行时的份额净值或价格是固定的，因此，基金交易价格主要反映在买卖基金时支付费用的高低，或者说基金交易价格的核心是基金费用的高低。如开放式基金的费用主要包括管理费、托管费、认（申）购费、赎回费以及持续销售服务费等。基金管理人可以通过制订灵活的费率结构，达到扩大基金销售规模的目的。基金产品定价主要考虑的因素有以下几点。

1. 基金产品的类型

一般来说，从股票型基金到混合型基金、债券型基金和货币市场基金，各项基金的费率基本上呈递减趋势，这是由产品本身的风险收益特征决定的。

2. 市场环境

市场竞争越激烈，为有效获取市场份额，基金费率通常会越低。同时竞争对手的定价行为也会在一定程度上影响产品费率的确定。

3. 客户特性

一般来说，客户规模越大，其与基金管理公司就产品价格问题的谈判能力就越强，通常也能得到更加优惠的费率待遇。由于开放式基金投资者所能接受的心理价位较低，可以在开放式基金的申购费中设立后收费，而适当降低前收费。根据凯恩斯的投资偏好理论，人们更看重现在而容易忽视未来，前低后补的申购费用产生的“低费幻觉”有利于鼓励投资者购买基金。同时，为鼓励投资者长期持有基金，还可以设计随持有期递减的赎回费。另外，不同投资者对费率结构的偏好是不同的，有的投资者或许喜欢偏高的前收费，有的喜欢偏高的后收费，有的不喜欢收取申购佣金，但能容忍每年较高的营运费用。为此，基金管理公司可以在同一只开放式基金内设计不同的收费结构。

4. 渠道特性

直销和代销渠道的基金产品费率是不相同的。由于销售成本等方面存在差异，通常直销渠道的产品费率更低。

基金管理公司在制订定价策略时，还要综合考虑公司整体战略目标、产品成本、竞争者、产品生命周期和品牌形象、政策与市场环境等因素，最后拟订基金产品的价格。必须注意的是，基金管理公司的产品价格不是一成不变的，要视竞争压力及营销环境的变化适时调整定价，并把价格真正地当作完成营销组合策略的一种工具。比如，新的开放式基金在市场上出现后，南方基金管理公司调低南方稳健成长的日常申购费率，就是面对日趋激烈的市场竞争所采取的及时反应。

案例

基金公司密集展开优惠大战

2016 年 2 月份前三周，基金公司密集推出申购费优惠策略，拉开促销大战。从优惠力度以及持续时间来看，QDII 成为这股大潮中的“中流砥柱”。

据统计，仅 25 日一天就有两只 QDII 公告申购费降为零。此前，QDII 基金的场内申购费率少有折扣，100 万元以内的投资额，申购费普遍为 1%。

易方达基金公告显示，从 2 月 26 日起，将易方达黄金主题证券投资基金（LOF）场内申购费率降为零。此前，100 万元以下的申购金额需要交纳 1%的申购费。诺安基金公告则表示，对旗下诺安全球黄金证券投资基金在直销平台使用部分银行卡开展申购费率优惠的活动。诺安基金在公告中指出，投资者通过中国工商银行、中国建设银行等多家银行的网银—卡密支付方式在本公司直销网上交易或官方微信交易申购诺安全球黄金基金，可享受“0 费率”申购优惠政策。活动时间自 2 月 25 日起至 3 月 31 日 15 点。

QDII 热销也与其表现优异相关。从销售数据来看，QDII 需求旺盛，因此多家基金公司表示将考虑在产品线上增加 QDII。好买基金发布的 1 月份基金销售数据显示，公募基金整体申购量环比出现下滑，但 QDII 基金却异军突起，1 月份的销售量增幅达到 94.83%。Wind 资讯统计显示，一周以来，九成 QDII 基金复权单位净值取得正增长。

（三）渠道策略

一般而言，不同国家的金融业传统和基金发展水平不同，需依赖于不同的基金销售渠道。目前，我国开放式基金的销售逐渐形成了银行代销、证券公司代销、证券咨询机构和专业基金销售公司代销、基金管理公司直销、互联网平台直销的销售体系。

1．商业银行

在我国，大众投资群体仍以银行储蓄为主要金融资产，商业银行具有广泛的客户基础。选择大型国有商业银行作为开放式基金的代销渠道，有利于争取银行储户这一细分市场。但是，在现有开放式基金的销售过程中，商业银行主要是为基金销售提供了完善的硬件设施和客户群，但是销售方式在一定程度上却停留在被动销售的水平上，为投资者提供的个性化服务与客户需求尚有一定差距，直接影响了客户的投资热情。为此，基金管理人必须加强与代销银行的合作，通过对银行人员的持续培训、组织客户推介会以及代销手续费的合理分配，增强银行代销的积极性，提高银行人员的营销能力。

2．证券公司

证券公司的业务主要面向股票及债券市场。针对投资意识较强的老股民群体，利用证券公司网点销售基金将是争取这类客户的有效手段。同时，相比商业银行，证券公司网点拥有更多的专业投资咨询人员，可以为投资者提供个性化的服务。证券公司要保证基金代销业务的持续健康发展，有必要建立以服务为中心、客户至上的运营模式，首发销售与持续销售并重，向客户提供能帮助其更好地实现理财目标的一系列服务。

3．证券咨询机构和专业基金销售公司

在基金规模不断壮大、品种逐步增加的形势下，对投资基金提供专业咨询服务，已经成为一种趋势。为顺应这种需要，《证券投资基金销售管理办法》出台后，证券投资咨询机构和专业基金销售公司开展基金代销业务成为监管机构的发展方向。专业营销人员可以为客户提供个性化的理财服务，帮助投资者提高对基金的认识以及选择符合自身投资需要的基金品种。

4．基金管理公司

基金管理公司的直销人员对金融市场、基金产品具有相当程度的专业知识和投资理财经验，尤其对本公司的整体情况及基金产品有着深刻的理解，能够以专业水准面对专业化的投资机构、一般企业及个人等。虽然基金管理公司的直销队伍规模相对较小，但人员素质较高，可以加强与客户之间的沟通和交流，提供更好的、持续的理财服务，更容易留住客户并发展一些大客户，形成重要的客户群。

5．互联网平台

网上交易既可以突破基金代销网点覆盖地域不足的限制，又可使客户足不出户就能得到基金开户、申购和赎回的便利，大大改善了基金投资环境，受到广大中小投资者的欢迎。目前，通过网络交易的基金主要有三种途径：①银行网上交易系统。通常是通过银行的网上基金系统购买基金，只能买到该银行代销的基金，少的有十几只，多的达上百只。网上交易收费较高，但仍比柜台购买的费率要低。②基金公司网上交易系统。系统软件分为基金网上查询及交易系统和实时资金结算系统。通过基金公司网上系统买卖基金，要先开立银行卡账户和基金账户，然后登录基金公司网站申请开通网上交易。在获得相应账号后即可在网上从事基金的查询、申购等操作。这种基金公司的直销方式，申购费率是最低的。③证券公司网上交易系统。证券公司网上交易系统主要有两种业务：①网上交易委托，主要包括委托、查询、后台转发等模块；②网上实时行情，提供符合投资者看盘和操作习惯的实时证券行情，客户通过支持 Java 版浏览器或者专用的客户端工具上网查看实时行情。

案例

基金营销深度嫁接互联网

春节期间由微信发起的“红包逆袭”将火热的互联网金融推向新的高潮，而 2014 年的元宵节和情人节 19 年才巧遇一次，引起互联网企业和金融机构的高度关注，腾讯的“定投宝”与阿里巴巴的“余额宝”升级版“定期宝”在这一天同时发售，而包括广发基金、国泰基金、宝盈基金在内的基金公司也选择在当日通过微信公众平台发红包聚集人气。

定期宝 PK 定投宝

腾讯的“定投宝”与阿里巴巴的“余额宝”升级版“定期宝”同时发售，前者以首只互联网权益类基金为卖点，且打出了零认申购和赎回费率的口号，后者的预期收益率则高至 7%，在未发行时预约人数已超过 200 万。

就在市场纠结 7%的预期收益率能否达到的同时，腾讯则将互联网金融的战火直接引入 A 股。腾讯和银河基金合作的首只互联网基金——银河定投宝中证腾安价值 100 指数基金（“定投宝”）正式发行，发行期为一个月，为了吸引投资者认购，“定投宝”打出零认申购和赎回费率的口号，其 0.5%的管理费，在指数基金里面也是相当低的。投资者通过场外代销机构首次认购基金份额单笔最低限额为人民币 10 元，追加认购单笔最低限额为人民币 10 元。场内交易时，投资者通过上证所会员单位首次认购基金份额单笔最低限额为人民币 1 000 元，且每笔认购金额必须是 100 元的整数倍，同时单笔认购最高不超过 99 999 900 元。

在分析人士看来，“定投宝”进一步将互联网金融的热度传递给 A 股，这是其最为深远的意义。银河基金相关人士表示，互联网金融不可能全部由货币基金来参与，必然需要一些工具性的产品。“定投宝”便是第一只互联网权益类基金。

竞争将更趋激烈

与此前的余额宝、理财通、零钱通等互联网基金产品投资货币基金不同，“定期宝”对接的是保险产品，而“定投宝”则是直接投向 A 股市场。业内人士称，未来互联网金融产品将会越来越丰富，基金公司通过互联网金融创新营销方式也将越来越多元化。

所有最受关注的互联网金融产品，如余额宝、理财通、零钱通等，无一例外地选择了货币基金。由于风险小、收益相对较高、有支付功能等，货币基金可以满足互联网金融所需的各种元素。但移动互联的市场很大，有很多需求尚待开发，无论是“定期宝”还是“定投宝”都只是开始，各种互联网理财产品之间的竞争将更趋激烈。

随着基金产品营销渠道广度和深度的不断拓展，基金管理公司必须对各种渠道进行有效的管理，组成一个功能互补、效益最大化的渠道网络，服务于各个不同的细分市场，填补市场空白，尽可能地扩大销售量。为此，对基金管理公司营销渠道管理人员的要求也将越来越高。他们必须对各类现有及潜在的基金管理渠道进行深入分析，并能够据此做出正确的渠道选择决策以及对各类渠道进行效益评估，同时能够解决可能的渠道冲突和竞争，适时调整渠道结构，从而实现全面综合、灵活互动地管理银行、证券公司、基金公司等渠道。

延伸阅读

基金超市

伴随着经济全球化的潮流和开放式基金的快速增长，基金数量急速膨胀，产品创新层出不穷，基金种类日益繁多，投资基金的销售仅通过基金管理公司的自有网络实现是远远不够的。20 世纪 90 年代中期，互联网规模扩大，美国嘉信理财公司（Charles Schwab）大胆预测，互联网将会成为中小零散客户进行大规模收编集成的重要平台，于是在业界率先对互联网在线交易系统进行投资。美国历史上，嘉信理财是第一个提供基金超市服务的券商，随后几年，成千上万的基金相继加入该计划，并引起了同业的模仿竞争。

在基金超市中，客户是投资者，基金公司是产品的制造商与供应商，而经纪公司则是提供基金集中销售场所的机构。基金超市将众多的“基金家族”揽于一起销售，投资者只需一个账户，就可以投资众多的基金而无须联系每一只基金。

（四）促销策略

基金管理人在开发基金产品、制订合理的收费标准、安排向潜在客户的分销之后，就必须与目标市场进行沟通，将其产品和服务介绍、宣讲、推广到市场中去，以便为客户所知晓、了解，产生兴趣，并发生购买行为。通过人员推销、广告促销、营业推广和公共关系来达到沟通的目的，这就是所谓的促销组合四要素。

1. 人员推销

人员推销是一种面对面的沟通形式。为了获得最佳效果，销售队伍的宣传推介必须与基金管理公司的其他沟通方式协调一致，如广告、营业推广和宣传等。一般来说，针对机构投资者、中高收入阶层这样的大客户，基金管理公司可以通过直销队伍进行一对一的人员推销，以达到最佳的营销效果。对代销渠道的客户经理，基金管理公司应加强培训、沟通反馈、提供充足的宣传资料等，调动其积极性。

案例

中国工商银行永康支行“多问一句”非货币基金营销超 1 亿元

信息来源：浙中新报 程雪峰 吕爱谊

中国工商银行永康支行紧紧抓住年初社会资金流量较大、居民消费活跃、金融需求旺盛的业务营销的大好时机，立足目标市场，树立“以经营客户为中心、以资产配置入手”的理念，强化资产配置，持续重点基金营销。

该行重点基金营销业绩的取得，主要得益于对目标客户“多问一句”的精准个性化营销。

对没买过基金的新客户，多问一句："以前有没有购买过基金？"如果客户说从未接触过，则从向客户分析现在的股市行情以及未来的发展趋势入手，告知客户现在是一个很好的基金购买时机。如果客户说害怕亏本，让客户小金额尝试一下，客户一般都会接受。

对购买基金的老客户，多问一句："以前基金何时买的？收益怎么样？"详细咨询客户购买基金的时间，分析客户亏损原因。如果客户买入持股较好的基金，而基金后续涨势又不错，那么客户就有可能挽回以前的损失。

对已存量客户的再营销，多问一句："你在我行购买基金目前净值为××，你对当下收益满意吗？"当初有个网点推荐客户王某买基金时比较犹豫，只是抱着试试的心态买了1万元。一个星期后客户得知自己的盈利后非常惊喜，又追加了2万元。

对有股市投资经验的客户，多问一句："我行有大单投资股票的基金，有没有兴趣？"这类客户自己有购买股票的经验，也具备发生本金损失时的心理素质，而且他们对股票本身就有研究，所以只要提供优质的基金，他们基本上都会接受。

2. 广告促销

根据美国营销协会的定义，广告是"由营利性和非营利性组织、政府机构和个体以付酬的方式，通过各种传播媒体，在不同的时间或空间安排通知和劝说性信息，目的是向特定的目标市场成员或客户传达信息以使他们相信其产品、服务、组织或构思"。广告的目的就是通知、影响和劝说目标市场的客户。基金广告可以是品牌和形象广告，也可以是基金产品广告和产品订购信息，它能扩大公司本身和基金产品的知名度，有利于销售人员更好地推介基金。广告通过各种媒体发送，如印刷媒体、广播媒体、户外和公共交通广告、直接营销和网站在线服务等。

案例

伍佰代言基金——两个伍佰　同样精彩

"代言基金是一件很特别的事情，我是一个音乐人、一个摇滚歌手，其实我并不是那么熟悉基金，但是我希望基金可以像音乐一样深入每家每户，让大家知道可以理财、创富，这是我心里的希望。"（伍佰）

基金牵手娱乐，音符唱响指数。鹏华基金在京隆重举办"两个伍佰·同样精彩——鹏华中证500相约伍佰暨基金营销创新高峰论坛"。鹏华基金率先在新发基金引入代言人的同时，还推出"鹏华中证500相约伍佰"明星服务卡，未来将为鹏华中证500持有人提供专项服务。这些基金创新营销方式受到业内人士的广泛关注。

3. 营业推广

营业推广多属于阶段性或短期性的刺激工具，用以鼓励投资者在短期内较迅速和较大量地购买某一基金产品。基金销售中常用的营业推广手段主要有销售网点宣传、举办投资者交流活动和费率优惠等。

（1）销售网点宣传。在销售网点可以通过张贴海报，发放宣传手册、宣传卡片以及其他可以吸引客户的材料，达到吸引投资者注意的效果。

（2）投资者交流。基金销售机构针对保险公司、财务公司、工商企业等机构客户和公众客户，可以通过召开研讨会、推介会等方式，向特定的或不特定的客户群体传达投资理念和投资策略，争取客户的认同，以达到促销目的。尤其是新基金募集过程中，基金销售机构要通过产品推介会、报刊或网上路演等方式，组织基金经理与投资者交流，帮助投资者增进对公司投资理念和基金产品的理解。

（3）费率优惠。基金管理者一般在持续营销期间，或者在不同的交易渠道间（如网上银行），以更低的申购费率吸引客户，前提是这种优惠应当在监管部门允许的范围内，不能进行不正当的价格竞争。

案例

基金营销大战开火　帮你既赚钱又省钱

“双十一”，加入网购狂欢节火拼的除了传统消费品旗舰店以外，金融企业也跃跃欲试，阿里系的金融机构在双十一表现尤其活跃。

天弘基金发起全年力度最大的“0 元购”活动，回馈客户。2015 年，天弘基金淘宝旗舰店开展“免费大趴踢，一起 high 爆双十一”活动，店内所有产品申购费全免。天弘基金的店铺还参与了蚂蚁聚宝 APP 的“养基日”活动，免费提供 300 万元基金。但只有首次下载蚂蚁聚宝的用户才可享受，输入养鸡码“天弘基金”，即可获赠数量不等的免费基金。另有参团聚划算抢电视等活动吸引投资者来玩。

4．公共关系

公共关系所关注的是基金管理人为赢得公众尊敬所做的努力。这些公众包括新闻媒介、股东、业内机构、监管机构、人员、客户等。与媒体保持良好的关系对于处理危急情况十分重要，因为处理这种情况的方式会影响公司的声誉和业务能力。加强与投资者的关系，包括编制和发布年度、季度等报告，进行客户交流等。

在实际运作中，往往同时采用销售网点宣传、举办投资者交流活动、费率优惠等措施，这样有利于扩大营业推广的效果。

最后，需要特别指出的是，基金管理公司明确了自身的目标市场和定位、针对目标市场制订了系统的营销策略组合，但是这并不意味着这些营销策略就能够得到不折不扣的执行，基金管理公司就能够自然而然地成为市场上的营销高手。营销策略的成功还必须依赖基金管理公司内部的组织结构、营销体系和营销人员素质。其中，职责清晰的组织机构是市场营销活动的载体，上下贯通的营销体系是市场营销功能发挥的先决条件，专业、敬业的市场营销队伍是决定基金管理公司营销活动有效性的关键因素。因此，基金管理公司必须勤练内功，包括理顺营销机制，梳理营销工作流程，加强营销人才培养和人才储备，并在市场上不断积累营销经验，寻求产品、价格、促销和渠道等四大策略因素的配合和协调，进而与客户建立起坚实的关系。

案例

基金营销再创新，基金圈颜值最高MV“基金小苹果”风靡网络

一则名为“基金小苹果”的视频走红社交网络圈。视频中，10多位俊男靓女时而正装、时而短裙热裤，伴随着神曲小苹果的音乐节奏热辣起舞，大秀广场舞舞技。据悉，该视频由南方基金固定收益部、交易部、客户服务部、企划部等部门的年轻员工拍摄，一改平日“金融人”的严肃刻板形象，旨在为南方基金旗下的财经大数据基金产品——南方大数据100A（代码：001113）宣传造势。

在“小苹果”即将变广播体操之际，南方基金抢先为大家奉上了南方大数据100A版的小苹果，成为基金营销的一大看点。

南方基金相关负责人介绍，之所以选择如此突破常规的互联网化宣传方式，与南方大数据100A本身深具“互联网基因”的特性有关。据了解，作为业内首只财经大数据指基，南方大数据100A追踪的指数以互联网财经大数据应用为特色，是一款基于财经媒体与社交平台挖掘投资情绪并应用于指数选样的策略指数基金。通过对财经领域的“大数据”进行定性与定量分析，按照财务因子得分、市场驱动因子得分和大数据得分进行模型优化，选取排名在前100名的股票构成大数据100指数初始样本股。同时，指数样本股实施月度定期调整，较传统指数更高频率进行更新，以便及时捕捉市场动态。

由于该指数成分股由投资者情绪和市场走势所驱动，不同于沪深300、创业板等恒定风格指数，可以更灵活地适应市场变化。短中长期来看，均有着优秀的表现。

在指数涨幅给力的情况下，营销创意的成功无疑让南方大数据100A的发行更添了一把火。同时，南方大数据100A相对主动管理型基金具有更低的费率，且其认购起点为1 000元，让投资者得以低成本低门槛的方式一揽子投资100只优质股票，摊薄风险、分享指数的成长机会，值得投资者关注。（资料来源：《金融投资报》）

任务二 信托市场营销

一、信托市场营销概述

（一）信托与信托营销

在我国金融业分业监管体制下，信托业是继银行、证券、保险之后的第四大金融部门。金融信托，是指把自己的财产交给所信任的人进行管理或处理，受托财产权的人收取一定酬劳的财产管理制度。信托产品是一种为投资者提供低风险、稳定收入回报的金融产品。

信托产品营销是指信托机构根据市场的需求，运用整体营销手段向委托人提供信托产品和信托服务，在满足委托人需求的同时，实现信托机构利益目标的社会行为。

（二）信托市场营销的特点

1．以客户为核心

信托营销的核心是客户，包括对客户的甄别、对客户信息的管理、对客户关系的维护。在客户甄别环节，银监会《规范信托产品营销有关问题的通知》规定，“代理推介机构应向信托公司提供全面、真实的客户信息，确保提供的客户信息能够满足信托公司甄别合格投资者的需求”（第二十五条）、“信托公司从事信托产品营销应当建立严格的合格投资者甄别制度”（第二十九条），并规定了调查问卷的基本内容（第二十九条）。在客户信息管理环节，要求无论是通过直销还是渠道销售，信托公司都需要获得较完整的客户信息，包括但不限于“姓名、身份证、职业、居住地、联系方式等”。又如，要求“信托公司开展直接营销，应建立相应的客户关系管理系统”（第十三条）。虽然目前信托公司因销售网点局限，在银行、第三方等代理推介的机构面前要求获得全面的客户信息还处于劣势，达到要求可能是一个长期的过程，但此类规定将客户资料管理、客户关系维系提升到一个以前没有的高度，已经有将客户关系作为信托公司核心竞争力的意味，而且这些规定也为信托公司维护客户关系、将其他机构推介（荐）客户转化为自身客户打下了坚实基础。

根据银监会《信托公司集合资金信托计划管理办法》的相关规定，信托计划的合格投资者是指符合下列条件之一，能够识别、判断和承担信托计划相应风险的人：投资一个信托计划的最低金额不少于 100 万元人民币的自然人、法人或者依法成立的其他组织；个人或家庭金融资产总计在其认购时超过 100 万元人民币，且能提供相关财产证明的自然人；个人收入在最近三年内每年收入超过 20 万元人民币或者夫妻双方合计收入在最近三年内每年收入超过 30 万元人民币，且能提供相关收入证明的自然人。同时规定单个信托计划的自然人人数不得超过 50 人，合格的机构投资者数量不受限制。

监管部门的这项规定使得信托公司面临的客户只能是高端客户群，对信托公司的营销能力提出了很高的要求。信托公司的营销只有坚持高端、私募、全面的理念才能满足客户的需求，才能为财富管理业务培育忠实的客户群体。

2．以专业化资产配置和财富管理为模式

营销的主要模式是专业化资产配置和财富管理，而非产品推销。目前，绝大多数信托公司受限于能力与竞争等因素仍旧以产品销售为主，然而高净值人士的财富管理目标日趋多元化，金融理财将不再以单一的财富增长为目标，财富安全、财富传承、子女教育、养老保障等各种财富管理目标也越来越受到了高价值客户的关注。资产配置、家族服务和综合解决方案等将成为理财市场的新兴成长点。这要求信托销售从客户的财务状况、理财计划、风险承受能力入手，给客户配置合适的产品，而不是从产品入手向客户进行简单的推销。

3．特殊的销售渠道

银监会《信托公司集合资金信托计划管理办法》规定，信托公司推介信托计划时，不得进行公开营销宣传，也不得委托非金融机构进行推介。这项规定要求信托公司不可以通过报刊、电视、电台、互联网等媒体对信托计划进行公开的宣传和营销。信托公司失去了现代商业社会最重要的产品营销手段，迫使信托公司走私募营销的道路。

同时，银监会在《规范信托产品营销有关问题的通知》中做出相关规定，银行等金融机构，可以代理推介信托产品，但是商业银行不能独立地完成销售过程，信托公司必须对投资人履行客户甄别、风险揭示、信息披露等职责（如填写调查问卷、解释合同文本等），而且相关文件必须由信托公司与投资者当面签署。而对于非金融机构，只能由“信托公司推荐合格投资者，但不得以提供咨询、顾问、居间等方式直接或间接推介信托产品”。

二、信托产品市场定位

营销战略理论为我们提供了一个简单清晰的信托产品市场定位的步骤，即细分市场、目标市场选择和最终市场定位。

（一）细分市场

信托产品的市场细分，是指信托公司把整个信托产品市场的客户按一种或若干种因素加以区分，使区分后的客户需求在一个或若干个方面具有相同或相近的特征，以便信托公司采取相应的营销战略来满足这些客户群的需要，以期顺利完成信托公司的经营目标。

进行市场细分，首先要找到构成市场差异的细分变量，然后根据这些变量来划分细分市场的不同类型。细分标准的选择应满足可衡量、可区分、可进入、可盈利的原则。通常金融企业根据不同类型客户的需求差异对市场进行细分。一般可分为个人客户和公司客户。个人客户的细分标准主要有人口因素、地理因素、心理因素、利益因素、行为因素等。公司客户的细分标准主要包括公司规模、所处行业、企业性质及信用等级等。在信托产品市场细分中，需要特别注意两点。

1. 使用多种标准来细分市场

这是由信托产品本身较强的非标准化特征决定的。产品的非标准化特征越强，意味着产品的针对性越强；产品针对性越强，意味着其所要进入的市场在概念上的约束条件越多。由于不同的细分标准之间相互交叉渗透，因此使用单一标准往往很难确定信托产品的市场范围。因此，应使用多种标准来细分市场，以最大限度地避免市场空隙的存在。

2. 要关注信托公司客户中的特殊客户——政府

在各类金融机构中，信托公司客户群中的政府客户占比是非常高的，其对信托产品的使用又具有标的额大、周期长、稳定性好等特点，完全有理由作为信托公司的黄金客户。对于地方性的信托公司来说，由于政府客户数量相对较少，并且其与信托公司的关系较为稳定，因此对其进行细分的意义不大。但对于有跨区业务或国际业务的信托公司来说，对政府客户也需要进行适当的细分以便为其特殊的营销策略提供依据，细分标准可考虑政府的行政级别、部门类别、区位因素、所辖区域的经济总量等。

（二）目标市场选择

在市场细分的基础上，信托公司需要确定其将要进入并重点展开营销活动的若干细分市场，这一过程就是对目标市场的选择。对信托公司来说，所面临的市场机会有很多，但并非所有的市场机会对其都具有同等的吸引力或者市场价值。从资源利用的角度来看，也并不是每个子市场都是其愿意进入或能够进入的。因此，在目标市场选择的过程中，信托公司应综合考虑其公司实力、产品特点以及竞争对手的状况等因素。具体来看，在这一过程中要注意两方面的问题：一是对目标市场的评价；二是采用怎样的目标市场营销战略。

1．对目标市场的评价

可供信托公司通常采用的定量评价方法有：

（1）市场机会指数法。这是指某种产品在某一细分市场的标的额占该产品全部市场标的额的百分比，与某信托公司某种产品在该细分市场的标的额占该公司全部标的额百分比的比值。市场机会指数表明信托公司开发细分市场的可能程度。一般来说，该指数大于 1，代表有较大的发展可能性；指数小于 1，则代表发展可能性较小。

（2）市场选择指数法。市场选择指数是指对影响目标市场选择的各项因素赋予权数进行评分考核得出的综合数值。根据该数值的大小可进行目标市场选择。

（3）后悔值决策法。其主要步骤是，首先将每种市场需求状态下的最大收益值减去各方案的收益值，构成由后悔值组成的矩阵；然后在后悔矩阵中找出每个方案的最大后悔值；最后从上述数值中选择后悔值最小的方案为最优方案即目标市场。

2．目标市场营销战略

（1）无差异目标市场营销战略。即以一种产品、一种市场营销组合策略满足市场上所有客户的需求。这一战略着眼于市场需求中的共性而忽视其差异性。其优点是产品单一、批量大，有利于信托公司创名牌和节约营销费用。缺点是适应性差，无法满足客户日益增加的多样化需求。处于发展初期的信托公司可考虑这种战略。对一些标准化的信托产品，也可以采取这种战略。

（2）差异性目标市场营销战略。即选择若干细分市场作为目标市场，针对每个细分市场，分别设计和制订不同的营销组合策略，以适应各个细分市场的需要。其优点是可以增强信托公司产品的竞争力，扩大其影响面，提高其声誉，从而扩大信托公司产品的市场占有率；其缺点是增加了信托公司组织管理工作的难度，经营成本费用较高。

（3）集中性目标市场营销战略。即在众多的细分市场中，选择一个或少数几个细分市场作为其目标市场。其优点是营销对象相对集中，有利于信托公司详尽了解目标市场，在特定细分市场上获得绝对优势的市场占有率；其缺点是集中度高可能导致风险较大，尤其是在经济不景气或政策环境不稳定的情况下。

（三）最终市场定位

市场定位是信托公司根据所选定的目标市场的竞争状况和自身的内部条件，确定自身在目标市场上的竞争地位，从而确定产品如何接近客户的营销活动。信托公司在确定其自身的市场定位的同时，很大程度上也就确定了其产品的市场定位。作为信托公司营销战略最后的关键环节，市场定位的合理与否很大程度上是由其前期各环节的工作基础是否扎实来决定的。信托产品定位的具体方法有很多种，如根据信托产品所满足的需要以及产品所提供的利益定位，根据产品的特点定位，根据使用者阶层定位，直接针对竞争对手定位，根据产品种类定位，或将多种方法结合起来定位等。

信托公司一旦对其产品或公司本身有了准确恰当的定位，接下来就是采取措施与目标客户群交流并传递这种定位形象，这就是定位的实施过程。在实践中，信托公司时常会发现实施某种定位的过程要比寻找定位的过程艰难得多，因为实施或改变市场定位要花很长一段时间，有时已经形成的定位会由于激烈的竞争或外部环境的其他改变而很快失去。因此，信托公司及其产品一旦有了市场定位，就要通过持续不断地努力和交流去保持它。这样，信托公司的营销管理活动就从营销战略层面转入了营销战术层面，即转入了以其全部的营销组合策略来支持上述战略定位的阶段。

三、信托营销策略

（一）产品策略

信托产品设计能力是信托公司的核心竞争力，丰富完善的产品线可以对信托产品的营销起到很好的促进作用。信托公司应该不断丰富其产品线，通过产品线中不同的产品搭配和组合为客户提供完善的投资理财规划，满足不同客户对金融理财产品风险、收益和期限的不同要求。高端客户的理财规划是一个系统的工程，如果针对不同的客户或同一个客户的不同时期都能够提供丰富的、个性化的理财产品，就可以区别于其他金融机构单一的金融理财产品，从而在金融理财市场上立于不败之地。

从本质上讲，信托产品设计就是要在现行法律法规的框架内，充分协调和平衡投资者、信托公司、项目方三方的利益。轻视或忽视任何一方的利益，信托产品都难以运作下去。信托产品设计，既有其作为信托制度体现的灵活性的一面，也有其作为金融产品的共性。

一般的信托产品设计通常有以下几个基本要素。

1. 产品收益

对信托产品的收益，监管政策上不允许承诺保底，目前通行的做法是以预期收益率的形式向投资者进行揭示。通常，信托产品预期收益率的高低，主要取决于以下两个因素：

（1）同期银行存款利率和国债利率水平。信托产品与银行存款同为理财产品，信托产品风险较高，故其收益率要大于银行存款利率。在国债发行期，信托产品收益率的设定也要高于国债利率。对于银行贷款替代类的银信合作产品，其收益率基本为贷款利率扣除信托公司和银行的佣金比率。

（2）不同类型项目的收益水平。目前集合资金信托的贷款类产品收益水平一般为6%～9%，其中工矿企业、基础设施等项目偏向下限，房地产类项目偏向上限。证券投资类私募信托产品的收益水平随市场行情波动较大，一般只给出较低的预期收益率。同一项目，如果采用股权或权益投资的信托方式，则给出的预期收益水平通常略高。另外，针对项目投资的不同期限或者不同金额，信托产品的收益水平也会有所不同。期限越长，投资金额越大，收益水平则越高。

2. 产品期限

信托产品期限的设计，应主要考虑资金需求方的需要、投资者的投资偏好和监管要求三个方面。

一般来讲，资金周转项目的期限为中短期，基础设施大型工程等建设项目的周期则较长，房地产开发项目的周期一般介于二者之间。

由于时间越长，未来的不确定性越大，投资者一般偏好中短期的投资项目，通常为3～5年。《信托公司集合资金信托计划管理办法》规定，集合资金信托计划期限不少于一年。从市场角度来看，投资者的偏好应优先考虑。目前，大多数信托产品的期限为1～3年，既满足政策要求，也符合投资者的取向。对于一些长期项目，在设计上可以考虑多种融资渠道对接的方式，如信托融资、银行贷款和股权融资等，既符合投资者的投资期限偏好，又能满足一些项目的长期资金需求。

3. 风险控制

信托产品的风险主要有信用风险、市场风险、操作风险以及其他风险。信托产品设计主要针对前两类风险加以防范。信用风险是指因交易对手违约而造成损失的风险。对信用风险，信托产品主要采取担保的方式加以控制。根据《中华人民共和国担保法》，法定担保形式有保证、抵押、质押、留置和定金五种。常用的信托产品设计是前三种。其中，信托产品中运用的“保证”措施主要是第三方提供担保，为信托产品提供担保的第三方在实践中已出现的主要有商业银行、国家开发银行、大型企业、地方政府。2008年，监管部门为了控制银行风险，以“窗口指导”的形式叫停了商业银行为融资性信托业务提供担保。

（二）定价策略

在信托产品交易中，消费者付出的是信托资金在信托期限内的所有权、使用权，消费者承担的机会成本是利息损失。因此，预计收益率有多高、信托期限有多长，便是信托产品的价格因素。信托定价策略要考虑的即是信托计划的预计收益率定多高与信托期限定多长。信托投资公司在制订定价策略时，要综合考虑公司整体战略目标、产品成本、竞争者、产品生命周期和品牌形象、政策与市场环境等因素，最后拟订信托产品的“价格”。必须注意的是，信托投资公司的产品“价格”不是一成不变的，要视竞争压力及营销环境的变化，适时调整“定价”，并把“价格”真正地当作完成营销组合策略的一种工具。当然，“定价”的标准是预计收益率更高、期限更短、风险程度更低。

（三）渠道策略

随着信托业的迅速发展，我国信托公司逐渐形成了人员直销、银行代销、证券公司代销、第三方理财机构代销等多种销售渠道。

1. 人员直销

人员直销是信托公司借助自己的销售机构及人员向投资者推介本机构的信托产品。人员直销是所有信托公司非常倚重的销售渠道。目前，大部分信托公司都建立了自己的财富管理中心或信托理财中心，并在全国主要经济发达城市招募理财产品销售人员。直销渠道的建设非常容易形成信托公司自身的募资能力，有利于摆脱信托理财产品销售渠道受制于人的局面。但是我国信托公司产品直销能力的发展并不均衡，一些实力较强、起步较早的信托公司已经形成了较为完善的营销体系，而一些起步较晚的信托公司甚至还没能形成自身的直销能力。建立信托理财产品直销体系的同时，也要妥善处理直销队伍规模与产品供应速度的关系。如果信托理财产品的供应不能够满足销售的需求，就会陡增销售成本，难以支持直销队伍的长期发展。

直销体系的建设，将是未来信托公司竞争的关键点。信托公司在从融资平台向资产管理和财富管理转型的过程中，需要不断加强自身的直销体系建设，加强自身客户资源的储备，提升客户服务水平，为客户提供高端的财富管理服务。信托公司不能过分依赖银行或第三方理财公司的营销渠道，而是要逐步培育自身的忠实客户。同时，信托公司应加强产品的研发设计水平，为高端客户提供不同收益水平、不同风险程度、不同投资范围的金融理财产品，不断增强客户的黏度和忠诚度，真正提高信托公司在财富管理市场的竞争能力。

2．银行代销

银行代销是指信托公司通过银信合作的方式委托商业银行向投资者销售信托产品。这是目前信托理财产品最主要的销售渠道。由于银行具有网络、结算、服务、政策等多重优势，因此它掌握着丰富的高端客户资源。银行的募集资金能力主要体现为销售规模大、募集时间短。但是各商业银行对于合作的信托公司一般要求比较严格，代销信托产品的决策周期也比较长。同时，银行往往对其代销的信托理财产品收取较高的手续费，大大提高了信托募集资金的成本。目前，我国大部分信托公司对银行代销渠道十分依赖，甚至很多信托公司完全依赖银行的销售渠道。这进一步说明了信托公司建立自身产品销售渠道的重要性。

3．证券公司代销

证券公司遍布全国的证券营业部拥有我国资本市场上最为成熟的投资者。经历了股市的大起大落，我国的广大投资者深刻地领会了“买者自负”的投资理念，这也是我国信托行业投资者亟需具备的理念。同时，随着近两年我国股市的低迷，信托产品高收益、低风险的特征对广大资本市场投资者具有很大的吸引力。但是，目前我国信托产品通过证券公司代销的数量很少，究其原因，主要在于信托产品与证券公司集合资产管理计划产品存在竞争关系，证券公司往往担心自身客户资源的流失。因此，进一步探讨信托公司和证券公司双赢的合作模式，是将来发挥证券公司代销渠道的必然选择。

4．第三方理财机构代销

近年来，以销售信托产品、基金产品、PE 产品为主要业务的第三方理财机构蓬勃发展，少数公司甚至已经积累了雄厚的客户资源，具有很强的发行能力。信托公司与第三方理财机构合作，可充分利用其积累的客户，提高募集资金的速度。但是，因为第三方理财机构不属于金融机构，缺乏相应的监管，整个市场略显混乱，潜藏着不少风险，所以在与三方合作时，要调研其公司品质、投研能力以及风控措施。根据监管部门的有关规定，非金融机构可以向信托公司推荐合格投资者，但不得以提供咨询、顾问、居间等方式直接或间接推介信托产品。由此，监管部门对信托公司与第三方理财机构合作提出了明确的监管意见。信托公司与第三方理财机构的合作必须严格遵循监管部门的相关意见，注意风险控制。

（四）促销策略

1．软性广告宣传

信托投资公司还必须综合运用各种沟通方式和手段，包括广告、公关、销售促进、人员推销等，使投资者在多元化的信息包围中，更好地识别和了解信托产品和服务。由于《资金信托管理办法》中明文禁止进行公开营销宣传，就产生了这样一个问题：如何既不违规又达到宣传效果？同时还要考虑所选择的广告媒体是否覆盖目标市场，广告的方式是否可以起到有效的推介作用。信托计划书、信托合同等都有法律规定的格式，内容要真实准确，脱胎于此的信托计划的推介书也要条理分明。但是，从广告宣传的角度来看，由于该类信息采用的标准格式和相对较长的篇幅，更适用于专业人士和极度理性人群，不足以激发大众投资者的购买欲望。一条有效的信托产品的广告信息，必须能够强调本信托产品的最大优点，赋予信托产品一个特殊的个性或形象，使客户能将它和其他的理财产品、信托产品区分开来。为此，信托投资公司可以利用媒体软性广告，以较为生动的形象、通俗易懂的语言，使有关的信息及知识更加具体、感性，达到潜移默化的效果。信托公司可以借用软性广告的形式实现宣传的目的，如在当地大众报纸上介绍新推出的信托计划，报道中透漏发行网点、联系电话等信息，用途一目了然。同时可以大量发布公司品牌形象广告，提高公司知名度。

2．品牌建设

信托公司本质上销售的是一种服务和承诺，其核心理念在于客户对信托公司的信任，因此，加强品牌建设对信托公司的发展十分重要。信托公司还可以采取品牌传播公益化的模式，通过赞助慈善事业和公益活动，宣传公司的良好形象，不断提高公司的知名度和美誉度，从而引起高端投资者对信托公司业务的浓厚兴趣。信托公司也可以通过举办论坛、研讨会、报告会等多种形式，宣传公司的形象，向潜在的高端客户传递公司的产品信息。

延伸阅读

信托公司注重品牌 口碑管理同样重要

对于一家信托公司来说，品牌是一个很重要的事情，其实除了品牌以外，信托公司的口碑建设也很有必要，毕竟口碑直观地反映了信托公司的社会关注度以及投资者的印象，意义重大。

在人际传播过程中，口碑是实现有效营销的重要因素，对于信托公司而言，品牌口碑应该受到高度重视，信托公司需要根据这一动态指标，就投资者关注的各种产品要素和风险偏好做好品牌建设工作。口碑建设工作可以以投资者关注的产品要素为切入点。

从投资者关注的要素来看，在信托产品的投资风险、投资收益、起点金额、投资方向、投资期限等产品要素中，毫无疑问，风险是投资者认购信托产品的首要考虑要素之一。事实上，口碑管理是品牌建设的一部分，在人际传播中，口碑管理可以关注产品要素的宣传，如品牌的功能、质量和价值等用户价值要素；在大众传播中则可以关注品牌建设的其他内容，如品牌的美誉度、普及度等自我价值要素。信托公司加强品牌建设和舆情管理与《信托公司资金信托业务管理暂行办法》中规定信托公司不得对信托计划开展营销宣传的规定并不矛盾。

例如，投资风险，尤其是兑付风险不仅是投资者关注的重点，也是财经媒体关注的焦点，更是监管部门关注的重点。为了防止个别现象引发传导效应，银监会于 2014 年向各家信托公司下发《信托公司监管评级与分类监管指引》以及相关指引细则对信托公司进行分类监管，并将品牌建设、舆情管理纳入考核范围。

对于信托公司来说，要想更好地提升自己的社会关注度，除了要进一步强化品牌建设以外，还需要加强自身口碑的管理。别的不说，至少让投资者在提及自家信托公司的时候，可以让周边的人夸耀几句，起到一个推广作用。

3. 与投资者面对面接触

除了广告之外，信托投资公司还可以采用其他多种促销手段，与投资者进行全方位、广泛、持续的交流沟通。例如，以推介会、直邮、路演等方式组织信托经理与投资者的访谈，通过信托经理的“现身说法”，帮助投资者增进对信托公司投资理念和经营思路的理解，判断信托将来的成长潜力。在对信托业替代性最强的投资基金行业，基金经理的职责之一就是与投资者面对面地交流。所以，信托经理不应只专注于投资管理，要扩展投资者教育工作的深度和广度，以自己的专业水平、职业道德、精神风貌、人格魅力等感染与影响投资者，真正让投资者觉得是“因为信任，所以托付”。

4. 与第三方机构合作宣传

随着市场上的金融投资理财产品越来越多，信托投资公司投在促销上的支出会持续增加。为了使有限的广告资源发挥最大的效果，信托投资公司可以请专业机构作为他们的营销传播代理。与优秀的广告公司、公关公司建立长期合作关系也不失为一条可行之策，它们可以针对信托公司独有的优势提炼传播要素，拟订促销策略，选择最合适的促销工具，建立最优促销组合，从而达到最佳的宣传效果。

案例

新形势下信托公司客户营销活动的新策略

以客户为核心开展财富管理业务，是信托公司未来战略转型的重要方向。开展各种形式的客户营销活动，是信托公司拓展客户资源、展现品牌形象的重要手段。特别是在新的宏观环境和转型背景下，信托公司越来越关注客户营销活动的方式和效果。

一、信托公司客户营销的新形势

（一）产品供给的新变化

随着经济新常态的到来，信托资产配置结构随之发生变化，这对信托公司的产品供给有直接的影响：①融资类产品供给数量和规模有所下降，收益率水平也相应降低，一些公司产品供给的连续性不足；②证券投资类产品有所增加，种类更为丰富，但产品风险相对较大，收益率波动较强；③出现了一些股权投资产品，特别是一些股权类优先级投资产品，收益相对比融资类产品高，同时由于结构化的产品设计，风险尽管相对较高但整体可控；④一些领先公司加大了新产品的开发力度，家族信托、QDII 等新产品批量涌现。

（二）市场竞争的新变化

当前，金融市场关于资产管理和财富管理业务的竞争更加激烈。①竞争机构越来越多。随着私募基金管理人的放开以及无牌照机构的多层次渗透，大量的在严格监管体系之外的机构也加入了市场竞争。②优质资产竞争激烈。在经济下行导致优质资产不断减少的情况下，所有资管机构都加大了对优质资产的抢夺力度，风控条件不断降低，产品收益率一降再降。③对客户争夺激烈。一方面，正规金融机构提高客户服务质量，部分领先的券商、基金、信托开始构建一站式的账户管理体系；另一方面，一些非金融机构想方设法汇集客户资源，有的甚至不惜隐瞒风险，相关违法事件也时有发生。

（三）客户需求的新变化

客户需求的变化也呈现出三个明显特征。①对投资类产品的认识需求明显提升。由于资本市场的快速发展和信托产品供给结构的迅速变化，一些投资者对投资类业务的风险和收益的认识还不足，无论是从市场发展的要求，还是从投资者自身的需求出发，都亟须提升投资者对各种投资类产品的认识。②对现金管理的需求明显提升。在“降成本”改革的导向下，金融市场收益率还将处于下行区间，无论是个人客户还是机构客户，都需要提高资产管理的精细化水平，对优质现金管理工具甚至是全权资产配置的需求不断提升。③对优质金融服务的需求明显提升。随着互联网与金融结合的不断深入，越来越多的金融机构通过改造信息系统、引入互联网手段、便利支付结算功能等方式，为客户提供了越来越多的优质服务体验。信托公司信息化整体水平与银行、券商等还有差距，客户对信托公司的优质服务需求也在明显增强。

二、信托公司客户营销的思路调整

（一）树立客户营销活动的新思维

（1）品牌营销思维。一方面，信托公司要摆脱过去的单个产品营销的模式，对自身产品线进行梳理，构建系列化的品牌体系，强化客户认知；另一方面，通过线上品牌推广和线下客户活动相结合的方式，对品牌进行立体宣传。

（2）规模开发思维。信托公司举办客户活动需要成本投入，但面对特定的或不特定的群体举办客户营销活动，可以得到更大的规模效应，尤其是机构客户，通过专业化的客户活动将对公司有更加深刻的认识，未来将产生更多资金和资源的对接。

（二）采取有效的客户营销活动策略

（1）体系化策略，制订完整的客户营销活动体系。针对激烈的市场竞争，信托公司应该有计划地建立客户活动体系，定期举办客户营销活动，构建紧密的客户关系，不仅满足个人客户的需求，而且有效开发了机构客户资源。

（2）专业化策略，为客户提供更多专业服务和信息。目前已有信托公司的财富管理部门与研发部门合作，定期邀请客户参加由公司研发专业人员宣讲的财富管理沙龙，一方面普及投资者教育，另一方面通过研发人员展示公司的专业能力，有助于提高客户对于信托公司的认可度；同时通过现场答疑的环节与客户互动，使客户更容易接受公司的新产品。

（3）定制化策略，为专门的产品或专门的客户开展活动。一方面，公司推出新产品或新项目时，可以定向组织对此有一定兴趣的客户进行专门推广，在提高效率的同时展示公司的专业能力。另一方面，在平时积累客户的基础上，对不同风险偏好、投资偏好的客户进行潜在分类，定向开展相关投资者教育、产品推介等活动，也将进一步提升客户开发的针对性，培育客户的忠诚度。

（4）互联网化策略，线上线下活动相结合。信托公司应注重公司微信、APP 等移动互联网渠道价值的开发，结合公司业务和营销需求，组织特色化的线上活动，调动潜在客户的关注度。根据线上活动的反馈结果，合理安排线下活动，以取得更好的效果。

项目小结

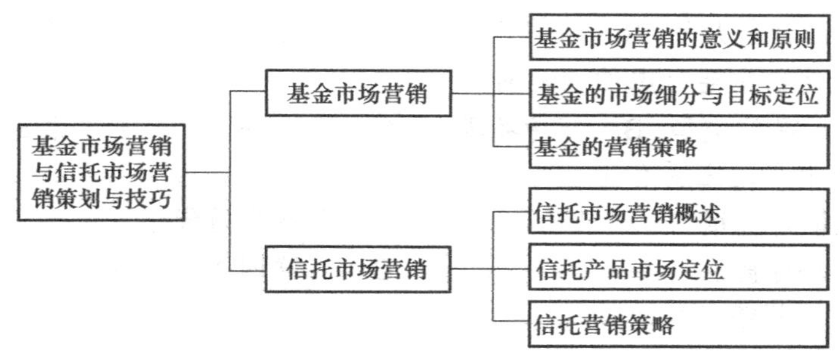

同步练习

一、单向选择题

1. 基金销售机构、销售人员在开展基金营销活动时，必须严格遵守监管部门制订的基金营销活动的监管规定，这是基金营销的（　　）特点。

A. 服务性　　B. 持续性　　C. 规范性　　D. 适用性

2. 营销人员广泛了解和掌握股票、债券、货币、保险等各种金融工具，在营销过程中将有关知识以服务的方式传递给投资者，这是基金营销的（　　）原则。

A. 服务性　　B. 持续性　　C. 规范性　　D. 适用性

3. 基金营销作为一种理财产品服务，不是一锤子买卖，需要制度化、规范化的持续性服务，这是基金营销的（　　）原则。

A. 服务性　　B. 持续性　　C. 规范性　　D. 适用性

4. 基金销售机构在销售基金和相关产品的过程中，应注重根据基金投资人的风险承受能力销售不同风险等级的产品，把合适的产品卖给合适的基金投资人，这是基金营销的（　　）原则。

A. 服务性　　B. 持续性　　C. 规范性　　D. 适用性

5.（　　）是通过各种传播媒体，在不同的时间或空间安排通知和劝说性信息，目的是向特定的目标市场成员或客户传达信息以使他们相信其产品、服务、组织或构思。

A. 人员促销　　B. 广告促销　　C. 营业推广　　D. 公共关系

6. 南方基金管理公司在市场上新的开放式基金出现后，面对日趋激烈的市场竞争采取了及时反应，调低南方稳健成长的日常申购费率，这是一种（　　）。

A. 产品策略　　B. 定价策略　　C. 渠道策略　　D. 促销策略

7. 信托营销的核心是（　　）。

A. 产品　　B. 定价　　C. 渠道　　D. 客户

8. 以一种产品、一种市场营销组合策略满足市场上所有客户的需求，这是一种(　　)。

A. 无差异目标市场营销战略　　B. 差异性目标市场营销战略

C. 集中性目标市场营销战略　　D. 整体性目标市场营销战略

二、多项选择题

1. 基金营销的产品策略包括（　　）。

A. 产品设计与开发　B. 品牌管理　　C. 产品延伸　　D. 产品推销

2. 基金产品定价主要考虑的因素有（　　）。

A. 基金产品的类型　B. 市场环境　　C. 客户特性　　D. 渠道特性

3. 基金的分销渠道主要有（　　）。

A. 商业银行代销　　B. 证券公司代销

C. 基金公司直销　　D. 互联网平台销售

4. 基金的促销策略包括（　　）。

A. 人员促销　　B. 广告促销　　C. 营业推广　　D. 公共关系

5. 信托营销的渠道主要包括（　　）。

A. 商业银行代销　　B. 证券公司代销

C. 基金公司代销　　D. 第三方理财公司代销

三、简答题

1. 简述基金营销应遵循哪些原则。
2. 简述基金的细分方法。
3. 简述基金产品策略。
4. 基金产品定价主要考虑的因素有哪些？
5. 我国开放式基金的分销渠道有哪些？
6. 基金的促销策略包括哪些？
7. 信托市场营销的特点有哪些？
8. 信托产品的设计要考虑哪些因素？
9. 信托产品的分销渠道有哪些？
10. 信托产品的促销策略有哪些？

四、案例分析

基金营销主推低风险类产品

股市低迷，风险成为投资者资产配置必须考量的因素，使得近期低风险类产品销量持续走俏。业内人士表示，四季度权益类市场大概率将维持震荡，市场风险偏好下降，预计偏固定收益类产品是发行市场的主流。

低风险产品受追捧

市场巨震、股票型基金遇冷，而债券、货币、保本等低风险类品种则受到投资者青睐。基金业协会数据显示，8月股票基金份额为6 688.85亿份，较7月减少3 763亿份，不仅跌破万亿大关，而且也远远低于去年6月本轮牛市开始时1.12亿份的规模。与此同时，货币基金数量为197只，基金份额为34 597.05亿份，较上月增加2 426.46亿份；基金净值为34 702.83亿元，较上月增加2 500亿元以上。债券型基金共425只，基金份额增长431.5亿份达到3 935.55亿份，净值上升至4 546.67亿元。

"股市风险增加，投资者对股票型基金不那么热衷了，近期主要在推债券基金。"一位渠道销售人士向中国证券报记者表示。而华南一位保险机构的投资经理也表示，7月以来就在逐步增加对货币基金和债券基金的配置。

从新基金的发行规模看，与股票型基金几个亿的发行规模相比，9月新成立的保本类基金的发行规模则冲上了几十亿元的首募规模。其中华安新乐享保本混合规模达29.88亿份，远高于其他偏股基金的规模，8月底新成立的国投瑞银进宝保本混合基金规模则达到40.27亿份。

避险情绪升温

从目前新基金市场的这种偏好来看，在整体局势尚未明朗时，投资者趋于保守的态度充分显现。对于四季度的形势，基金经理认为，市场维持震荡是大概率事件，避险情绪可能还会升温，基民资产配置有可能向低风险类产品倾斜。

"在经济下行的大背景下，风险应当成为投资者配置资产必须考量的因素。债券资产在整个资产链上位于风险较小的一端，同时也能提供比货币基金和存款更高的收益。"广发基金固定收益部基金经理表示，随着经济下滑压力加大，稳增长成为中央经济政策首要目标。近期，政府出台了一系列稳增长政策，但政策只会短期对经济托底，经济增长难以实质性企稳。国内经济仍然存在一定的下滑压力，货币政策偏宽松的环境短期内不会变化。但近期股票市场剧烈震荡，资金持续从权益市场涌向债市，推动债券收益率下行。随着市场风险偏好下降，债券收益率总体呈现下行趋势，债券的配置价值凸显。

博时基金表示，当前经济压力仍在，利率下降是趋势。未来市场的主要驱动力依然是股市财富效应弱化、风险偏好下降带来的资金回流支撑，季末货币市场的流动性风险可控，预计货币市场利率将维持低位。

博时固定收益总部公募基金组投资副总监表示，需要警惕的是，由于近期人民币汇率贬值预期存在，外汇占款减少，资金面出现收紧的趋势。虽然央行在公开市场加大资金投放，但还是不能扭转这个趋势。未来要警惕资金面收紧给债券市场带来的不利影响。

问题：结合案例分析基金营销的产品策略。

实训项目

【实训目的】

1. 初步掌握基金营销策划的基本技能。

2. 能够对某只具体基金的营销策略进行分析和评价。

3. 熟悉信托营销的相关法律法规，能够在法律框架下进行信托营销活动。

【实训内容】

1. 分析和评价某只基金的营销策略。

2. 学习关于信托营销的法律法规。

【实训方式】

1. 由教师给出具体的某只基金营销的相关资料，学生以小组为单位，课后通过进一步的资料收集，对该基金营销的具体方案进行分析和评价，制作 PPT，课上进行分组汇报。

2. 学生通过互联网、图书馆查询有关信托管理的法律法规，整理针对信托营销的法律规定，并形成书面材料。

【实训报告】

整理实训报告，报告包含以下内容：

1. ××基金的营销策略分析。

2. 法律框架下信托营销策略的制订。

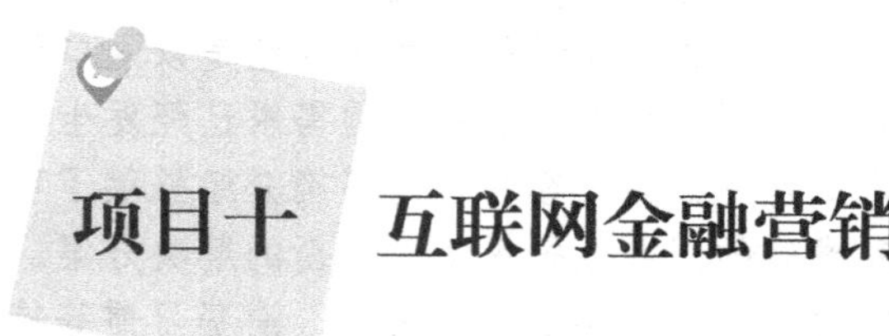

项目十　互联网金融营销

学习目标

知识目标

- 了解互联网金融营销的含义
- 了解互联网金融营销的产生与发展
- 掌握互联网金融交易的主体
- 理解互联网金融营销的功能
- 理解互联网金融营销的模式
- 掌握互联网金融营销的策略

能力目标

- 能够针对某类金融产品进行互联网营销方案策划
- 能够对某个金融机构的互联网营销策略进行分析

素质目标

- 树立互联网金融营销理念
- 具备一定的金融产品网络金融营销能力

项目引例

浦发银行西安分行的互联网营销策略

一、产品策略

通过不断创新满足各类不同客户的多样化需求，产品列表要分类清楚、叙述简单，同时还应该满足客户的个性化需求。为了适应互联网金融的发展，浦发银行西安分行不断优化产品和业务结构，发挥浦发银行总行在资产管理、风控、支付渠道、品牌等方面的优势，努力实现互联网金融产品创新，推出贯穿互联网金融的理财、消费、融资、支付等各系列产品，借鉴诸多商业银行的成功经验，设计“浦银点贷”和“POS 贷”等具有互联网金融特色的产品和业务，以满足诸多小微企业和个人用户对资金的使用需求。

二、价格策略

在客户差异优惠政策方面，对不同等级的星级客户实行不同的操作标准，执行不同的折扣。

1．网络足迹与客户画像

传统的商业银行对客户分组是以人口统计学作为依据的，这种分组属于事后分析。随着互联网的发展，消费者的需求已经发生了巨大的变化，目前的大数据和云计算等技术的广泛运用，为把客户进行精确分组提供了可能，这种利用客户画像的方法为获取客户真实和准确的消费数据提供了全新的解决方案。浦发银行西安分行通过大数据和建模技术，能够对诸如客户年龄、购买力、消费习惯等特征进行准确识别，为客户提供了全方位的视图分析。

2．大数据决策实现精准营销

（1）通过大数据收集客户的一些属性信息，通过大数据决策分析，就可以比较准确地对客户进行属性画像。

（2）通过客户属性对客户进行分组。根据采集的客户属性信息对客户的心理和消费行为进行分析，结合浦发银行的产品特征，对不同分组的客户开展针对性的推荐。

（3）实现关联定价模型。分组后，结合浦发银行的相关业务，建立客户定价的营销模型，不仅可以为营销管理人员提供决策支持，而且还可以通过定价模型的反馈进行自动优化和逐步调整。

3．为客户提供差异化的产品服务

浦发银行西安分行对客户按照购买理财产品及金融交易额进行分类，把对企业的贡献度作为条件，按规定标准分为第一星级至第七星级，还按资产规模将客户分为财富客户、私人银行客户、理财金融客户、普通客户。一方面，浦发银行西安分行充分利用客户的行为习惯等数据，赢得市场份额，还可以利用互联网技术，对客户交易数据进行统计分析、风险评估。另一方面，对贡献大的客户提供管家式个性化服务，在综合理财、投资融资、财富管理服务方面，为客户设计具有针对性的投融资和风险控制方法，帮助客户投资全球市场，对风险进行有效的控制。

三、渠道策略

由于互联网进入金融行业，金融领域竞争愈加激烈，商业银行想要留住原有客户，就必须创新交易渠道，简化交易流程，降低各种服务收费，以满足客户及中心客户群的需求，帮助客户在金融交易中带来实惠，使企业自身效益也得到增长。在互联网金融的影响下，浦发银行成功建立了手机银行、微信银行、网上银行等线上服务平台，客户的业务选择范围也形成了多样化的特点。

1．搭建网络平台

面对互联网技术给传统商业银行带来的冲击，浦发银行西安分行对目标客户进行重新认识和定位，构建自己的互联网金融平台。用平台为客户推荐理财产品和金融服务，传播速度快捷，花费成本很低。随着人们对电子银行的认识不断加深，诸如网络贷款、电子票据、现金管理、金融社区、在线理财等功能都会满足客户、尊重客户，实现金融业务深度整合，为客户打造全方位、专业化、多元化的金融服务。

2．整合营销渠道

物理网点的智能化，可以适应客户需求的变化，提供全方位的金融交易。如物理网点的存取款一体机、自助发卡机、查询缴费机等远程柜面服务，除此之外还配备了移动设备、电子商城等。

另外，随着移动智能终端的实施，用户可在任何时间、地点享受多样的理财产品和金融服务。浦发银行西安分行通过打造自身的互联网金融品牌实现移动金融体系的构建，逐步涵盖手机银行、个人网上银行、微信银行、短信银行等金融产品。利用物理网点进行相互补充，完善服务内容，能够全面实现和满足客户个性化的金融服务需求。

3．构建互联网金融支付渠道

浦发银行手机银行服务可以覆盖全部业务范围，其科学的操作界面使得客户在办理账户管理、投资理财、融资贷款等业务时更加简便、快捷。多数操作可以直接在微信界面上完成，使得客户在提交业务申请时更加方便。同时，手机银行也为客户设计了多种理财、投融资产品。智能手机用户的增多也带动了手机银行用户的增加，为产品和服务的推广起到积极的促进作用。

浦发银行针对微信服务的发展推出了微信银行，用户可以通过微信银行功能，满足生活和工作中的各类支付和购买需求。同时，可以通过微信银行进行科学理财、融资等操作，高效管理和规划个人账户。

4．建立社交化的服务创新理念

浦发银行西安分行在本地多家营业网点引进移动客户端，为客户提供多样化的服务，同时也大大提升了银行的业务受理能力和业务处理效率。移动金融服务的重要服务对象为个人用户和小微客户，通过建立移动终端，打造移动金融平台，提高客户的移动金融业务受理率，通过个性化、专业化、社交化的服务特色，吸引越来越多的客户成为移动金融服务的使用者。浦发银行西安分行还利用已有的宣传渠道和客户资源，进行移动金融业务的宣传和推广。针对不同的客户群，组织有针对性、有重点的宣传和培训活动，有效提高了宣传效果，也吸引了大量的客户成为浦发银行西安分行的互联网金融业务用户。

任务一　认识互联网金融营销

随着现代生产力水平的不断提高和商品经济的发展，营销理论在金融营销实践中得到检验和完善。同时，随着消费者收入的日益增长，个性化需求的意识日趋强烈，金融企业之间的竞争也日趋激烈，陈旧的营销模式已无法满足金融企业的发展。互联网营销便是新技术在金融营销领域的重要应用。

一、互联网金融营销的产生与发展

随着互联网的迅速发展，各大企业纷纷利用互联网进行电子广告发布、开展产品的电子销售、提供各种信息服务。一种建立在互联网基础上的全新营销方式——互联网营销得到了广泛应用和推广，成为网络时代企业竞争优势的新来源。

随着竞争的日益激烈，市场正由卖方市场向买方市场演变。为了能在竞争中占据优势，各个金融企业不断地推出各种营销手段来吸引客户。传统营销已经很难有新颖独特的方法帮助金融企业在竞争中出奇制胜。而开展网络营销，在更深层次的经营组织形式上的竞争，可以方便地采集客户信息，使经营规模不受场地限制；可以使企业经营成本和费用降低，运作周期变短，从根本上提高企业的竞争力。

互联网金融营销是运用互联网和相关的数字技术来实现营销目标和支持现代营销观念的一门新学科。这些技术包括互联网媒介和其他数字媒介，如智能手机和卫星媒介。实际上，互联网金融营销一般是通过金融企业的网站与在线促销技术的结合，如搜索引擎、标题广告、直接电子邮件和来自其他网站的链接与服务，通过这些技术获得新的客户以及维护现有客户，从而有助于建立并加固客户关系。

二、互联网金融营销的含义

传统的市场营销方式是以有形交易市场作为基础，为实现个人和组织的交易活动而规划和实施的创意、产品、服务观念、定价、促销和分销的过程。而互联网营销以网络为媒介，打破传统的时间和空间的观念，以全新的方式、方法和理念实施交易活动，更加有效地促成个人和组织交易活动的实现。对于金融业来说也是如此。在如今的社会里，金融企业也需要在传统的营销方式之外进行互联网营销，同时，金融业的日常经营活动也已完全离不开互联网。

互联网金融营销是指金融机构借助互联网这一信息传递手段，以金融市场为导向，通过创造令客户满意的产品和价值，并同人们进行交换以获取预期的营销目的。

1．互联网金融营销是市场营销的特殊表现形式

网络营销中的金融企业营销活动也必须以追求客户满意为中心，通过满足客户的需要，实现金融企业的经济效益和社会效益。金融企业的网络营销活动包括市场调研、产品设计和技术准备等环节。

2．互联网金融营销以网络为信息沟通手段

利用互联网的好处是显而易见的，它广泛存在，可以随时联系世界各地的人们，可以随时掌握瞬息万变的信息，没有时间与空间的限制。

3．互联网金融营销是建立在虚拟平台之上的营销方式

互联网营销是看不见、摸不着的东西，它利用网络空间来展示自己的商品，构建服务平台，并且结合资料库提供各种客户需要的信息。这样一来，网络提供的信息远比传统方式提供得多，同时也可以完全随金融企业的意愿来改变，便于客户及时了解企业动态。

互联网营销是现代知识经济和信息时代的产物，它是今后金融营销的重要形式。所以，金融机构要积极利用网络营销这一营销方式。

三、互联网金融交易的主体

从参与主体看，参与互联网金融的主体，基本可分为三个大类：①传统金融机构以互联网为渠道开展金融业务；②掌握有一定客户和数据的互联网企业向金融领域扩展；③第三方利用互联网平台介入金融服务业。这些不同参与主体对金融功能的不同实现方式，构成了互联网金融的基本格局。

（一）传统金融机构

在传统金融机构中，互联网金融的先行者是银行，银行在互联网金融的发展中一直起着主导作用。同时，网络证券、网络保险和网络期货等其他网络金融形式也对网络金融内容的丰富和水平的提高起着积极的推动作用。

1. 网络银行

网络银行是以银行的计算机为主体，以银行自建的通信网络或公共互联网络为传输媒介，以单位或个人计算机为网络终端的“三位一体”的新型银行。网络银行为用户提供了24小时随时可用的便利服务。网络银行作为一种新技术产品，其应用包括查询利率、汇率、客户账户余额、发生额及利息明细账、存取款和代收代付、投资和理财咨询等。银行网络化过程中，网络银行一般都执行了传统银行的基本业务职能，同时又在此基础上产生了突破和发展。

商业银行顺应互联网技术的发展，依赖其庞大的客户基础、良好的风险控制技术和雄厚的资金实力，积极进行以下三个方面的服务方式创新。①将传统业务与互联网进行融合，以互联网为介质嫁接传统业务，并将传统服务转化为互联网在线服务。整合理财等新业务，实现网上自助服务。扩大支付功能，通过与通信服务商、电子商务平台等的合作，实现随时随地以任何方式进行支付服务。②与电子商务平台进行合作。在B2B模式下，银行与电子商务企业相互取长补短，取电子商务客户海量数据和客户信用评价之长补银行之短；以银行的资金实力补电子商务企业直接放贷受限之短。③建立自己的平台，以银行信用做支撑，为客户提供交易信息，通过监测“信息流、物流、资金流”的三流合一，挖掘数据、积累客户交易记录和信用情况，提高金融服务能力。

延伸阅读

网络银行交易渠道

1. ATM

普通百姓接触最多的自助银行设备是 ATM，也就是自动取提款机，它是英文Automated Teller Machine的缩写。ATM的功能主要有向持卡人提供存取款、查询余额、更改密码等服务。ATM不仅能接受各家银行的本地卡，还可以通过网络功能接受异地卡、他行卡，同时为持卡人提供24小时的服务。

2. 销售点终端机

销售点终端机也就是我们平常说的POS机，POS机的主要功能是为持银行卡消费的客户提供刷卡消费的渠道。

3. 网上银行

网上银行又称在线银行，是指银行利用互联网技术，向客户提供开户、销户、查询、对账、行内转账、跨行转账、网上证券、投资理财等传统服务项目，使客户可以足不出户就能够安全、快捷地管理活期存款和定期存款、支票、信用卡及个人投资等。可以说，网上银行是互联网上的虚拟银行柜台。

4. 电话银行

电话银行是商业银行运用电话向客户提供的一种现代金融服务方式，客户只需通过拨打电话银行号码，根据语音提示即可完成金融业务。它突破了传统的柜台服务方式，将金融服务延伸到客户住所、办公场所，扩大了营业范围。

5. 手机银行

手机银行是由电信运营商和商业银行共同推出的，利用手机终端办理现金类银行业务、各类远程支付业务以及移动电子商务等业务，具有金融理财、移动支付、移动电子商务等功能。使用者可以利用手机对自己的银行账户进行理财活动，还可用手机来办理各项银行交费业务，如水费、电费、煤气费、交通费等。

除了上述和银行业务息息相关的自助设备以外，很多用途广泛、功能强大的服务设备也会不断出现，这些设备主要通过银行卡来运作。

案例

布局金融科技，招银前海金融创新迈步

招商银行与招商局集团共同组建的招银前海金融资产交易中心于2015年筹建，自2016年8月正式运营。据悉，招银前海金融资产交易中心定位于以金融科技开展业务，其核心管理层均来自招商银行体系，目前拥有交易场所业务、资产管理业务、小额贷款资产证券化业务等相关牌照资质，目标在于打造移动客户端及云服务基础平台。

依托招商局集团及招商银行强大的实业、金融背景以及品牌传播力，同时坐拥前海自贸区深港跨境联通的天然区位优势，招银前海金融天然地继承了招商系创新进取的基因，坚持“开放、共享、专业、安全”的经营理念，以金融资产交易为基础，以云端财富管理为核心，以资产管理、跨境投融资为特色，通过金融专业能力和最新互联网技术双轮驱动，打造新金融平台。

秉承稳健发展、创新进取的理念，招银前海金融相关业务持续稳步推进。从2016年8月的第一笔业务落地，到交易规模逼近3 000亿元人民币，招银前海金融只用了8个月的时间，在同业中成长速度明显。

与此同时，招银前海金融生态圈的另一端——云端财富管理业务也在持续发力。作为云端财富管理业务的运营载体，2016年8月25日，招银前海金融旗下“招招理财”APP上线试运营，并于2016年11月21日正式突破10亿元规模的整数关口后，迎来快速成长阶段。

2. 网络证券

网络证券业务是指券商利用互联网网络资源，包括公用互联网、局域网、专用网、无线互联网等各种电子方式传送交易信息和数据资料，并进行与证券交易相关的活动，包括网上证券发行、提供证券实时行情、网上委托交易、相关市场信息和投资咨询等一系列服务。从广义上讲，网络证券业务包含在线开户、在线委托、在线清算交割及其相关的研究咨询，以及其他增值服务业务。

20 世纪 90 年代以来，互联网的发展大大推动了全球电子商务和网络证券业务的发展，世界各国券商纷纷借助互联网这种便捷、高效、低成本的媒介开展网络证券业务。美国无疑是网络证券交易业务发展最为迅速的国家，现在网络证券交易已在全美普及。在我国，最早开展网上交易的券商是中国华融信托投资公司湛江营业部，该部于 1997 年 3 月推出“视聆通”多媒体公众信息网上交易系统，象征着中国证券网上交易的开始。随着网上交易日益规范和上网股民比重的日益提高，证券网上交易规模也有了较大幅度的提高。

3. 网络保险

网络保险也叫作网上保险或保险电子商务，是指保险公司或保险中介机构以信息技术为基础，通过互联网进行保险经营管理活动的经济行为。狭义的网络保险是指保险公司通过互联网为客户提供有关保险产品和服务的信息并实现网上投保、承保等保险业务，直接完成保险产品的销售和服务，并由银行将保费划入保险公司。广义的网络保险业务还包括保险公司内部基于互联网技术的经营管理活动，对公司员工和代理人的培训，以及保险公司之间和保险公司与公司股东、保险监管、税务、工商管理等机构之间的信息交流活动。

国外经验表明，网络保险在降低经营成本、创造新的营销手段和合作关系等方面的优势正变得越来越明显。美国是发展网络保险的先驱者，不少网络公司将各大保险公司的各种保险产品集合起来，用户可以反复比较后轻松地做出选择。因此，网络保险受到了广大用户的青睐。

我国的网络保险业务起步相对较晚。1997 年，中国保险学会和北京维信投资顾问有限公司共同发起成立了我国第一家保险网站——中国保险信息网。同年 11 月 28 日，由中国保险信息网为新华人寿公司促成了国内第一份网络保险单。随后其他保险公司也纷纷推出了自己的互联网保险业务，互联网保险迅速发展。

案例

互联网保险进入新时代

基于传统保险行业海量数据和风险经营的天然优势，互联网保险悄然发展成为强力磁场，吸引着不同主体进入这个“新生”领域。

1. 科技赋能更加密集

大数据、云计算和机器学习等技术的成熟为金融科技拓展应用提供了有利契机。大数据定价、图像自动识别、智能闪赔、云定损、智能顾问等先后推向市场。面向消费者的，既有平安、太保等传统保险公司，以及中国保信等行业数据平台，也有蚂蚁金服、百度等互联网巨头。基于保险消费痛点，市场主体间的科技赋能共识更加坚定。通过数据反哺、平台优化、用户增值等形式，新兴科技展现出巨大的延展性，显著提升了传统保险主体的线上运营能力、客户管理能力以及风险防控能力等。

2. 资本助力更加频繁

不断扩围的市场规模吸引着各类资本的高度关注，投资主体力图在数千亿互联网保险市场机会中找到切入点。传统险企基于原有管理资源优势布局生态圈、产业链，如人保金服加大对汽车后市场、数据科技、健康管理和互联网保险领域股权投资等。BAT 等互联网巨头布局仍在继续，腾讯推出微保平台全面入局互联网保险，现已陆续上线医疗险、车险续保等服务功能，在场景数据使用、用户画像定位、精准营销推广等方面为互联网保险创新探索更广泛的路径。

3. 消费群体发生代际转换

胡润研究院调查报告显示，中产阶级群体正在迅速壮大，这意味着保险消费在 60 后、70 后之外出现了新的增长源。随着 80 后、90 后逐渐成为家庭关系的重要维护者、全方位的 IKP（Important Key Person），家庭保险配置、个人投资理财计划等正在成为保险市场新兴的迫切需求。移动互联技术下崛起的 80 后、90 后更加注重便捷使用和消费体验，越来越多的人愿意为高质量产品和极致服务付费，这也为互联网保险通过产品服务创新接触客户提供了更多可能。

（二）互联网企业

互联网金融具有许多不同于传统金融的特征，同时也显示出很强的创新性，但因为它并不改变资金在不同市场主体间转移的特征，可归类到直接融资（或直接融资的新模式）。

互联网的发展和普及给传统金融机构特别是商业银行带来了巨大的冲击。一方面，网上交易的快捷、网上路演的便利、网上信息披露的迅速等都推动传统直接金融业务的快速发展。另一方面，电子商务企业试图在金融领域复制成功的经验，如同淘宝等 C2C 企业去中间商环节省去了流通费用，提供 P2P 网络贷款、P2P 网络理财产品等新型金融产品，直接挑战传统的金融中间商——银行。银行业传统的支付服务也越来越受到互联网技术的冲击，其中间业务也受到较大的替代。中央银行已为多家第三方支付企业颁发了支付业务许可证，其中包括阿里巴巴、腾讯、盛大和百度等互联网巨头。支付宝、财付通等产品已经能够为客户提供收付款、自动分账以及转账汇款、机票与火车票代购、水电费与保险代缴等结算和支付服务，对商业银行中间业务形成了明显的替代效应。

延伸阅读

互联网时代下的新金融中介

1. 第三方支付

第三方支付就是一些和产品所在国家以及国外各大银行签约、并具备一定实力和信誉保障的第三方独立机构提供的交易支持平台。在通过第三方支付平台的交易中，买方选购商品后，使用第三方平台提供账户进行货款支付，由第三方通知卖家货款到达、进行发货；买方检验物品后，就可以通知付款给卖家，第三方再将款项转至卖家如支付宝、财付通等。

2. P2P 小额信贷

这是一种将互联网、小额信贷等紧密联系的个人对个人的直接信贷模式。通过 P2P

网络融资平台，借款人直接发布借款信息，出借人了解对方的身份信息、信用信息后，可以直接与借款人签署借贷合同，提供小额贷款，并能及时获知借款人的还款进度，获得投资回报。

3．众筹融资

众筹融资是通过社交网络募集资金的互联网金融模式。众筹，就是集中大家的资金、能力和渠道，为小企业或个人进行某项活动提供必要的资金援助。众筹的起源，始于美国的大众筹资网站 Kickstarter，该网站通过搭建网络平台面对公众筹资，让有创造力的人可能获得他们所需要的资金，以便实现他们的梦想。这种模式的兴起打破了传统的融资模式，人人均能通过这种模式获得从事某项创作或活动的资金，使得融资的来源不再局限于风投等机构。

案例

余额宝——阿里巴巴与天弘基金合作的产物

2013 年 6 月，阿里巴巴与天弘基金合作推出了余额宝。2014 年 1 月，余额宝规模超过 2 500 亿元，帮助天弘基金规模跃居行业第一。2015 年，天弘基金的资产管理业务总规模达 10 742 亿元，成为国内基金业历史上首个破万亿元的基金公司。余额宝的横空出世为中国基金业带来了一场大地震，并在基金界掀起了一场声势浩大的互联网化运动，“宝类”产品如雨后春笋般地出现在了公众视野之中，甚至在无形之中改变了很多人的理财习惯。2013 年 10 月，淘宝网获得证监会出具的无异议函，成为互联网历史上第一家为基金销售机构提供服务、开展业务的第三方电子商务平台。基金公司的淘宝店铺随即于同年 11 月 1 日正式上线，开启了基金营销互联网化的新时代。

（三）民间金融

互联网金融和民间金融，是有一种天然联系的。民间金融是有边界的：①它有一个信息的边界，如在民间金融中，最开始的借贷是产生于熟人之间，大家相互是知根知底的，彼此间的“软信息”是在长期的交往中产生的，而不是基于像财务报表那样的材料产生的，这种“软信息”有一个有效边界。②它是交易成本的边界，主要体现在：一是对借款人信用状况的评估，这个是需要成本的；二是一方有投资的需求，另一方有筹资的需求，此二者的匹配也是需要成本的。一旦突破它的信息边界和交易成本边界，就会变得非常不安全，会发生道德风险的行为。

互联网金融能够扩大民间金融的这种边界。①互联网金融对信息的处理采取一种社会化的方式。例如，阿里金融可以很好地掌握众多客户的支付、还款及购物信息，并且输入一个用户的 ID 来查询用户的消费习惯、购买产品、邮寄地址等，这样就可以大致知道这个用户平时工作或生活在什么地方，并且可以从几个角度找到和这个用户有关的一些人，也能更好地了解这个客户的信用状况。②互联网金融对风险防范的效果非常明显。一个民间金融组织的规模控制在 30 个人以内的时候是相对安全的，如果突破这个规模风险将变得难以控制。但是，在互联网金融中，这种风险的分散效果是非常明显的。③互联网金融提高了交易可能性。在典型的民间金融中，只和熟悉的人发生业务关系。但是，在互联网金融中，企业可能和一个完全不认识的人发生业务关系。

四、互联网金融营销的特点与优势

与传统营销方式相比，网络营销在降低成本、促进销售、提升企业形象方面有着明显的优势和特点。

（一）互联网金融营销的特点

1. 虚拟无形性

在网络的世界里，一切实物的东西都在网络上被虚拟化了，简单来说，就是你看得见而摸不着。具体的虚拟无形性可以从以下几个方面来体现：

（1）书写电子化，传递数据化。在网络营销中，一切事物都是在虚拟的网络中进行，不再有实质的纸张。例如，股票交易现在已经不需要像以前那样在交易所里办理，一台能上网的计算机便可以做所有的事，所有的信息也都以数据形式保存在你的账户内。

（2）可以做到随时随地获得信息。金融企业在营销中采用网络营销的电子化方式，可以保证无论客户身处何方，或者何时方便，都可以快速准确地获得想要获得的信息。

（3）金融产品以及金融服务的电子化。现在很多金融产品都在网络上虚拟存在，同样，现在每个金融企业都有自己的网络技术中心，用以解决网络方面的客户需求。

2. 形式标准化

金融企业在网络上进行营销活动的速度快、效率高、交易时间比较短。因此，要求网络上的交易形式要比传统的营销方式更加标准化。

3. 营销个性化

由于金融企业的网络营销可以做到一对一的个性化营销，也就是说，金融企业通过收集相关客户的资料数据，基于客户的年龄、现实状况等制订满足客户需求并且能够给本企业带来利润的产品和服务。或者说，提供不同层次的金融产品和服务，然后在网络上由客户根据自己的实际情况进行选择定位。这种个性化的方式无疑为客户考虑更多，并使得客户更好地选择金融产品和服务。

4. 可控性差

网络传播有着强烈的“放大效应”。网络营销因其高覆盖性极大地提高了营销的效率，但是，这是一把双刃剑，一着不慎带来的负面效应也会被无限放大，处理这些负面效应可能导致更高的成本。

5. 容易受到网络风险的影响

互联网营销依赖于网络，因此存在一些网络安全隐患。拒绝服务供给是网络安全的顽疾，攻击者想办法让目标服务器停止提供服务甚至主机死机，从而影响正常用户的服务，这是黑客常用的攻击手段之一。拒绝服务供给问题也一直得不到合理的解决，究其原因是网络协议本身存在安全缺陷。在网络发达的今天，如果一家公司的网络服务质量降低或者客户不能访问该公司的网站，客户便可能会转向另一家企业，有可能就是转向它的竞争对手。木马病毒是另一个广为人知的网络安全隐患，木马是一种隐蔽性很强的病毒，通常把自己伪装成正常的服务程序。木马的危害主要是窃取用户的机密信息，如网银账号和密码，或者机密文件等。此外，网络支付的安全性对于金融企业也非常重要。很多银行都给自己的网上银行配备了U盾，通过U盾来加强网银的安全。倘若一家银行的网上支付系统出现了漏洞，那不仅会带来信誉上的损害，更会导致客户对金融机构的认可度降低，从而导致客户流失。

延伸阅读

钓鱼网站，网络金融安全的威胁

钓鱼网站通常伪装成银行网站，窃取访问者提交的账号和密码信息。它一般通过电子邮件传播，此类邮件中一般包含一个经过伪装的链接将收件人带到钓鱼网站。钓鱼网站的页面与真实网站界面完全一致，要求访问者提交账号和密码。一般来说，钓鱼网站结构很简单，只有一个或几个页面，URL和真实网站有细微差别，如真实的中国工商银行网站为www.icbc.com.cn，针对中国工商银行的钓鱼网站则有可能伪装为www.1cbc.com.cn。

（二）互联网金融营销的优势

1. 降低成本

与在户外进行大规模广告或者在各种媒体上进行滚动宣传相比，在网站上发布新的金融产品和服务的费用要便宜得多。当金融企业的产品和服务延伸到网络之后，人们也许感觉身边的金融机构消失了，而事实上，它们却在更好地为你提供服务。

2. 拓宽营销渠道

当一个金融企业投入相同的营销资金时，网络营销可以挖掘更多的营销渠道。与金融业相比，没有哪个行业能掌握更多的关于客户的信息，而正确并且合理地使用这些信息是金融机构应当考虑的问题，通过利用这些信息，相信其能找到拓宽其营销渠道的方法，并且丰富对客户的服务方式。

3. 获得客户的良好途径

金融企业的互联网营销有着极大的市场，因为它具有大量潜在的客户群体，他们无疑能够给金融企业带来长期的利益。客户可能因为各种原因进入金融企业的网站，特别是像银行、保险、基金以及证券等金融企业。网站上内容的可读性是留住客户的关键，如果该金融企业的网站简明直接，便于客户获得相关信息，并且能够使客户很好地查询自己想要的相关信息，那么这个网站就是成功的。

互动是金融业互联网营销很重要的一环，客户通过访问网站应该能够得到金融企业提供的互动内容，联系电话和电子邮件地址是其中的两个方法。互动还包括对于网站上推出的每个项目的具体介绍，而公众想要获得这些信息就要先注册，这样就会成为金融企业真正的客户。

4. 提供更优质的服务

对于客户来说，肯定经历过与人打交道时遭受“白眼”的待遇，即使在“客户是上帝”的年代，此情况也无法避免。相比而言，互联网营销能够解决这个问题，在客户咨询以及购买金融产品的过程中，获得的金融服务都是优质的服务。同时，金融机构还能够通过这个过程获得相关的信息，为客户提供更加个性化的产品和服务。

5. 可运用多媒体手段

在网络上，金融企业可以用更加多样化的手段来吸引客户，特别是运用声音、图像、动画等方式，使得内容更加吸引客户，并且可以更加具体地解释各种金融产品和服务。

任务二　互联网金融营销功能与策略

一、互联网金融营销的功能

（一）拓宽金融服务领域

互联网金融能够融合银行、证券、保险等分业经营的金融市场，支持多种形式的资本混业经营，减少各类金融企业针对同样客户的重复劳动，拓宽金融产品开发和综合创新的渠道，向客户提供丰富的、多层次的、个性化的金融服务。网络金融还可借助自身的网络优势，联合其他实体网络，开辟金融业以外的相关业务。例如，发布银行信息、下载用户账户信息、收集分析最新金融信息并传递给互联网金融用户，为用户提供个性化的信息服务等。

（二）提高金融服务效率

互联网金融是以计算机作为基本运作工具，业务处理程序化、规范化，其精度和准确度毋庸置疑。同时由于其强大的网络技术支持，业务处理“零在途”。网络金融不需要固定的营业场所和指定的终端，经营上也不受地域和时间的限制，因而被称为“全天候”银行。客户可以在任何地方拿起电话或使用计算机终端，就能立即办理各种金融业务。

（三）获得竞争优势

由于电子化技术的应用，金融业务成本大大降低。统计资料表明，网络银行的经营成本仅占经营收入的 15%～20%，而传统银行经营成本约占经营收入的 60%。在我国，网络转账交易的成本只是电话银行的 1/4。经营成本的降低，使网络金融机构有能力通过让利于客户来争取更多的客户和市场。

二、互联网金融营销的模式

互联网营销首先是对网站整体进行 SEO 优化，不仅使客户产生良好的网站访问体验，而且让网站的目标关键词在搜索结果中有较好的排名，从而提升网站曝光率。其次是网站外部的免费推广，通过论坛、博客、微博、微信公众号、即时通信工具等形式扩展自己的客户群，树立本企业的品牌并扩大品牌影响力。最后是网站外部的付费推广，吸引潜在客户的点击，以此来促进公司业务的增长。

1．网站内部 SEO 优化

SEO 优化是指搜索引擎优化，通过采用易于搜索引擎索引的合理手段，使网站各项基本要素适合搜索引擎的检索原则并且对用户更友好，从而更容易被搜索引擎收录及优先排序。简单地说就是通过总结搜索引擎的排名规律，对网站进行合理优化，使网站在搜索结果中的排名更高，让搜索引擎给你带来客户。金融企业在推广新业务时可以通过 SEO 优化让它在目标客户中获得更多的曝光。

2．微博、公众号营销

微博、公众号营销是利用微博、微信公众号这类网络应用形式开展网络营销的工具，是公司、企业或者个人利用微博、公众号的交互性特征，发布并更新企业、公司或个人的相关信息。密切关注并及时回复平台上客户对于企业或个人的相关疑问。并通过较强的微博、微信平台帮助企业或公司以低成本获得搜索引擎的较前排位，以达到推广目的。

延伸阅读

金融企业的微博营销

互联网所具有的时效性、互动性、透明性等特点给金融企业打造品牌、精准营销、提升影响力提供了最佳平台。无论是网上的证券交易、电子商务、在线支付，还是网络银行业务，都取得了巨大的发展。金融品牌营销一直擅用“大鸣大放”的方式在传统媒体上投放广告，是为了塑造其严肃、理性的品牌形象。但是新媒体的出现，受众细分，特别是互联网用户与金融产品用户的高度重合，使得金融品牌需要朝着更加互动、整合、轻松的方式进行营销。

同时，在电子银行市场竞争加剧的大背景下，各家银行不断寻求产品创新，并积极进行营销推广。各家银行网络广告投放费用存在较大的差异，中小银行相比国有大银行在营销费用上处于劣势。因此，无法同国有银行雄厚的资金实力抗衡，各类股份制银行及城市商业银行另辟蹊径，尝试使用成本低廉的新媒体进行营销的动力更强。

微博的出现让原本沉寂的金融市场开始沸腾，微博的互动性、传播性让其开始成为银行新的营销方式，传播迅速、互动性强是微博营销的优势所在，微博的特性能够帮助银行与客户之间形成良好的互动交流平台。

微博营销是一条低成本拓展和主动管理目标客户的全新营销方式，微博的特性能够帮助银行与客户之间形成良好的互动交流平台，以便及时了解用户需求以及对银行服务的评价。通过这种人性化的交流，银行可获得足够多的跟随者，进而提升品牌价值。

3．电子邮件推广

电子邮件营销是通过电子邮件的方式向目标客户传递价值信息的一种网络营销手段。电子邮件营销属于一种低成本、低投入、广覆盖、低产出的营销方式。它分为两种，一种是基于用户许可的电子邮件营销，另一种是利用软件群发邮件。许可的电子邮件营销具有明显的优势：可以减少广告对用户的滋扰、增加潜在客户定位的准确度、增强与客户的关系、提高品牌忠诚度等。根据许可电子邮件营销所应用的用户电子邮件地址资源的所有形式，可以分为内部列表电子邮件营销和外部列表电子邮件营销，或简称为内部列表和外部列表。内部列表也就是通常所说的邮件列表，是利用网站的注册用户资料开展电子邮件营销的方式，常见的形式有新闻邮件、会员通信、电子刊物等。外部列表电子邮件营销则是利用专业服务商的用户电子邮件地址来开展电子邮件营销，也就是以电子邮件广告的形式向服务商的用户发送信息。常用的方法包括传递电子刊物、会员通信、专业服务商的电子邮件广告等。金融企业也可以借助内部或者外部的数据库系统，用电子邮件营销的方式进行客户关系维护。

4. 即时通信工具营销

即时通信工具营销，是通过即时通信工具帮助企业推广产品和品牌的一种手段。当访问金融企业网站时就会出现即时在线通信，有专门的客户人员在线服务。潜在的客户如果对产品或者服务感兴趣，自然就会主动和在线客服联系。金融企业也可以通过即时通信工具，发布一些文字、图片等传播企业品牌、产品和服务的信息。聊天群组营销是即时通信工具的延伸，具体是利用各种即时聊天软件中的群功能展开营销，在QQ等即时通信工具上，人们按照兴趣、喜好和共同关注的东西形成自己的小圈子，即“群”。根据相关信息，金融企业可以精准寻找目标客户，也可以建立相关主题的群邀他加入。如建立股票、基金、理财产品等交流群，向群内多个客户发布信息，具有更高的信息传播率。若客户产生兴趣会自发地向他人转发，在开拓客户方面，尤其是精准客户开拓方面，即时通信工具也具有很大的优势。

5. 综合网站推广法

金融机构还可以通过一些专用性、临时性网站来进行推广，如有奖竞猜、在线优惠、有奖调查、针对在线购物网站推广的比较购物和购物搜索引擎等。这些方法通过别出心裁的创意，吸引潜在客户参与，并在参与中了解客户、了解产品、产生认同，从而起到推动作用。

案例

平安银行：橙e项目

项目概况

2014年7月9日，平安银行“橙e网”上线运营，一个集网站、移动APP等各项服务于一身的大型平台正式面市，意在帮助中小企业建立更加完善的“电子商务+综合金融”的生意管理系统和营商生态。

平安银行“橙e网”协同核心企业、物流服务提供商、第三方信息平台等战略合作伙伴，让中小企业免费使用云电商系统，以实现其供应链上下游商务交易的电子化协同。在“橙e网”构造的电商网络生态体系中，无论是企业，还是个人用户，都可以进行在线商务（客户可以利用“橙e生意管家”在线下单、发货、结算和对账，即上下游协同管理在线进销存）、在线支付（因生意而付款）、在线融资（因生意而融资）、在线理财投资（客户可以在商城选取自己满意的理财产品）。同时还嵌入了交叉销售的功能，把集团的保险产品等内嵌到平台中，为客户提供一站式的综合金融服务。

项目亮点

熟人的生意圈则是“橙e网”的战略定位。平安“橙e网”则以免费的生意管家“在线进销存”云服务吸引大量的供应链上下游企业，形成所谓的熟人生意圈后，用户的交易数据将构成数据库的内容。此外，“橙e网”还与第三方信息平台合作，与这些平台交换订单、运单、发票等有效信息，基于大数据分析为客户提供互联网金融服务。

橙e平台还将微信公众号、“橙e网”建成“O2O营销”“O2O服务”“O2O金融电商”的协同互动架构，形成微信公众号营销导入流量、“橙e网”电商经营流量、微信公众号以服务转化流量的良性循环。

项目效果

平安银行微信公众号积极探索网络虚拟平台与银行线下网点的互动创新，率先推出微信开户、票据贴现预审预约等O2O服务，持续向“橙e网”转化流量客户。整个橙e平台已经形成了一个闭环交易系统，打通了供应链金融的全部环节。

6. 付费的搜索引擎推广

付费的搜索引擎推广是以搜索引擎为平台，按照点击次数收费的一种广告模式。它是以关键字竞价作为盈利模式的。只要客户在搜索引擎中输入企业在后台设置的关键词，企业的网站就会出现在明显的位置。它有两个优点：一是覆盖面广，几乎覆盖了所有的网民；二是由于客户根据关键词主动寻找，这种营销方式针对性强，可以轻松锁定目标客户，这两个优点使得它能对海量的客户群进行精准营销。付费的搜索引擎推广的明显优势使得银行、保险、基金公司普遍都采用这种方式推广他们的产品。

7. 网络广告推广

网络广告就是在网络上做广告。利用网站上的广告横幅、文本链接、多媒体等方法，在互联网上刊登或发布广告，通过网络传递到互联网用户的一种高科技广告运作方式。由于目前网民数量的急剧增长，尤其是年轻人习惯用网络进行工作、娱乐、消费、休闲，网络广告的市场正在以惊人的速度增长。网络渐渐成为发布广告的重要渠道，其发挥的效用越来越重要。金融企业可以根据情况在一些流量大的网站进行广告投放，吸引潜在客户的点击，宣传公司品牌、产品，以此来促进公司业务的增长，这种方式在金融企业中也得到了广泛的应用。

8. 社区营销

社区是为一群具有相同兴趣和爱好的人们建立的在线社区。人们由于相同的兴趣和爱好聚集在社区，用户之间可以相互交流。由于其人数众多，信息通过人们的口口相传，具有强大的传播能力。社区营销就是利用社区网站的分享和共享功能，通过人们的相互传播实现的一种营销。通过病毒式传播的手段，让产品为更多的人知道。

三、互联网金融营销的策略分析

由于其行业特殊性，金融业的网络营销具有不同于一般网络营销的特点。

（一）产品策略

传统的金融企业产品和服务营销区别于其他行业的特点有：①金融产品的非差异性，由于一种金融产品推出之后，其他金融企业很容易进行模仿，所以金融企业很难保持独树一帜的特性。②通常金融产品和金融服务具有不可分割的特性，因为作为金融业这一特殊的行业，在提供了金融产品之后，金融服务是必不可少的，甚至可以说金融产品的销售就是为了提供金融服务。③金融产品具有增值的特性，当客户购买某种金融产品时，他的目的就是为了增值。

1．现有产品的推广

（1）查询以及信息服务。这是金融企业在网络平台上提供的最基本的服务，也是与传统营销区别最明显的服务。在网络营销中，金融产品不再局限于单纯意义上的各种金融产品，还可以借助互联网将这些金融服务延展开来，为客户提供综合、统一、安全、实时的服务。使客户方便快捷地了解各种信息、办理各种业务，同时也可以进行投资理财咨询，及时了解最新的经济动态。

（2）与客户的交流服务。现在的网络不再只是信息传播渠道，它还是与客户交流的平台。通过与客户的交流，金融企业能够知道本企业应该在哪些方面提高，同时也可以提供更好的金融产品。这包括提供相关联系方式、查询服务以及客户资料的定时更新。比如，客户可以通过银行网络登录自己的账户，从而查询个人账户的余额明细、账户交易历史记录、投资记录等。查询系统可以使金融企业了解客户在哪些方面存有疑惑，为信息发布提供参考。

（3）具体的交易服务。传统的金融服务也可以在网络上进行。当然在此过程中，安全仍然是非常重要的。比如，现在客户主要通过网络进行证券的买卖，这就大大方便了客户，使得众多客户不用天天待在证券公司，可以在任何有网络的地方随时了解市场动态。

2．新产品的开发

如果说金融企业在网络上的应用仅限于提供一些现有的服务，那么不能说它是一种成功的网络营销。

真正体现网上金融业务的是金融企业充分利用互联网的特点和优势而设计和开发的全新的产品，如 B2B、B2C 等电子商务产品。

B2B 的网络支付方式包括电子支票、电子汇兑系统、SWIFT 系统与 CHIPS、中国国家现代化支付系统 CNAPS、金融 EDI 和企业网络银行等。

电子支票是将传统支票的全部内容电子化和数字化，形成标准格式的电子版，借助计算机网络完成其在客户与客户之间、银行与客户之间以及银行与银行之间的传递和处理，从而实现银行客户之间的资金支付结算。电子汇兑系统是客户利用电子报文的手段传递客户的跨机构资金支付、银行同业间各种资金往来和资金调拨作业系统。电子汇兑系统应用有 SWIFT，CHIPS，FEDWIRE 和 CNAPS 等。

B2B 的支付方式包括信用卡、智能卡、电子钱包、电子现金以及个人网络银行。

信用卡是银行或者其他财务机构签发给资信状况良好人士的一种特制卡片，是一种特殊的信用凭证。持卡人可以到发卡机构指定的商户购物和消费，也可以在指定的银行机构存取现金，它是集金融业务与计算机技术于一体的高科技产品。电子现金是电子货币的一种，属于新型电子货币，具有货币价值、可分性、可交换性、不可重复性以及可储存性。电子现金网络支付模式的主要好处是客户与商家在运用电子现金支付结算的过程中，基本无需银行的参与。电子现金网络支付的特点是匿名性、独立性与多功能性。

（二）定价策略

1. 提供免费服务

金融企业的目的在于获取利润，但是在一些新兴服务推出的最初阶段，提供免费服务来吸引客户，是非常必要的一种营销手段。

比如，在一些金融企业的网站上，客户能够得到免费的信息分析以及咨询服务，或者在一定的时间内得到免费的金融服务。前者是吸引客户能经常关注本金融企业的网站，使得企业的其他业务能获得更大的受众面，后者则让客户体验到方便快捷的服务，为以后此服务能够收取一定的费用做准备。

2. 提供低价或者折扣价的产品和服务

借助于网络，可以比真实世界中节约更多的管理费用和运营成本，也可以采用低价或者折扣价的产品和服务来吸引客户。在电子商务市场上，全部销售额的94%来自于回头客，其中低价以及折扣价是吸引客户回头的首要因素。但是相比于国外在网络上的延展，国内的金融企业目前在网络上提供更多的是传统柜台服务的延伸，因此，现在国内要实现低价或者折扣价的产品和服务的定价策略还需要进一步完善市场环境。

3. 提供一揽子产品的定价

一揽子产品也可认为是捆绑式服务，即将经济上互补的产品集中到一起，实现共同销售。无论是将传统金融企业的业务延展到网络，还是在网络上创造全新意义的金融产品，本质上都是对现有金融产品的一种补充。这种捆绑可以以两种形式存在：①捆绑金融类产品，比如，一种存款与一种投资或者保险共同销售。②捆绑非金融类产品，如玩具、电话卡以及各种宣传用的日用品，甚至可能是一次旅游。

以上的定价策略不能比较哪个更加有效，并且定价策略也不仅局限于此。金融企业应根据自身金融产品和服务的特性以及网上市场发展的状况来选择定价策略。不论采用何种策略，金融企业的定价策略都应与其他策略配合使用，以保证企业总体营销策略的实施。

（三）分销策略

与传统营销渠道一样，以互联网作为支撑的网络营销渠道也应具备传统营销渠道的功能。营销渠道是指与提供产品或服务以供使用或消费这一过程有关的一整套相互依存的机构，它涉及信息沟通、资金转移和实物转移等。对于金融企业来说，一个完善的网上销售渠道应有以下功能：

（1）购买功能。金融产品不同于其他实物产品，许多都是虚拟产品，因此不可能有实物形态存在。所以，客户能够通过网络了解各种金融产品的相关信息，进行比较之后才决定是否购买或投资，不用再去传统的柜台进行操作。这样对于客户以及金融企业来说，都节约了时间和金钱。

（2）结算功能。在客户进行购买或者投资之后，有多种付款方式，互联网无疑提供了一种便捷的方式，如现在流行的信用卡、电子货币和网上划款等。金融企业利用网络进行的结算，功能非常强大，因为其本身就是资金转移的中介。对于客户而言，既是一种方便快捷的结算方式，又是吸引其购买金融产品的重要因素。

互联网的发展改变了营销渠道的结构。利用互联网的信息交互特点，网络营销得到大力发展，网络营销渠道可以分为两大类。

1. 网上直接营销

这是通过互联网实现的从金融产品提供者到客户的网络直接联系的渠道，这时传统中间商的职能发生了改变，由过去的中间力量变为直销渠道提供服务的中介机构，如提供贷款网上结算服务的网上银行，网上直销渠道的建立，使得两者之间直接连接和沟通。

案例

首家互联网银行——前海微众银行

金融营销有了好的产品，还要考虑客户购买的方便性，才能使客户接受金融产品。例如，商业银行可以通过增加营业网点直接向消费者提供产品，也可以考虑利用ATM、POS、电话银行等方式向客户提供产品。如今在“互联网+”时代，出现了另一种形式——微众银行。2015年1月，首家互联网银行——前海微众银行在深圳诞生。这是我国国内首家开业的互联网民营银行，该银行既无营业网点，也无营业柜台，更无须财产担保，而是通过人脸识别技术和大数据信用评级发放贷款。该银行主要是以重点服务个人消费者和小微企业为特色的银行。深圳前海微众银行也是我国首家获得银监会批复的民营银行。

2. 网上间接营销

这是通过融入互联网技术后的中间商机构提供网络间接营销渠道。传统中间商由于融合了互联网技术，大大提高了交易效率、专门化程度和规模经济效益，同时，新兴的中间商也对传统的中间商产生了冲击，基于互联网的新型网络间接营销渠道与传统间接分销渠道有很大不同，传统间接分销渠道可能有多个中间环节，而网络营销通常最多只需要一个中间商。

由于网上销售对象不同，因此网上销售渠道有很大区别。一般来说，网上销售主要有两种方式：①B2B，即金融企业对金融企业的模式，这种模式每次交易量很大、交易次数较少，所以网上销售渠道的建设关键是建设好转账系统，以便实现付款简单化。②B2C，即金融企业对客户的模式，这种模式每次交易量小、交易次数多，而且客户非常分散，所以网上渠道建设的关键是购买系统和结算系统。

同时，由于金融企业的产品一般都易于数字化，可以直接通过互联网传输，一般通过理念化、数字化的电子渠道完成，这样的渠道称之为软性虚拟渠道。它包括计算机网络服务、便利型分销网络以及店内、厂内金融机构。

总的来说，金融企业在营销渠道上，将由传统的柜台营销向全方位网络营销转变，在这一过程中一定要很好地利用现有的网点和网络优势。

（四）促销策略

金融企业在进行网络营销，对网上营销活动整体策划的过程中，网上促销是极为重要的一项内容。网上促销是指利用互联网等电子手段来组织促销活动，以辅助和促进客户对于金融产品或服务的购买和使用。

1．网上折价促销

网上折价促销就是打折销售，以此来吸引客户的购买。在网上可以进行打折销售的原因在于网络降低了相关的费用，如管理费和经营费等。或者有时也采用变相网上折价促销，比如，在价格不变的情况下，获得更多的金融产品，利用增加商品附加值的促销方法则更受客户喜爱。

案例

中国平安集团品牌部：来了财神节，就是有钱人

活动概况

2014 年 12 月 22 日，中国平安面向全体网民推出“金融交易狂欢节”——“财神节”，传统金融及互联网金融主力产品陆续上线限时发售返利。这是金融业首个集保险、银行、投资等产品于一体的“赚钱”节，共推出 18 款主力产品，精心打造 7 款高收益的明星爆款产品，力图为网民呈现一个“F-mall”（金融商铺）的大场景：理财客户将享受高收益的理财产品、车主将获得 500 元红包以及豪车等巨惠返利，家庭个人将享受基于节假日需求定制的重磅保险产品，还有普吉岛旅行、高端护肤、豪车等大奖。

活动亮点

（1）差异化营销显奇效，精准定位细分人群。财神节抓住年末电商“双十二”等舆论节点，打造“赚钱”节日的差异化舆论，从电商“低价花钱”的红海中创造一片蓝海；精准定位目标人群，满足其理财、投资需求。

（2）用明星单品引爆交叉销售，销售成果显著。以 7 款优质单品为引爆点，“限时爆款”的营销策略缩短消费者决策时间，刺激即时行动，同时整合平台以带动全线 18 款产品的售卖。

（3）资源整合，线上线下联动。高效联合专业公司协同作战，线上互联网营销配合线下路演及门店多类型营销活动。

（4）H5 创意互动玩转朋友圈，灵活运用互联网创意玩法，根据不同的活动阶段，推出了三个与之对应的 H5 互动游戏，取得了良好的推广效果，实现了活动引流的目的。

（5）配合财神节活动推出的创意视频“史上最没钱视频”，在低成本制作、无专门推广费用情况下，获得了 400 万余次播放量，用最低成本为财神节活动进行广泛推广，网络口碑好。

活动效果

财神节总销量破 2 000 亿。

2. 网上赠品促销

这是现在非常流行的一种方式。比如，购买某种金融产品送一些纪念品，一般情况下，在新产品推出试用、产品更新、对抗竞争品牌、开辟新市场等情况下利用赠品促销可以达到比较好的促销效果。赠品促销的优点是：①可以提升品牌和网站的知名度。②鼓励人们经常访问网站以获得更多的优惠信息。③能根据消费者索取赠品的热情程度总结、分析营销效果和产品本身的情况等。

3. 网上抽奖促销

抽奖促销是网上应用较广泛的促销形式之一，也是大部分金融企业乐于采用的促销方式。抽奖促销是以一个人或数人获得超出参加活动成本的奖品为手段进行商品或服务的促销。客户可以以各种方式参与抽奖活动，以吸引客户的关注。

4. 积分促销

积分促销与平时消费量有很大关系。金融企业对一年中使用相关的金融产品来进行评价。比如，将信用卡的使用金额折算成相应积分，按照积分数可以兑换奖品，一定程度上激励客户使用金融产品，客户既可以提高自己的信用度，又可以获得纪念品。

5. 品牌促销

在非网络的实物世界里，金融业的各种品牌在概念上相当于“金字招牌”。而在营销的世界里，金融业的品牌成为一种企业资产，它代表着金融企业的商誉，由金融企业的产品品质、商标、企业标志、广告口号和公共关系等混合交织形成。

（1）金融企业网络域名的注册。网络域名可以说是一个金融企业符号标示的代表，如果一个企业的缩写与网络域名不同，这不仅不方便客户记忆，同时也会混淆客户的感觉。

（2）金融企业网络品牌营销的广告效应。域名注册后，首先要让公众知道，可以通过线上或线下的广告进行宣传。

案例

平安人寿：客户服务节网络互动活动

活动概述

网上客服节

策划推出以“健康活力、快乐家庭”为主题的活动，重点推动客户使用手机智能平台参与体验，并引入服务积分制，促进客户形成参与习惯，高频互动增强黏度。

线下现场活动

1. 少儿家庭才艺大赛

联合活动整合开展，将分为线上互动、家庭才艺大赛两项活动。活动旨在展现和谐健康家庭的精神风貌，增加亲子互动，彰显出平安人寿关注少年成长，传播其乐融融的家庭氛围，弘扬热爱幸福生活的健康心态。

2. 平安志愿者行动

推动少儿平安行动的深入开展，少儿平安行动组委会授权平安人寿在全系统范围内选拔优秀员工、客户代表担任“平安志愿者”，提供权威认证志愿者证书。

3．平安大讲堂

邀请健康、安全、教育等领域的国内知名专家，以及社会志愿者团队等，以平安、成长、健康等为主题，走进全国各城市开展巡回讲座活动，关注家庭教育及亲子关系、传播友善正能量。

活动亮点

（1）持续升级“永不落幕”网上客服节活动，推出服务积分全新活动模式。

（2）以少儿及家庭为核心，组织开展“健康家庭总动员”“暑期惊喜动作片”“平安中超我的主场”等服务健康生活的主题线上活动，有效促进用户与公司之间高频互动。

（3）安全趣味短片等新兴模式，增强品牌曝光。

项目小结

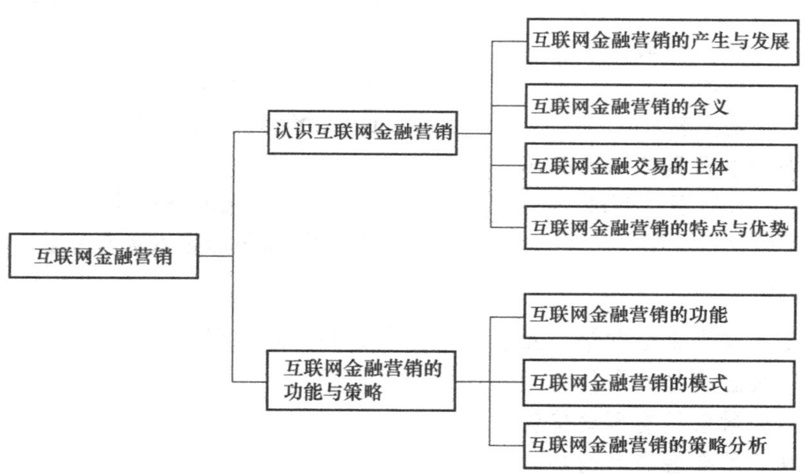

同步练习

一、单项选择题

1. SEO 优化是（　　）。

A. 搜索引擎优化　　B. 浏览器优化

C. 网站优化　　D. 平台优化

2.（　　）的定价策略是将经济上互补的产品集中到一起，实现共同销售。

A. 提供免费服务　　B. 提供折扣价的产品和服务

C. 提供一揽子产品定价　　D. 提供低价产品和服务

3．金融企业在网上进行营销活动的速度快、效率高、交易时间比较短。因此要求网上的交易形式要比传统的营销方式更加（　　）。

A. 无形化　　B. 标准化　　C. 个性化　　D. 便捷化

4.（　　）利用社区网站的分享和共享功能，通过人们之间的相互传播实现的一种营销。

A. 网络广告推广　B. 公众号营销　C. 社区营销　D. 搜索引擎优化

5.（　　）是一种将互联网、小额信贷等紧密联系的个人对个人的直接信贷模式。

A. B2B　B. B2C　C. P2P　D. O2O

二、多项选择题

1. 互联网金融交易的传统金融机构包括（　　）。

A. 商业银行　B. 互联网企业　C. 证券机构　D. 保险公司

2. 互联网时代下的新金融中介有（　　）。

A. 商业银行　B. 第三方支付平台

C. P2P 小额信贷　D. 众筹平台

3. 互联网金融营销的特点包括（　　）。

A. 无形性　B. 形式标准化　C. 营销个性化　D. 网络风险性

4. 互联网金融营销的优势有（　　）。

A. 减少成本　B. 拓宽营销渠道

C. 获得更多客户　D. 提供更优质服务

5. 互联网金融营销的功能有（　　）。

A. 拓宽金融服务领域　B. 提高金融服务效率

C. 获得竞争优势　D. 加强金融服务人员与金融客户之间的交流

三、简答题

1. 什么是互联网金融营销？互联网金融营销的特点有哪些？
2. 互联网金融交易的主体包括哪些？
3. 互联网金融营销有哪些优势？
4. 简述互联网金融交易的功能？
5. 互联网金融营销应采取哪些模式？
6. 简述互联网金融营销的策略。
7. 互联网金融的促销策略有哪些？

四、案例分析

“互联网+”时代，银行理财也不再局限于传统模式，不断用互联网思维来提升产品和服务的灵活度以及客户体验度，纷纷推出线上理财产品。2014 年银行共发行 72 247 款理财产品，其中人民币理财产品 70 081 款，外币理财产品 2 166 款，比 2013 年的 45 825 款增加 57.66%，说明银行为扩大业务量，吸收大量资金，开始提升理财产品发行量。

2014 年，受互联网金融和股市冲击影响，银行理财产品对投资者的吸引力正在减退。但和股票、P2P、宝宝类产品比，银行理财产品也有其独特性的优势，其风险明显低于股票和 P2P，收益和稳定性高于宝宝类产品，属于稳健型的投资品种，对于风险承受能力不高的投资者来说，银行理财产品仍是投资首选。互联网理财在迅速发展的同时，也呈现出新的变化。银行理财的高收益产品日渐减少，促使银行更倾向于发行中长期理财产品吸收资金；P2P 平台爆发式增长带来风险积聚，也使得监管利剑“出鞘”在即；未来的金融营销需要根据客户的真实需要设计有特色的产品，加强创新，才能真正赢得客户。

问题：互联网金融对传统金融产品产生哪些冲击和影响？互联网时代下，金融企业营销的产品策略应该做出哪些变化？

实训项目

【实训目的】

1. 了解不同金融企业互联网营销基本情况。
2. 深入认识和学习某一特定金融企业具体的网络营销模式。
3. 初步掌握互联网金融营销的具体策略和方法。

【实训内容】

1. 了解我国金融业互联网营销概况。
2. 了解某一特定金融机构互联网营销模式与策略并进行分析。

【实训方式】

以小组为单位完成实训任务，每组选择一家特定的金融企业，不同的小组分别涉及证券、保险、银行等细分行业，采用网络调查和实地调研的方式，对所选定的金融企业互联网营销情况及具体模式策略进行调查分析和总结，完成实训报告并制作 PPT，分小组进行演示汇报。

【实训报告】

1. 我国金融业互联网营销的发展概况。
2. ××金融企业的互联网营销模式策略分析。

参 考 文 献

[1] 菲利普·科特勒．营销管理[M]．卢泰宏，高辉，译．北京：中国人民大学出版社，2009．

[2] 詹姆斯·L伯罗．市场营销[M]．北京：电子工业出版社，2009．

[3] 杨米沙．金融营销[M]．北京：中国人民大学出版社，2014．

[4] 梁昭．金融产品营销与管理[M]．2版．北京：中国人民大学出版社，2015．

[5] 王艳君．金融服务营销[M]．北京：高等教育出版社，2014．

[6] 徐海洁．金融服务营销[M]．2版．北京：中国金融出版社，2013．

[7] 蒋丽君．金融产品营销实务[M]．2版．大连：东北财经大学出版社，2015．

[8] 逄俊杰，李剑．金融产品营销[M]．北京：中国财富出版社，2013．

[9] 李建，王雅丽，陈洁．金融营销[M]．北京：国防工业出版社，2014．

[10] 杨群祥．市场营销概论[M]．北京：高等教育出版社，2011．

[11] 艾沃琳·艾尔林奇，杜克·范纳利．金融服务营销手册[M]．王国胜，缪成石，赵健明，译．广州：广东经济出版社，2009．

[12] 韩宗英，王玮薇．金融服务营销[M]．北京：化学工业出版社，2012．

[13] 吉利恩·道兹·法夸尔，亚瑟·梅丹．金融服务营销[M]．王桂琴，译．北京：中国金融出版社，2014．

[14] 安贺新，张宏彦．金融营销[M]．北京：清华大学出版社，2016．

[15] 陆剑清．金融营销学[M]．2版．北京：清华大学出版社，2016．